D1746807

Lesebuch

7. Schuljahr

BAUSTEINE DEUTSCH

Erarbeitet von Georg Beutlberger, Klaus Duda,
Mascha Kleinschmidt, Margarete Kolbe,
Manfred Okon, Elke Pfitzner, Jost Pfitzner
und Dietrich Quehl

VERLAG MORITZ DIESTERWEG

Frankfurt am Main

Bausteine Deutsch

Herausgegeben von Mascha Kleinschmidt,
Mitarbeit am Gesamtwerk: Georg Beutlberger, Klaus Duda, Wolfgang Finke
Mascha Kleinschmidt, Margarete Kolbe, Ursula Müller, Manfred Okon,
Elke Pfitzner, Jost Pfitzner und Dietrich Quehl

* Gedichte

Genehmigt für den Gebrauch in Schulen.
Genehmigungsdaten teilt der Verlag auf Anfrage mit.

ISBN 3-425-02833-2

© 1992 Verlag Moritz Diesterweg GmbH & Co., Frankfurt am Main.
Alle Rechte vorbehalten. Das Werk und seine Teile sind urheberrechtlich geschützt. Jede Verwertung in anderen als den gesetzlich zugelassenen Fällen bedarf deshalb der vorherigen schriftlichen Einwilligung des Verlags.

Satz und Druck: Appl, Wemding
Reproduktionen: S + O-Repro, Frankfurt am Main
Bindearbeiten: Münchner Industrie Buchbinderei, München

Inhaltsverzeichnis

Schön wär's, wenn . . .

* Traum von einem Traumland	Nurten	8
* Über den Wolken	Olaf Winkler	9
* Phantasie	Ute Geyhalter	9
* Über den Wolken	Reinhard Mey	10
* Ich will	Bettina Wegner	11
* Rechenstunde	Jacques Prévert	12
* Nachricht vom Leben der Spazoren .	Peter Hacks	13
Träumen.	Susanne Kilian.	14
Der Traum von der Schönheit	Margret Rettich	15
* Fingerhütchen	Conrad Ferdinand Meyer . . .	23

Auf der Suche nach dem Unbekannten

Aus dem Schiffstagebuch des Christoph Kolumbus.	Unbekannter Verfasser. . . .	25
Ein Stier mit dreizehn Hörnern . . .	Hans Baumann	27
Das Gold von Caxamalca	Jakob Wassermann	30
Everest	Reinhold Messner	31
Notlandung im ewigen Eis	Heinrich Pleticha	36
Angst vor der Isolation haben die Forscherinnen nicht	Berliner Tagesspiegel	41

Zum Reinbeißen

* Die Geschichte vom Suppenkasper . .	Heinrich Hoffmann	42
Von süßer Lust – Schokoladengeschichten	Claudia Schmohl	43
Bitter-Schokolade	Mirjam Pressler	45
Gewitter im Bauch	Annette Schlipper	47
Pubertätsmagersucht.	Unbekannter Verfasser. . . .	49
Vier Teller Rübensuppe	Jaap ter Haar	50
Tuareg.	Alberto Vázquez-Figueroa . . .	56
* Ein Tischzucht	Hans Sachs	58

Wölfe

Der Wolf	Markus Kappeler	59
Als Mensch unter Wölfen	Unbekannter Verfasser	61
Das Wolfsgehege im Bayerischen Wald	Erik Zimen	64
Miyax wird in das Wolfsrudel aufgenommen	Jean Craighead George	69
Der Wolf	Hermann Hesse	73
Wölfe rissen in Zentralspanien 55 Schafe	Frankfurter Allgemeine Zeitung	76

Freundschaft hat viele Gesichter

Der Rothaarige	Judith Kerr	77
Der Ball	Hans Peter Richter	82
Aus dem Tagebuch der Anne Frank	Anne Frank	85
Mein Freund Sherlock Holmes	Arthur Conan Doyle	87
Freundschaftsdienste	Bertolt Brecht	89
Axel	Hans Georg Noack	90
* Gedicht	Jürgen Theobaldy	96
* Die Brücke	Hans Domenego	96

Burgen des Mittelalters

* Aus dem Nibelungenlied	Unbekannter Verfasser	97
Burgen stolz und kühn	Christiane Bimberg	98
Ein Brief von der Burg	Freya Stephan-Kühn	103
Teure Turniere	Freya Stephan-Kühn	107
Ritterrätsel	Freya Stephan-Kühn	108
Das höfische Leben	Hans Werner Goetz	108
Leben und Alltag einer Burgfrau	Hans Max von Aufsess	110
Ein ritterliches Brettspiel	Unbekannter Verfasser	111
* Schelm von Bergen	Heinrich Heine	112
* Das Riesenspielzeug	Adelbert von Chamisso	114

Miteinander reden

* Aber wie	Manfred Mai	116
* Das Ferngespräch	Eugen Roth	117
Sprechen Sie noch	Sigismund von Radecki	117
Vergebliche Worte	Paul Flora	118
Im Hutladen	Carl Valentin	118
Ein dreister Kunde	Carlo Manzoni	121
* Barriere	Vaclav Havel	122
Ein Tisch ist ein Tisch	Peter Bichsel	123

Anekdoten und Schwänke

Der Barbierjunge von Segringen	Johann Peter Hebel	126
Kalendergeschichten	Unbekannter Verfasser	127
Die Sache mit dem Bauholz	Rudolf Schäfer	129
Schlechter Lohn	Johann Peter Hebel	129
Sonderbarer Rechtsfall in England	Heinrich von Kleist	130
Von Ärzten	Ludwig Aurbacher	131
Das Testament	Jeremias Gotthelf	131
Eine Nachtgeschichte	Wilhelm Busch	133
Der Geburtstag	Rudolf Schäfer	133

Einmal im Rampenlicht

Das Fenster-Theater	Ilse Aichinger	134
Der Zahnarzt	Johann Peter Hebel	136
Die Wunderpillen	Emil Schibli	138
Ein Mensch vor dem Gericht der Tiere	Helen Gori	146

Kinder dieser Erde

Ein Dorf in Thailand	Ruth und Neil Thomson	151
Okolo in Nigeria	Peter Buckley	153
Vom Denken kamerunischer Kinder	Unbekannte Verfasser	156
Spruchweisheiten aus Kamerun	Unbekannte Verfasser	157
Straßenkinder – Treibgut der Brasilianischen Gesellschaft	Unbekannter Verfasser	158
Nececita Muchacha	Reinhardt Jung	159
Der Streik der Dienstmädchen	Gudrun Pausewang	159
Kalaha	J. Bernhauser, K. H. Stockheim	165

Im Blickpunkt: Sport

Ein Denkmal für einen Postboten	Ossi Brucker	166
Lilli Henoch, eine Wegbereiterin des Frauensports	Ekkehard zur Megede	168
Die anderen	Volker W. Degener	169
* FUSSBALL KONKRET	Michael Zeller	172
Die 12-jährige Sandra hat Spaß am Gewichtheben	Westfalenpost	173
Gewichtheben	Lexikonartikel	174
Geschichte und Ursprung des Skateboards	Ben Davidson/Fritz Klein	175

Mein schönstes Gedicht

* Mein schönstes Gedicht	Mascha Kaléko	179
* ich schreibe	Dorette Müller	179
* Schüler schreiben?	Sabine Hickel	179
* Ein kleines Lied	Marie von Ebner-Eschenbach	180
* Das ästhetische Wiesel	Christian Morgenstern	180
* poesie	Kurt Bartsch	181
* „Gedicht"	Carl Frederik Reuterswärd	181
* sonett	Gerhard Rühm	181
* Rückblick	Joseph von Eichendorff	182
* Heute hier, morgen dort	Hannes Wader	183
* Des Sängers Fluch	Ludwig Uhland	184

Wohin mit dem Müll

Müll in früheren Zeiten	Volker Petzoldt	186
Wohin mit dem Müll	Unbekannter Verfasser	188
Ein Zehntel des Mülls ist überflüssig	Unbekannter Verfasser	188
Müllgebirge unerwünscht	Hans Otto Wiebus	190
Brief einer Bürgerinitiative	Unbekannte Verfasser	192
* aus zufall	Eugen Gomringer	193

Von grünen Teichen und Forellen

* Gefunden	Johann Wolfgang von Goethe	194
* Die Wälder schweigen	Erich Kästner	195
* Hörst du wie die Brunnen rauschen	Clemens Brentano	195
* Die Forelle	Christian F. D. Schubart	196
* Lebensfreude	Bettina Sander	196
* Der Pflaumenbaum	Bertolt Brecht	197
* Wenn jeder eine Blume pflanzte	Peter Härtling	197
Jimmys gelbe Blume	Nanna Reiter	198
Unser Garten	Mira Lobe	200
Die Spazierfahrt	Hellmut Holthaus	202
* Sommergesang	Paul Gerhardt	204
* Wald vor dem Tage	Günter Eich	204
* Juni	Marie Luise Kaschnitz	205
* Auf einer Wanderung	Eduard Mörike	206
* Ein grünes Blatt	Theodor Storm	207
* September	Hermann Hesse	207
* Im Winter	Georg Trakl	208
* Erlkönig	Johann Wolfgang von Goethe	209
* Der Knabe im Moor	Annette von Droste-Hülshoff	210
Biografien ausgewählter Autorinnen und Autoren		212
Textartenverzeichnis		216
Quellenverzeichnis		220

Schön wär's, wenn...

Traum von einem Traumland

von Nurten

Komm mit mir in das Land der Träume.
Komm mit mir, ich zeige dir
Menschen, die glücklich sind,
Täler und Wälder, die immer nur grünen.
Klare Bäche und Flüsse,
saubere Seen und Meere.
Komm mit mir,
laß uns gleiten
über Sonnenstrahlen hin zum Himmel,
übers Wasser hin zu weiten Fernen.
Laß uns fliegen durch die Lüfte,
laß uns frei sein,
laß uns singen,
laß uns tanzen,
laß uns all das tun, was wir sonst nicht machen.
Laß uns nach den Sternen greifen,
laß uns barfuß durch den Regen rennen,
laß uns leben,
laß uns sein.
Drum komm mit mir in das Land der Träume,
wo es keine Kriege gibt,
wo die Zeit es längst versäumt hat,
uns zu sagen, wieviel Uhr es ist.
Wo die im Meer versinkende Sonne
blutrot leuchtet,
wo die Möwen kreischend dem Tag
den Rücken kehren,
wo die Nächte klar sind wie das Wasser,
wo die Menschen Menschen sind.

Über den Wolken

von Olaf Winkler, 14 Jahre

Manchmal, da träume ich vom freien Fall
Und manchmal wäre ich gern im All
Aus einem Flugzeug die Erde zu sehen
Von oben zu schauen, welche Dinge geschehen.

Manchmal habe ich daran gedacht
Als Kind von geträumt in so mancher Nacht
Ich sparte zusammen mein letztes Geld
Um endlich zu schweben über der Welt.

Ich wollte den Müll und den Abfall verlassen
Und endlich vergessen, wie die Menschen sich hassen
Ich flog soweit hinauf, doch ich schaffte es nie –
Auch über den Wolken schon die Welt voll Chemie.

Phantasie

von Ute Geyhalter, 20 Jahre

In Tagträumen blüht sie
wie ein Löwenzahnfeld.
Sie baut Luftschlösser.
Sie befreit und befriedigt die Seele.
Wenn man sie entdeckt
eröffnen sich einem ganz
neue Welten und Sphären[1].
Man macht Ausflüge ins Paradies.

---

[1] Sphäre: Himmelsgewölbe

Über den Wolken

von Reinhard Mey

Wind Nord/Ost Startbahn null-drei,
Bis hier hör' ich die Motoren.
Wie ein Pfeil zieht sie vorbei,
Und es dröhnt in meinen Ohren,
Und der nasse Asphalt bebt.
Wie ein Schleier staubt der Regen,
Bis sie abhebt und sie schwebt
Der Sonne entgegen.

Über den Wolken
Muß die Freiheit wohl grenzenlos sein.
Alle Ängste, alle Sorgen,
Sagt man, blieben darunter verborgen
Und dann würde, was hier groß und wichtig erscheint
Plötzlich nichtig und klein.

Ich seh' ihr noch lange nach,
Seh' sie die Wolken erklimmen,
Bis die Lichter nach und nach
Ganz im Regengrau verschwimmen.
Meine Augen haben schon
Jenen winz'gen Punkt verloren.
Nur von fern klingt monoton
Das Summen der Motoren.
    Über den Wolken . . .

Dann ist alles still, ich geh',
Regen durchdringt meine Jacke,
Irgend jemand kocht Kaffee
In der Luftaufsichtsbaracke.
In den Pfützen schwimmt Benzin,
Schillernd wie ein Regenbogen.
Wolken spiegeln sich darin.
Ich wär gern mitgeflogen.
    Über den Wolken . . .

Schön wär's, wenn . . .

Ich will

von Bettina Wegner

Ich will ein Vogel werden
flieg über eure Stadt
und über grüne Erden
und hab das Laufen satt.

Ich wünsch mir schöne Flügel
die tragen mich weit fort
hoch über Wald und Hügel
an einen andern Ort.

Will endlich leicht und frei sein
dann wär ich gar nicht schwer.
Ich paßt in meine Hand rein
da sieht mich keiner mehr.

Mein Nest wär in dem Kirschbaum
gleich neben unserm Haus.
Ich flög bis in den Weltraum
mit meiner weißen Maus.

Ich pickte kleine Krumen
aus meiner Mutter Hand.
Sie hätte schöne Blumen
die Vater für sie fand.

Rechenstunde

von Jacques Prévert

1 Zwei und zwei sind vier
2 Vier und vier sind acht
3 Acht und acht sind sechzehn
4 Wiederholen! sagt der Lehrer
5 Zwei und zwei sind vier
6 Vier und vier sind acht
7 Acht und acht sind sechzehn
8 Aber da fliegt der Wundervogel
9 Am Himmel vorbei
10 Das Kind sieht ihn
11 Das Kind hört ihn
12 Das Kind ruft ihn
13 Rette mich
14 Spiel mit mir
15 Vogel!
16 Da schwebt der Vogel nieder
17 Und spielt mit dem Kind
18 Zwei und zwei sind vier . . .
19 Wiederholen! sagt der Lehrer
20 Und das Kind spielt
21 Der Vogel spielt mit ihm
22 Vier und vier sind acht
23 Acht und acht sind sechzehn
24 Und wieviel sind sechzehn und sechzehn?
25 Sechzehn und sechzehn sind nichts
26 Und erst recht nicht zweiunddreißig
27 Denn das gibt ja keinen Sinn
28 Also schwinden sie dahin
29 Und das Kind hat den Vogel in seinem Pult versteckt
30 Und alle Kinder
31 Hören sein Lied
32 Und alle Kinder
33 Hören die Musik
34 Und nun verschwinden auch die Acht und Acht
35 Und die Vier und Vier und die Zwei und zwei
36 Trollen sich

37 Und eins und eins sind weder eins noch zwei
38 Eins ums andere ziehn sie ab
39 Und der Wundervogel spielt
40 Und das Kind singt
41 Und der Lehrer schreit:
42 Wann hört ihr endlich mit dem Unsinn auf?
43 Aber alle Kinder
44 Horchen auf die Musik
45 Und die Wände des Klassenzimmers
46 Sinken friedlich ein
47 Und die Fensterscheiben werden wieder Sand
48 Die Tinte wird wieder Wasser
49 Die Pulte werden wieder Bäume
50 Die Kreide wird wieder Felsen
51 Der Federhalter wird wieder Vogel.

Nachricht vom Leben der Spazoren

von Peter Hacks

Bei Asien gleich querfeldein,
da leben die Spazoren.
Die haben Rüssel wie ein Schwein
und tellergroße Ohren.

Von Tokio bis nach Athen
gibts keine mehr wie diese.
Man sieht sie bloß spazierengehn
auf einer gelben Wiese.

Sie haben Rosen angebaut
wohl auf dem gelben Rasen.
Sie schnobern am Lavendelkraut
und pflückens mit den Nasen.

Nie gibt es eine Hungersnot,
und kein Spazor kann kochen:
sie brauchen gar kein Abendbrot,
wenn sie sich satt gerochen.

Kommt dort einmal ein Regen vor,
vielleicht auf einer Kirmes,
dann heben sie das linke Ohr
statt eines Regenschirmes.

Und kommt ein harter Winter mal,
und friert das Eis und prickelt,
dann gehn sie, statt in einen Schal,
ins rechte Ohr gewickelt.

So brauchen sie zu darben nicht
und brauchen nicht zu frieren
und gehen ledig jeder Pflicht
spazoren, nein: spazieren.

Einst kam ein Doktor hochgelahrt
zum Lande der Spazoren.
Sie wünschten ihm vergnügte Fahrt
und winkten mit den Ohren.

TRÄUMEN

von Susanne Kilian

Es gibt Tage, da wache ich morgens auf und bin fröhlich. Warum, weiß ich nicht. Es kommt mir so vor, als hätte ich die ganze Nacht gelacht. Oft kann ich mich nicht erinnern, was ich geträumt habe. Manchmal sind es wunderbare, lustige, märchenhafte Träume. Überhaupt geht es in Träumen so zu wie im Märchen. Sind Träume bunt? Haben sie Farben, solche, wie ich sie normal sehe, oder sind es ganz andere Farben? Vielleicht sind sie nur schwarzweiß, wie Zeitungsbilder? Rede ich, wenn ich träume, lache ich? Weine ich richtig? Einmal bin ich aufgewacht, mitten in der Nacht, und meine Augen waren naß. Wo war ich? Ich war an einem wüsten, einsamen Ort, und mir sind furchtbare Sachen geschehen. Welche, wußte ich nicht, es war eben so. Da waren Leute. Eine riesige Menge, und sie rannten hinter mir her, und ich lief wie in Sirup, kriegte die Füße nicht hoch und hörte sie schreien ... Ich hoffte im Traum, ich weiß das noch genau, ich hoffte, daß es ein Traum wäre. Nur ein Traum! Aber es war schreckliche Wirklichkeit: Ich fiel und fiel in diesen Sirupweg und weinte und schrie ... Da wachte ich auf. Langsam wurde ich unvorstellbar glücklich – es war doch nur ein Traum! Nichts davon war geschehen. Nichts war wirklich. Mein Kopfkissen kam mir weicher als sonst vor, meine Decke wärmer. Ich war geborgen und in Sicherheit.
Am allerliebsten mag ich Träume, in denen ich ... Also, es fängt meistens so an, daß ich auf einem Turm stehe oder Dach, hoch über allem. Ich weiß, ich werde sofort runterfallen. Davor habe ich Angst und zittere. Aber von einem Moment auf den anderen bin ich ganz sicher, daß mir nichts geschehen wird: Ich kann doch fliegen! Ich lasse mich einfach fallen und fliege. Sehe die Straßen unter mir. Die Häuserdächer. Fliege über Wälder und große Wasserflächen, so sicher und leicht wie ein Vogel.
Solche Träume müßten Wirklichkeit sein. Warum kann ich im Traum etwas, was ich sonst nicht kann?

Der Traum von der Schönheit

von Margret Rettich

Zu allen Zeiten haben Menschen Wunschträume gehabt. Doch wieviel Platz blieb für's Träumen während der Zeit des Nationalsozialismus als Hitler in Deutschland an der Macht war? Eine Antwort darauf gibt der folgende Text.

Mit vierzehn ging mir auf, daß ich häßlich war.
Meine Nase war zu breit, mein Kinn zu klein, meine Zähne waren schief und meine Haare glatt und strähnig. Obwohl ich ein unscheinbares graues Schattenwesen war, betete ich die Schönheit an.
Nach der Schule machte ich stets einen Umweg, um an einem Vorstadtkino vorbeizukommen. Dort stand ich staunend, mit offenem Mund, vor den Glanzbildern, die auf rotem Plüsch in den Schaukästen hingen, dienstags und freitags neu. Auf ihnen offenbarte sich mir die vollkommenste Schönheit. Diese Frauen mußten von einem anderen, strahlenden Stern sein.
Ihre Gesichter waren so glatt, als wären sie frisch gebohnert. In ihren Kirschenmündern reihten sie die Zähne wir Perlenketten. Ihre Frisuren blieben selbst in der verwegensten Pose ganz makellos. Und sie trugen stets knöchellange Abendkleider aus schwerer, glänzender Seide. Ich bewunderte sie maßlos. Leider sah ich nie, wie sich diese herrlichen Geschöpfe bewegten. Ich hörte nie ihre Stimmen. Ich erfuhr nie ihre herzbewegenden Schicksale. Denn auf der Leinwand durfte ich sie nicht sehen, das verwehrte mir ein schäbiger Pappstreifen über der Kinokasse. Auf dem Pappstreifen stand: NICHT UNTER ACHTZEHN. Einmal versuchte ich es. Ich sah mir voller Verachtung unter lauter Kleinkindern am Sonntagnachmittag einen törichten Märchenfilm an. Als er aus war und das Licht anging, verkroch ich mich unter dem Sitz.
Die Kleinen schubsten und drängelten durch den Notausgang über den Hinterhof auf die Straße, und die Platzanweiserin ließ die erwachsenen glücklichen Besucher der Abendvorstellung herein. Ich wartete noch, bis das Licht langsam verlosch und die Fanfaren der Wochenschau ertönten. Dann kam ich aus meinem Versteck hervor – und gleich darauf wurde ich vor aller Augen durch den Mittelgang abgeführt. Es war beschämend.
Die wundervolle Filmwelt schien also noch für viele Jahre unerreichbar zu sein, und ich ahnte damals nicht, daß sie mich kurze Zeit danach streifen sollte.
Im zweiten Kriegssommer schickte man viele Stadtkinder aufs Land. Angeblich zur Erholung, aber wohl mehr als Schutz vor den beginnenden Luftangriffen. Unsere Schule wurde in einen kleinen Badeort an der Ostsee verlegt. Dort erklärte man kurzerhand alle Pensionen und Hotels zu Kinderheimen. Nur das große Palasthotel an der Strandpromenade blieb verschont für Bonzen und andere wichtige Leute, die sich schließlich auch erholen oder in Sicherheit bringen wollten.

Mit uns Kindern wurden nicht viel Umstände gemacht. In die leeren Zimmer kamen doppelstöckige Eisenbettgestelle mit Strohsäcken und dunklen Wolldecken. In der Hotelhalle wurden lange Holztafeln aufgestellt, an denen wir aßen. Es gab jeden Morgen Marmeladenbrot und Malzkaffee, mittags Eintopf und am Abend Schmalzbrot und Milchsuppe. Sonntags gab es zusätzlich ein Stück Topfkuchen. Bei Regenwetter wurden wir an diesen Tafeln auch unterrichtet. Bei schönem Wetter hatten wir Unterricht in riesigen Strandburgen, die wir täglich hochschippen und glattklopfen mußten. Nachmittags spielten wir Völkerball, marschierten singend im Ort herum oder tobten bei Geländespielen durch die Gegend.

Bald waren wir braun gebrannt und ziemlich erholt. Es ging uns ja auch nicht schlecht, es war nur so lästig, daß wir uns nie absondern durften, um etwas nach Gutdünken zu unternehmen. Ich litt darunter, denn beim Marschieren hatte ich mehrere Kinos entdeckt, aber ich kam nicht dazu, mir in Ruhe die schönen Bilder in den Schaukästen anzugucken.

Wir Größeren mußten allerlei Extraaufgaben übernehmen. Einige kamen in die Küche, andere landeten im Waschhaus oder in der Plättstube.[1] Mir übertrug man den Gesundheitsdienst, das war etwas Besonderes. Eine ganze Woche lang weihte mich ein schnauzbärtiger Sanitäter in die Geheimnisse des Körpers und der Heilkunst ein. Dann bekam ich ein winzig kleines eigenes Zimmer, an dessen Tür ein weißes Schild mit einem roten Kreuz prangte. Ich bekam auch ein richtiges Bett, allerdings nur mit Inlett[2] und ohne Bettwäsche, aber nach den Nächten auf dem kratzigen Strohsack war es richtig luxuriös. Im Notfall mußte ich allerdings das Bett räumen und auf einem Schemel daneben Nachtwache halten. Sonst gab es in diesem Zimmer noch ein Regal mit Mullbinden, Leukoplast, Jod, Vaseline, Wasserstoff und Unmengen Cuprex gegen Läusebefall. Es gab ein Waschbecken, einen

---

1 Plättstube: Bügelstube   2 Inlett: Baumwollbezug von Federbetten

blinden Spiegel und an der Decke eine nackte Glühbirne, bei deren Licht ich sogar lesen konnte. Und es gab einen Schlüssel zur Tür. Mir war, als hätte ich das große Los gezogen.

Mein neuer Posten hatte aber noch einen anderen Vorteil.

Ich brauchte von nun an weder am Völkerball noch am Marschieren noch am Geländespiel teilzunehmen. Dafür sollte ich mit einer prall gefüllten Tasche voller Gesundheitsutensilien zwischen dem Strand, dem Heim und den Dünen hin und her laufen, um sofort zur Stelle zu sein, wenn meine Erste Hilfe gebraucht wurde. Niemand wußte genau, wo ich mich gerade aufhielt. In aller Ruhe schlenderte ich von einem Kino zum anderen, stellte mir die Tasche zwischen die Füße, betrachtete die glänzenden Bilder und hing endlich wieder meinen Träumen von Schönheit nach.

Eines Tages, unvermutet, geschah ein Wunder.

Ich begriff es erst, als ich allein war und darüber nachdenken konnte. Unser Heimleiter, ein schneidiger Lehrer in Hellbraun und stets in Lackstiefeln, ließ uns jeden Morgen vor den Marmeladenbroten und dem Malzkaffee im Vorgarten antreten, den rechten Arm hochrecken und zugucken, wie er die Fahne hißte. Am Abend, nach den Schmalzbroten und der Milchsuppe, sahen wir auf die gleiche Art zu, wenn er die Fahne wieder von der Stange heruntergleiten ließ. Dabei sagte er sonst schmetternd irgendeinen Spruch auf.

Diesmal jedoch, die Fahne wie eine Toga über der Schulter, teilte er uns mit, daß morgen der Unterricht ausfiele. Statt dessen fände für alle Heime ein Appell[3] auf dem Marktplatz statt. Jedes Kind müsse teilnehmen, sauber gewaschen, gekämmt in tadelloser Uniform. Ein Film über die Kinderlandverschickung solle gedreht werden, um Leben und Treiben bei Sport und Spiel darzustellen. Alle kämen ins Bild, als lebendiger Hintergrund sozusagen. Etwa zehn Kinder jedoch wurden gesucht, die man in Großaufnahmen und in Gruppen besonders herausstellen wolle. Diese zehn Kinder würden morgen aus sämtlichen Heimen von den Filmleuten ausgewählt. Die Auserwählten sollten hochgewachsen, schlank, langhaarig und vor allem nordisch blond sein. Er hoffe, schloß unser Heimleiter seine Rede, daß jeder von uns, auch als winziges Rädchen, sein Bestes gäbe bei diesem großartigen Unternehmen. Dann durften wir endlich wegtreten.

Als ich in mein Zimmer kam, drängten sich dort einige Sonnenbrände, die ich mit Leinöl behandelte, ein paar Läuseköpfe, auf die ich Cuprex kippte, und eine Mundfäule, die mit Wasserstoff gurgeln mußte. Dann war ich endlich allein.

Ich drehte den Schlüssel zweimal rum und ließ mich auf das Inlett fallen. Dann dachte ich nach, und mir ging auf, daß etwas Wunderbares geschehen war. Die Welt der schönen Glanzbilder war in greifbare Nähe gerückt. Morgen würde ich Menschen begegnen, die sie auf Zelluloidstreifen festhielten, wo sie, auf Blechrol-

---

[3] Appell: hier: Antreten zur Befehlsausgabe

len gewickelt, für alle, alle Zeiten erhalten blieben. Sogar wir hier sollten auf solche Zelluloidstreifen[4] kommen. Sogar ich, wenn auch nur als kleiner Punkt unter vielen anderen kleinen Punkten. Ich würde dort noch zu erkennen sein, wenn ich längst alt und klapprig war. Und wie beneidenswert waren erst diejenigen, die man morgen auswählte. Riesengroß würden sie sich auf der Leinwand tummeln, schlank und hochgewachsen, und ihre langen nordisch blonden Haare würden im Sommerwind wehen.

Ich stand auf, knipste die Glühbirne an und stellte mich vor den Spiegel. Für mein Alter war ich ziemlich groß, und schlank war ich auch, denn bei Marmelade, Eintopf und Milchsuppe hatte ich kein Fett ansetzen können. Leider war ich häßlich. Meine Nase war zu breit, mein Kinn zu klein und meine Zähne standen schief. Ich machte meine Zöpfe auf, und die Haare fielen lang und glatt bis auf die Hüften. Leider waren sie nicht nordisch blond, sondern beim Licht der Glühbirne eher von einem dunklen, bräunlichen Olivgrün. Seufzend sank ich auf das Bett zurück. Nie würde ich so wunderschön aussehen wie die Blondinen auf den Glanzbildern. Mein Leben würde das einer grauen Maus sein, emsig und hilfsbereit. Morgen würden zehn Mädchen ausgewählt werden, die im Licht standen. Ich mußte im Schatten bleiben. Mir traten die Tränen in die Augen. Ich hatte keinen anderen Wunsch, als wasserstoffblond zu sein.

Wasserstoffblond. Mit einemmal war mir das Wort eingefallen. Von manchen wurden meine angebeteten Kinogeschöpfe ein wenig wegwerfend so genannt: Wasserstoffblondinen, und es hatte mir immer weh getan. Jetzt fiel mein Blick auf das Regal, wo zwischen Leukoplast, Leinöl, Cuprex und Vaseline die grüne Glasflasche mit dem Wasserstoff stand, ein ganzer Liter. Ich spürte, wie mein Herz schlug. Dann wurden meine Hände feucht, und mein Mund wurde trocken.

Ich stand langsam auf, nahm die Flasche, zog mit den Zähnen den Korken heraus und kippte mir dann den gesamten Inhalt mit einem Schwung auf den Kopf. Meine Haare waren bis auf die Spitzen hinunter klitschnaß, und ich selbst stand in einer Pfütze, die sich zwischen den Holzdielen verlief. So stand ich eine Weile, bis ich müde wurde. Mit den nassen Haaren konnte ich mich nicht auf das Federkissen legen. Ich setzte mich aufrecht hin und legte den Kopf nach hinten über das Bettgestell. In dieser Stellung schlief ich ein. Während der Nacht rutschte ich dann wohl doch nach unten. Jedenfalls hatte das rote Inlett am Morgen in meinen weißblonden Haaren eine rosarote Stelle hinterlassen. Ich versuchte, sie mit der harten Kriegsseife herauszuwaschen. Meine Haare waren noch naß, da schrillte die Trillerpfeife, die uns zum Fahnenappell rief.

Ich wickelte mir rasend schnell ein Tuch um den Kopf. Das fiel nicht weiter auf, denn noch vor dem Frühstück mußte ich ohnehin mit einem engzahnigen Kamm die Nissen von den behandelten Läuseköpfen kämmen und meinen eigenen Kopf

---

[4] Zelluloidstreifen: hier: Filmstreifen

dabei schützen. So war es auch nicht ungewöhnlich, daß ich zum Frühstück mit dem umwickelten Kopf erschien. Und während alle anderen sauber gewaschen, gekämmt und in tadelloser Uniform zum Marktplatz marschierten, machte ich mich in meinem Zimmer zurecht. Die rosa Stelle war fast verschwunden, und meine Haare erstrahlten in einem unwirklich hellen Weißblond. Ich kämmte lange daran herum und zog den Scheitel mal links mal rechts und endlich madonnenhaft in der Mitte. Dann flocht ich mir zwei lockere Zöpfe, die ich nach vorn über die weiße Uniformbluse legte. Es fiel mir schwer, mich von meinem Spiegelbild loszureißen. Aber ich mußte mich beeilen, wenn ich nicht zu spät kommen wollte.

Mit meiner Gesundheitstasche rannte ich durch den Ort zum Marktplatz. Dort stellte ich mich entfernt von den anderen aus meinem Heim an einer günstigen Ecke in Positur. Niemand beachtete mich. Alle guckten gebannt auf ein offenes Auto, das zur Platzmitte gerollt war und aus dem jetzt drei Männer stiegen. Einer war glatzköpfig, dick und alt. Aber die beiden anderen sahen in ihren Knickerbockern und Windjacken, mit den leinenen Autohauben und den Staubbrillen mächtig schick aus. Einer von ihnen hatte einen Block bei sich und schrieb jedes Wort auf, das der dicke Alte sagte. Langsam schritten sie um den Platz und musterten uns.

Bald hatten sie ein paar lange, schlanke Nordischblonde aussortiert, die sich voller Triumph neben das Auto stellten und keinen Blick mehr für die weniger Glücklichen hatten. Ich zählte. Sechs, sieben, jetzt acht, und nun schon neun. Mein Herz sank tief. Die drei Männer waren noch weit von der Stelle entfernt, wo ich stand, und zwischen uns waren noch einige helle blonde Köpfe. Ich mußte enttäuscht mit ansehen, wie sie eine Zehnte auswählten und mit ihr zurück zum Auto gingen. Alle meine Mühen waren umsonst gewesen. Auch wasserstoffblond blieb ich nur die unscheinbare graue Maus.

Enttäuschung ähnlicher Art mußte auch einem anderen blonden Kind die Sinne geraubt haben. Oder war es raffinierter als alle anderen? Als die drei Männer vorbeikamen, sank es genau vor ihnen ohnmächtig zu Boden. Ich eilte sofort herbei, wie es meine Aufgabe war, stellte die Tasche ab, kniete mich hin und steckte dem unverschämten Kind ein Röhrchen Riechsalz in die Nase.

Da geschah das Wunder.

Als Elfte wurde ich in die Schar der Auserwählten eingereiht. Die Männer fuhren im Auto langsam voraus, und wir trabten hinter ihnen her, ohne uns noch einmal umzusehen. Vor dem großen, weißen Palasthotel an der Strandpromenade erwarteten uns die Filmleute. Wir folgten ihnen durch die Hotelhalle in einen Raum, an dessen Glastür ein Schild hing:

Nur für Filmhoffnungen!

Dort setzte sich der dicke Alte in einen Plüschsessel, steckte sich eine Zigarre an und hielt uns erst mal einen Vortrag. Er sagte, wir sollten uns nichts darauf einbilden, daß wir vorübergehend beim Film gelandet wären. Filmen sei Schwerarbeit, besonders in dieser Zeit. Kein Meter des kostbaren Materials dürfe durch Leichtsinn oder Dummheit verlorengehen. Deshalb hoffe er, daß wir uns nicht allzu blöde anstellten, und empfahl uns: viel schlafen, gut essen und konzentrieren, meine Damen.

Er nannte uns wirklich: meine Damen, und einige von uns kriegten einen Kicherkrampf. Der dicke Alte verschwand, die beiden Jüngeren rissen ein paar Witze, dann schärften sie uns ein, morgen früh pünktlich um halb sieben gefrühstückt und im Badeanzug vor dem Hoteleingang auf sie zu warten. Dann waren auch sie weg, und wir waren allein.

Wir lungerten rum, faßten alles an, schwiegen und musterten uns.

Endlich erschien ein Kellner, richtig im Frack. Er stieg vor uns die Treppe hoch, bis unters Dach. Dort erhielt jede von uns eine Kammer. Wahrscheinlich waren es sonst die Kammern der Zimmermädchen, aber wir waren sehr stolz, daß wir nun Gäste des Palasthotels waren, die dort schlafen durften. Und auch speisen. Gleich neben der Küche war in einem einfachen Raum für uns gedeckt, mit Stoffservietten und gewärmten Tellen. Es gab alles in Extraschüsseln, Kartoffeln, Gemüse, Soße und ein bißchen Fleisch. Hinterher gab es Eis.

Nach dem Essen rannten wir in unsere Heime und holten unser Nachtzeug, den Kulturbeutel und die Badesachen. Dabei verhielten wir uns den anderen gegenüber natürlich herablassend und ließen uns gebührend bewundern.

Ich überhörte es, als ich nach meinen erblondeten Haaren gefragt und deshalb ausgelacht wurde. Und so schnell ich konnte, lief ich wieder dorthin zurück, wohin ich nun angemessen gehörte.

Am anderen Morgen wurden wir geweckt, als es gerade dämmerte. Wir bekamen richtigen Bohnenkaffee und frische Semmeln mit Butter. Dann warteten wir draußen vor dem Hoteleingang. Der Wind fegte über die Strandpromenade. Es war frisch, und wir hatten nur unsere Badeanzüge an. Bald hatten wir am ganzen Körper Gänsehaut und klapperten mit den Zähnen. Nachdem wir zwanzig Minuten gewartet hatten, erschien der junge Mann mit dem Schreibblock und sagte, wir sollten am Strand entlang bis zur Steilküste laufen.

Die Steilküste war zwei Kilometer entfernt, und als wir dort anlangten, war uns warm. Das Auto war bereits da. Es stand abseits in einer Kiefernschonung. Unten am Strand hantierten die beiden jüngeren Männer mit einem Stativ, auf dem eine Kamera war. Der dicke Alte ging mit einem blonden Wesen auf und ab. Es war in einen flauschigen, weißen Bademantel gehüllt, und ich sah sofort, daß es wunderschön war. Es war eins jener Wunderwesen, die ich bisher in den Kinoschaukästen bewundert hatte und von denen ich bisher annahm, daß es sie in Wirklichkeit gar nicht gab. Jetzt sah ich eins aus Fleisch und Blut, und der dicke Alte legte seine Hand ganz ohne Scheu dem Wesen mal auf die Schulter und mal auf die Hüfte. Ich wollte zögernd etwas näher herangehen, doch der mit dem Schreibblock trommelte uns zusammen. Er erklärte uns die erste Filmeinstellung. Wir sollten vom Wasser aus mit großen, fröhlichen Bewegungen an den Strand und auf die Kamera zulaufen. Wir mußten also erst mal ins Wasser hinein. Es war in dieser Morgenstunde scheußlich kalt, zudem war es an dieser Stelle tief. Wir konnten nicht laufen, sondern paddelten mühsam zurück. Das gefiel ihnen noch nicht. Die beiden Männer schleppten die Kamera den Strand entlang ein paar hundert Meter weiter, und wir versuchten alles noch einmal. Diesmal klappte es schon besser.

Der dicke Alte hatte uns bisher nicht beachtet. Jetzt ließ er das blonde Wunderwesen stehen, kam und jagte uns bestimmt dreißigmal ins Wasser, dann feuerte er uns an, jubelnd und lachend wieder herauszukommen. Es war reichlich anstrengend. Wir schluckten Salzwasser und bekamen wieder Gänsehaut.

Endlich war der Alte zufrieden. Er rief nach dem blonden Wesen, das lächelnd angelaufen kam und dabei den weißen Bademantel von den Schultern gleiten ließ. Darunter trug es genau wie wir einen Badeanzug, allerdings einen ganz besonders winzigen, der sehr schick war. Während wir im Wasser warteten, trippelte es vorsichtig auf uns zu. Dabei stieß es kleine lachende Schreie aus, und die drei Männer lachten mit.

Aber dann klatschte der dicke Alte in die Hände. Die Männer kurbelten an der Kamera, und das Wunderwesen lief mit hocherhobenen Armen jubelnd und anmutig darauf zu. Wir elf anderen folgten prustend und planschend.

Am Strand wurde das Blondchen von dem Alten sofort wieder in den Bademantel gewickelt und zum Auto geführt. Wir anderen rannten am Strand auf und ab, bis wir einigermaßen warm und trocken waren.

Dann ging es weiter. In der nächsten Einstellung mußten wir von der Steilküste hinunter an den Strand rennen, links und rechts an der Kamera vorbei, die auf halber Höhe aufgestellt wurde. Wenn uns das Wasser schon ziemlich müde gemacht hatte, schaffte es die Steilküste nun völlig. Beim Proben langten wir rutschend und rollend unten an. Ich stellte mich noch dämlicher an als die anderen. Jedesmal stieß ich mit jemandem zusammen, zuletzt mußten alle meinetwegen immer wieder hochklettern und runterlaufen. Obwohl wir strahlend und fröhlich aussehen sollten, wurden unsere Gesichter allmählich verbissen und verkrampft. Erst beschuldigten wir uns nur gegenseitig, dann fingen wir an, uns gräßlich zu beschimpfen, und das machten die beiden Männer hinter der Kamera auch.

Als es endlich einigermaßen klappte, stand uns die Sonne im Rücken. Die Filmmänner sahen sorgenvoll zum Himmel hoch, dann holten sie aus dem Auto große, silberglänzende Pappscheiben, die sie unten am Strand aufstellten. Wenn wir jetzt die Steilküste hinunter rannten, spiegelte sich in den Scheiben die Sonne und machte uns fast blind. Wir durften uns eine Weile ausruhen. Der Dicke kam, sah sich alles an und nickte befriedigt. Dann erschien das blonde Wesen. Es hatte sich im Auto umgezogen und trug nun eine weiße seidene Flatterbluse zu kurzen Turnhosen. Wir mußten uns oben am Rand der Steilküste aufstellen und diesmal zwischen uns eine breite Lücke lassen. Dorthinein stellte sich das Wesen.

Als nun der dicke Alte in die Hände klatschte und die Kamera auf uns gerichtet war, sprang es leicht wie eine Gazelle los, geradewegs auf die Kamera zu. Wir preschten nach einer kurzen Schrecksekunde hinterher.

Auf halber Strecke jedoch stieß ich mit jemandem zusammen. Ich stolperte, fiel hin, rollte abwärts und landete genau auf dem Wunderwesen. Aufeinander rutschten wir weiter, rissen das Kamerastativ um, überschlugen uns noch mal und wurden dann von zwei silberglänzenden Pappscheiben aufgehalten, die über uns zusammenkippten. Es war ziemlich schlimm.

Ich blieb erst mal beschämt liegen. Das Wesen arbeitete sich unter mir hoch und lief weinend den Strand entlang. Der dicke Alte lief hinterher und nahm es in seine Arme. Die zehn schlanken Nordischblonden hockten in einer Gruppe beieinander wie verschreckte Kaninchen. Die beiden jüngeren Männer hantierten fluchend an der lädierten Kamera. Und einige ihrer Flüche galten mir.

Das war das Ende meiner Filmlaufbahn. Ich sprang auf und rannte weg, zurück in das kleine Zimmer im Heim. Dort warf ich die leere Wasserstoffflasche aus dem Fenster, dann warf ich mich aufs Bett, aber ich vergoß keine Träne. Von nun an, so beschloß ich in dieser Stunde, wollte ich einen Bogen um alle Kinoschaukästen machen. Schönheit bedeutete mir nichts mehr. Ich war eine graue häßliche Maus, die nur noch nach Aufopferung und Nächstenliebe streben wollte.

Es gab ein Nachspiel. Meine blondierten Haare waren bald darauf wie Gummi, sie dehnten sich beim Kämmen und rissen dann ab. Meine Zöpfe wurden zu dünnen, kümmerlichen Rattenschwänzen. Als wir im Herbst heimkamen, schleppte mich meine Mutter zum Friseur. Der schnitt die Haare ganz kurz, und beide gaben dem monatelangen Aufenthalt an der See daran die Schuld. Sie waren sich einig, daß es eine Schande war, was man den Kindern da zugemutet hatte.

Fingerhütchen *von Conrad Ferdinand Meyer*

Liebe Kinder, wißt ihr, wo
Fingerhut zu Hause?
Tief im Tal von Acherloo
hat er Herd und Klause.
Aber schon in jungen Tagen
muß er einen Höcker tragen.
    Geht er, wunderlicher nie
    wallte man auf Erden.
    Sitzt er, staunen Kinn und Knie,
    daß sie Nachbarn werden.

    Körbe flicht aus Binsen er,
    früh und spät sich regend,
    trägt sie zum Verkauf umher
    in der ganzen Gegend,
und er gäbe sich zufrieden,
wär' er nicht im Volk gemieden;
    denn man zischelt mancherlei:
    daß ein Hexenmeister,
    daß er kräuterkundig sei
    und im Bund der Geister.

    Solches ist die Wahrheit nicht,
    ist ein leeres Meinen,
    doch das Volk im Dämmerlicht
    schaudert vor dem Kleinen.
So die Jungen wie die Alten
weichen aus dem Ungestalten,
    doch vorüber wohlgemut
    auf des Schusters Räppchen
    trabt er. Blauer Fingerhut
    nickt von seinem Käppchen.

    Einmal geht er heim bei Nacht
    nach des Tages Lasten,
    hat den halben Weg gemacht,
    darf ein bißchen rasten,
setzt sich und den Korb daneben,
schimmernd hebt der Mond sich eben:
    Fingerhut ist gar nicht bang,
    ihm ist gar nicht schaurig,
    nur daß noch der Weg so lang,
    macht den Kleinen traurig.

    Etwas hört er klingen fein –
    nicht mit rechten Dingen,
    mitten aus dem grünen Rain
    ein melodisch Singen:
„Silberfähre, gleitest leise" –
Schon verstummt die kurze Weise.
    Fingerhütchen spähet scharf
    und kann nichts entdecken,
    aber was es hören darf,
    ist nicht zum Erschrecken.

    Wieder hebt das Liedchen an
    unter Busch und Hecken,
    doch es bleibt der Reimgespan[1]
    stets im Hügel stecken.
„Silberfähre, gleitest leise" –
Wiederum verstummt die Weise.
    Lieblich ist, doch einerlei
    der Gesang der Elfen,
    Fingerhütchen fällt es bei,
    ihnen einzuhelfen.

    Fingerhütchen lauert still
    auf der Töne Leiter,
    wie das Liedchen enden will,
    führt er leicht es weiter:
„Silberfähre, gleitest leise
ohne Ruder, ohne Gleise."
    Aus dem Hügel ruft's empor:
    „Das ist dir gelungen!"
    Unterm Boden kommt hervor
    kleines Volk gesprungen.

---

[1] Reimgespan: Vers, der sich auf den vorhergehenden reimt
(wörtlich: Reimgefährte)

„Fingerhütchen, Fingerhut",
lärmt die tolle Runde,
„faß' dir einen frischen Mut!
Günstig ist die Stunde!
Silberfähre, gleitest leise
ohne Ruder, ohne Gleise.
　　Dieses hast du brav gemacht,
　　lernet es, ihr Sänger!
　　Wie du es zustand gebracht,
　　hübscher ist's und länger.

　　Zeig' dich einmal, schöner Mann,
　　laß dich einmal sehen:
　　vorn zuerst und hinten dann!
　　Laß dich einmal drehen!
Weh! Was müssen wir erblicken!
Fingerhütchen, welch ein Rücken!
　　Auf der Schulter, liebe Zeit,
　　trägst du eine grause Bürde.
　　Ohne hübsche Leiblichkeit
　　was ist Geisteswürde?

　　Eine ganze Stirne voll
　　glücklicher Gedanken,
　　unter einem Höcker soll
　　länger nicht sie schwanken.
Strecket euch, verkrümmte Glieder!
Garst'ger Buckel, purzle nieder!
　　Fingerhut, nun bist du grad,
　　deines Fehls genesen!
　　Heil zum schlanken Rückengrat!
　　Heil zum neuen Wesen!"

　　Plötzlich steckt der Elfenchor
　　wieder tief im Raine,
　　aus dem Hügelgrund empor
　　tönt's im Mondenscheine:

„Silberfähre, gleitest leise
ohne Ruder, ohne Gleise."
　　Fingerhütchen wird es satt,
　　wäre gern daheime,
　　er entschlummert laß[2] und matt
　　an dem eignen Reime.

　　Schlummert eine ganze Nacht
　　auf derselben Stelle.
　　Wie er endlich auferwacht,
　　scheint die Sonne helle:
Kühe weiden, Schafe grasen
auf des Elfenhügels Rasen.
　　Fingerhut ist bald bekannt,
　　läßt die Blicke schweifen,
　　sachte dreht er dann die Hand,
　　hinter sich zu greifen.

　　Ist ihm Heil im Traum geschehn?
　　Ist das Heil die Wahrheit?
　　Wird das Elfenwort bestehn
　　vor des Tages Klarheit?
Und er tastet, tastet, tastet:
Unbebürdet! Unbelastet!
　　„Jetzt bin ich ein grader Mann!"
　　jauchzt er ohne Ende,
　　wie ein Hirschlein jagt er dann
　　über Feld behende.

　　Fingerhut steht plötzlich still,
　　tastet leicht und leise,
　　ob er wieder wachsen will?
　　Nein, in keiner Weise!
Selig preist er Nacht und Stunde,
da er sang im Geisterbunde –
　　Fingerhütchen wandelt schlank,
　　gleich als hätt' er Flügel,
　　seit er schlummernd niedersank
　　nachts am Elfenhügel.

---

[2] laß: müde

Auf der Suche nach dem Unbekannten

Aus dem Schiffstagebuch des Christoph Kolumbus

Nachdem sich Ende des 15. Jahrhunderts in Europa die Erkenntnis durchzusetzen begann, daß die Erde eine Kugel ist, war es vor allem der Seemann Christoph Kolumbus aus Genua, der den Seeweg nach Indien finden wollte.
Anfang August 1492 startete Kolumbus mit drei Schiffen im Auftrag des Königs von Spanien in Richtung Westen. Aber die Fahrt über das unbekannte Meer dauerte länger, als er geschätzt hatte. Erst am 12. Oktober erreichten die Schiffe eine Insel, die Kolumbus „San Salvador" nannte. Zwei Tage später, am Sonntag, dem 14. Oktober 1492, notierte Kolumbus in sein Tagebuch:

„Beim Morgengrauen befahl ich, das Boot meines Schiffes und die kleinen Boote der Karavellen[1] herzurichten, und fuhr in nordnordöstlicher Richtung an der Insel entlang, um jenen Teil zu sehen, der die andere Seite der Ostküste der Insel bildet, und auch, um die Ortschaften in Augenschein zu nehmen, und ich sah bald dar-
5 auf zwei oder drei, und die Menschen kamen alle an den Strand gelaufen und riefen uns zu und dankten Gott; die einen brachten uns Wasser, andere etwas zu essen; als sie sahen, daß ich keine Anstalten machte, an Land zu gehen, begannen einige, zu uns hinauszuschwimmen, sie erreichten uns, und wir begriffen, daß sie uns fragten, ob wir vom Himmel gekommen seien; und ein Alter stieg zu uns ins
10 Boot, und andere riefen mit lauter Stimme alle Männer und Frauen herbei: Kommt und seht die Männer, die vom Himmel herabgestiegen sind! Bringt ihnen zu essen und zu trinken! Es kamen viele Männer und viele Frauen, jeder brachte etwas mit, und sie dankten Gott, sie warfen sich zu Boden und erhoben die Hände zum Himmel, und danach riefen sie laut, wir sollten an Land kommen; doch ich fürchtete,
15 weiter heranzufahren, weil ich sah, daß die ganze Insel von einem großen Ring aus Riffen[2] eingeschlossen war, aber zwischen ihm und dem Land ist ein tiefes Becken und ein Hafen, in dem alle Schiffe der ganzen Christenheit Platz finden könnten, die Einfahrt ist allerdings sehr eng. Es gibt innerhalb dieses Gürtels zwar einige seichte Stellen, aber das Meer bewegt sich nicht stärker als in einem Brun-
20 nen. Um all das zu sehen, fuhr ich an diesem Vormittag herum, auf daß ich Euren

---

[1] Karavelle: kleines Segelschiff   [2] Riff: Untiefe im Meer

Hoheiten von allem berichten könnte und auch um zu sehen, wo ich ein Fort[3] errichten könnte, und ich sah ein Stück Land, das wie eine Insel anmutet, obwohl es keine ist, sechs Häuser standen darauf, man könnte es in zwei Tagen in eine Insel verwandeln; indessen glaube ich nicht, daß es nötig ist, denn diese Leute sind ganz unerfahren im Gebrauch von Waffen, wie es Eure Hoheiten an den sieben Männern sehen werden, die ich an Bord holen ließ, um sie mitzunehmen und sie unsere Sprache zu lehren und sie danach zurückzubringen, unbeschadet dessen, daß Eure Hoheiten, wenn sie es nur befehlen, sie alle nach Kastilien[4] bringen lassen oder sie auf der Insel selbst gefangenhalten können, denn mit fünfzig Mann kann man sie alle in Gehorsam halten und alles mit ihnen machen, was man will; an die besagte kleine Insel schließt sich eine Gartenlandschaft an mit den schönsten Bäumen, die ich jemals gesehen habe, sie sind so grün, und ihre Blätter gleichen denen der Bäume Kastiliens in den Monaten April und Mai, und viel Wasser gibt es dort. Ich nahm den natürlichen Hafen gründlich in Augenschein, kehrte danach zum Schiff zurück und setzte die Segel, und ich sah so viele Inseln, daß ich unschlüssig war, wohin ich zuerst fahren sollte, und die Männer, die ich mitgenommen hatte, gaben mir durch Zeichen zu verstehen, es seien so viele und immer noch mehr, so daß man sie gar nicht zählen könne, und sie nannten über hundert beim Namen. Deshalb versuchte ich zu ergründen, welche die größte sei, und nach jener beschloß ich zu fahren, und so tue ich es jetzt, sie mag von *San Salvador* fünf Meilen entfernt sein, und die anderen sind mehr oder weniger ebenso weit entfernt: Alle Inseln sind sehr flach, ganz ohne Berge und äußerst fruchtbar, alle sind bewohnt, und ihre Einwohner liegen miteinander in Fehde, wenn es auch sehr einfache Leute sind, die einen schönen Körperbau haben."

Albert Bierstedt: Die Landung des Christoph Kolumbus auf San Salvador

---

[3] Fort: befestigte Verteidigungsanlage
[4] Kastilien: Gebiet in Spanien

Ein Stier mit dreizehn Hörnern

von Hans Baumann

Am 11. Mai 1502 bricht Kolumbus zu seiner vierten Fahrt nach Mittelamerika auf, von der er am 7.11. 1504 zurückkehren wird, nachdem er die Küste erreicht hat und über Kuba nach Jamaika gesegelt ist. Seine „Flotte" besteht aus vier kleinen Schiffen mit je 35 Mann Besatzung: dem Admiralschiff „Utopia", der „Belladama", der „Esperanza" und der „Mecedora".
Hans Baumann hat sich dazu die folgende Geschichte, die die Situation auf dem Schiff schildert, ausgedacht.
Mit an Bord des Schiffes „Utopia" ist Kolumbus' 13jähriger Sohn Fernan und dessen Freund Tahaka, ein Aztekenjunge, der vor einigen Jahren aus Mexiko nach Spanien gebracht worden war. Eines Tages auf See kommen Fernan und Tahaka auf die „Belladama", das von Kapitän Diego Mendez befehligte Schiff.

Mendez freute sich über den Besuch, den sein Schiff auf so ungewöhnliche Weise bekommen hatte. Er ließ gleich den Schiffskoch rufen. Der war immerhin einer, der seine Kunst verstand. Den beiden jungen Gästen wurden Leckerbissen vorgesetzt. Mendez ließ eine große Kiste und drei kleinere auf das Deck bringen und
5 über die große ein Tuch breiten. Die Sonne sollte es sehen, wie Mendez seine Gäste bewirtete. Die Mannschaft auch; sie sah es ohne Neid. Mendez war ein guter Kapitän und gab zu Ehren des Besuches Wein aus. Für sich ließ er einen schweren Becher auf die große Kiste stellen. Es wurde ein munteres Tafeln. Fernan und Tahaka kauten noch, da sangen die Matrosen schon. Man sah gleich: bei Mendez
10 war die Mannschaft gut aufgehoben.
Als Mendez den Becher zum zweitenmal geleert hatte, setzte er ihn mit einem harten Schlag auf die Kiste. Die Matrosen hoben die Köpfe. Nun würde der Kapitän etwas erzählen, das wußten sie. Sie rückten näher an die Kiste heran, obgleich das unnötig war. Mendez hatte eine mächtige Stimme.
15 Der Kapitän wartete, bis der Becher ein drittes Mal gefüllt war. Dann hob er ihn: „Viva el Almirante! Es lebe der Admiral!"
Die Mannschaft stimmte in den Ruf ein.
Mendez sagte, zu Fernan gewendet: „Du fährst zum erstenmale. Ich will euch erzählen, wie es war, als der Admiral zum erstenmal fuhr. In den Köpfen der Ma-
20 trosen sah das Meer so aus: auf der einen Seite Spanien, auf der andern die Hölle, ein Abgrund, oder einfach nichts. Damals wehte bei der Überfahrt der gleiche günstige Segelwind. Das Meer war so ruhig wie bei unserer Fahrt. Aber in den Köpfen zog nach einigen Wochen ein Wetter auf. Dreizehn Matrosen steckten immer wieder die Köpfe zusammen und machten einander wild. Am fünfundzwanzigsten
25 September fuhren diese Köpfe noch einmal auseinander. Gegen Abend hatte einer im Mastkorb der Pinta „Land"! geschrieen. Aus den Lombarden war ein Salut abgefeuert worden. Am Morgen war kein Land zu sehen. Die dreizehn warteten drei Tage. Dann hetzten sie, gegen Mittag war die ganze Mannschaft auf der Santa

Maria wie ein Stier mit dreizehn Hörnern. Der Tag war unerträglich heiß. Aber der Stier wagte nicht, die Hörner zu heben, solang es hell war. Erst als es Nacht wurde, begann der Stier zu schnauben. Es war kurz vor Mitternacht, als Columbus noch einmal aus der Kajüte kam.

‚Warum geht ihr nicht schlafen?' fragte der Admiral.

‚Das Meer brennt.'

Columbus blickte auf das Meer hin. Es sah aus, als ob das Wasser unter Flammen liege.

‚Das Meer brennt nicht', sagte Columbus. ‚Es leuchtet.'

Einer trat vor. ‚Wir sind über der Hölle.'

Der Stier stieß mit dem ersten Horn nach dem Admiral.

‚Nehmt einen Kübel', sagte Columbus. ‚Holt einen Kübel voll Höllenglut herauf!' Als Wasser an Deck geholt war, griff Columbus hinein und ließ die Hand lang im Kübel.

Ein zweiter trat vor: ‚Die Salutschüsse haben den Meergott beleidigt. Er hat das Land während der Nacht wieder weiter weggeschoben.'

‚Seid ihr Heiden?' Das zweite Horn war weg.

Ein Frommer trat vor: ‚Die heiligen Väter Chrysostomos, Basilius und Ambros sagen, daß die Erde eine Tafel ist.'

Ein zweiter Frommer meldete sich: ‚Beim heiligen Lactantius[1] steht: Wie kann einer so verrückt sein, zu glauben, die Erde sei so beschaffen, daß es auf ihr Menschen gibt, die mit ihren Füßen gegen unsere Füße stehen? Dort müßten ja die Bäume abwärts wachsen ...'

Columbus: ‚Wir haben Gegenfüßler, stimmt! Aber auch bei denen wachsen die Bäume nach oben.'

Der zweite Fromme leierte weiter: ‚Es müßte dort nach oben hageln, nach oben regnen, nach oben schneien.'

‚Nein', sagte Columbus. ‚Überall auf Erden schneit und hagelt es nach unten. Aber trotzdem gibt es Antipoden: Menschen, die mit ihren Füßen gegen unsere Füße stehen. Freilich ist die ganze Erdkugel zwischen ihnen und uns. Lactantius war ein heiliger Mann; aber er wußte nicht, daß die Erde rund ist.'

‚Wenn die Erde rund ist – warum ist dann die Sintflut nicht abgelaufen?'

‚Weil sich die Erde dreht.'

Das verstand der Stier nicht. Keiner in der Mannschaft konnte das verstehen. Columbus sagte: ‚Das werde ich euch morgen erklären. Wenn es ein wenig heller um eure Köpfe ist. Ich werde es euch aufzeichnen. Mancher von euch erinnert sich vielleicht an eine Mondfinsternis. Der Schatten, der sich in den Mond hineinschiebt, ist immer rund – weil die Erde rund ist.'

Wieder zwei Hörner weg. Noch sieben Hörner.

---

[1] Lactantius: Kirchenschriftsteller, er lebte um 300 n. Chr. in Nordafrika.

‚In vier Wochen ist der Proviant zu Ende.'

‚Über Proviant wollen wir in zwanzig Tagen reden. Ich will ebensowenig verhungern wie ihr. Wir haben günstigen Wind.'

‚Das ist ein Teufelswind, der uns immer weiter von Spanien wegbläst. Wie sollen wir denn gegen den Teufelswind zurücksegeln?'

Columbus lachte: ‚Auf alle Fälle kommen wir in Asien an. Von dort können wir schlimmstenfalls zu Fuß zurückgehen."

‚Der Groß-Khan[2] hat Elefanten. Wenn er uns von seinen Elefanten zerstampfen läßt . . .'

‚Der Groß-Khan behandelt Fremde wie seine Söhne. Marco Polo[3] war siebzehn Jahre bei ihm.'

Noch zwei Hörner.

‚Wir haben heimlich gelotet. Hier hat das Meer keinen Grund mehr. Wir sind über den Weltrand hinaus.'

Columbus gab keine Antwort mehr. Er durchbohrte die beiden, die vor ihm standen, mit kühlen Blicken. Hatte er nicht eben erklärt, daß die Erde rund sei? Wie konnte man dann jemals ‚über den Weltrand hinaus' sein?

Columbus packte den Kübel mit Meerwasser, der vor ihm stand. Er schüttete die kalte Höllenglut über die beiden. Das hieß: Da habt ihr eure Hölle, euren Abgrund, euren Weltrand, euer Nichts. Laut sagte er: ‚Geht schlafen!'

Da gab der Stier es auf, gegen ihn anzurennen. Der Admiral hatte den Stier mit Höllenglut getauft. Das letzte Paar Hörner war weggesengt. ‚Viva el Almirante!'

„Viva!" schrie die Mannschaft auf der Belladama. Das Viva drang bis in die Admiralskajüte auf der Utopia.

„Erst seit Columbus das Meer befährt, hat es Küsten auf beiden Seiten!" rief Mendez mit glühendem Gesicht.

[2] Groß-Khan: Titel der Fürsten in der Mongolei
[3] Marco Polo: bedeutender Reisender des Mittelalters aus Venedig; er reiste 1271 nach China.

Das Gold von Caxamalca

von Jakob Wassermann

Auf die Entdeckungsfahrten des Christoph Kolumbus folgten weitere Expeditionen, die immer mehr auch von der Gier nach Gold und Macht bestimmt waren.
1531 eroberte der spanische General Francisco Pizarro das südamerikanische Land Peru.
In dem Roman „Das Gold von Caxamalca" ist von einem Ritter die Rede, der an der Eroberung teilgenommen hat. Er erinnert sich an die ersten Erlebnisse in dem fremden Land:

Es verhielt sich nämlich derart, daß mir wie uns allen das Land rätselhaft wie die Sphinx[1] war. Der erhabene Anblick des Gebirges schon; wie es aufstieg aus dem Meer; eine Versammlung schrecklicher Riesen; die weißglitzernden Schneekuppen oben, himmlischen Kronen gleich, die nie von der Sonne des Äquators, höchstens unter der zerstörenden Glut ihrer eigenen vulkanischen Feuer schmolzen; die steilen Abhänge der Sierra mit wild zerklüfteten Wänden aus Porphyr und Granit[2] und wütenden Gletscherbächen und unermeßlich tiefen Felsschlünden; und innen, im Schoß der Berge, die geahnten und gewußten Schätze an Edelstein, Kupfer, Silber und Gold.

Gold, vor allem Gold! Traum der Träume! Die Schluchten voll, die Erzgänge voll, ins Gestein gesprengt, grünleuchtendes Geäder unterm Eis, rotglühende Barren in den Höhlen, im Gefieder der Vögel und im Sand der Steppen, in den Wurzeln der Pflanzen und im Gerinnsel der Quellen.

Um Gold zu gewinnen, hatten wir ja die Heimat verlassen und alle Fährlichkeiten auf uns genommen, die Wechselfälle eines entbehrungsreichen Lebens in einer unbekannten Welt. Ich hatte mein väterliches Erbteil vertan, hatte mich brotlos, und die Haltung eines Edelmannes mit Mühe bewahrend, in den Städten Kastiliens herumgetrieben, und als mir die Not an den Hals stieg, hatte ich den Werberuf Francesco Pizarros vernommen, der um jene Zeit in Madrid eingetroffen war, um einen Vertrag mit der Krone zu schließen. Und nachdem ich mich ihm und seiner Sache versprochen hatte, war mein Sinn nur noch darauf gerichtet, wie ich zu Reichtum gelangen könnte, und hierin war kein Unterschied zwischen mir und allen meinen Gefährten, den Rittern wie den einfachen Soldaten. War doch ganz Spanien, ja ganz Europa in einem fiebernden Taumel, solcherart, daß die Kinder und die Greise, die Granden am Hof und die Vagabunden auf den Landstraßen, der Bischof und der Bauer, der Kaiser und sein niedrigster Knecht keinen andern Gedanken mehr hatten als die Schätze Neu-Indiens. Dieses verheerende Fieber hatte auch mich erfaßt und war bis auf den Grund meiner Seele gedrungen, wo es alles Licht auslöschte.

---

[1] Sphinx: ägyptische Sagengestalt (halb Löwe, halb Frau, halb Vogel)
[2] Porphyr und Granit: Gesteinsarten

Everest

von Reinhold Messner

1978 bestieg der italienische Bergsteiger Reinhold Messner zusammen mit seinem Freund Peter Habeler den Mount Everest. Es war die erste Besteigung dieses Berges ohne Sauerstoffgeräte.

8. Mai: Kurz nach 3 Uhr morgens beginne ich zu kochen: Tee und Kaffee. Die kopfgroße Schneescholle, die noch vom Vorabend im Zelt liegt, gebe ich brockenweise in den Topf. Es dauert lange, bis das Wasser warm ist. Wir trinken abwechselnd.

Noch im Schlafsack liegend, ziehen wir uns zwei Paar Strümpfe und die Innenschuhe an. Die steifgefrorenen Außenschuhe versuche ich zwischen meinen Beinen anzuwärmen. Es ist eine lange, atemraubende Arbeit, bis man in 8000 Meter Höhe angezogen ist.

Zwischen 5 und 6 Uhr machen wir uns endgültig fertig. Ich trage seidene Unterwäsche, einen flauschigen Unteranzug, darüber den ganzteiligen Daunenanzug, doppelschalige Schuhe und Gamaschen[1] aus stark isolierendem Neopren[2]; dazu drei Paar Handschuhe, zwei Mützen, eine Sturmbrille. Für Notfälle habe ich noch ein Paar Handschuhe, eine Mütze und eine Brille zur Reserve im Rucksack. Darüber hinaus trage ich nur das Allernotwendigste bei mir: ein Stück Seil, Kameras, Höhenmesser und ein Minitonbandgerät.

Es stört mich heute weniger als sonst, daß Rauhreif von der Zeltwand bröselt, daß der Schlafsack außen starrgefroren ist und daß in meinem Bart Eiskrusten hängen. Seit sechs Wochen – so lange halten wir uns schon im Basislager und höher auf – leben wir mit solchen Unannehmlichkeiten.

Als Peter und ich das Zelt verlassen, schlägt uns der Sturm einen Schwall Graupelkörner ins Gesicht. Nein, das darf doch nicht wahr sein: der Himmel ist wolkenverhangen, im Westen nur ein dünner blauer Streifen! Von Süden her weht ein scharfer Wind, alle Täler sind mit Nebel angefüllt. Im ersten Augenblick sind wir geschockt, wie gelähmt. Dann aber, im Bewußtsein, daß dies unsere letzte Chance ist, entschließe ich mich, so weit zu gehen wie irgend möglich.

„Noch können wir ja zurück", ködere ich den immer noch zögernden Peter. Wenn man, wie er, Frau und Kind hat, wiegen solche Entschlüsse schwerer. Im Unterbewußtsein wächst dann wohl eine natürliche Angstsperre. Ich weiß das von früher, als ich noch verheiratet war. Seit ich wieder allein bin, fühle ich mich in Grenzsituationen unbekümmerter, freier. Ich bin ganz auf das Weiterkommen konzentriert, es gibt kein Vorher und Nachher mehr. Ich habe nichts zu verlieren als mein Sein, aber noch existiere ich.

Wir kommen trotz unserer leichten Rucksäcke nur schleppend voran. Durch ein

---
[1] Gamaschen: Überstrümpfe für die Waden   [2] Neopren: Kunststoff

von Spalten zerrissenes Eisfeld geht es dann etwas rascher. Von der Eiskuppe, über der die Gipfelpyramide aufsteigt, können wir zum erstenmal nach Osten sehen, hinüber zum Makalu, einem gewaltigen Granitberg. Eine riesige, fischartige Wolke hüllt seinen Gipfel ein. Es schneit dort schon. Über uns peitscht der Wind Schnee auf, der blaue Streifen am Horizont ist verschwunden. Trostlose Leere am Himmel.

Der Schnee unter unseren Füßen ist hart, die Zacken der Steigeisen greifen gut. Wir müssen aber immer wieder Rastpausen einlegen, um uns in der dünnen, sauerstoffarmen Luft erholen zu können. Höher oben, dort wo der angewehte Schnee knietief liegt, weichen wir öfters auf die Felspfeiler aus, die klettertechnisch zwar schwieriger sind, uns aber die Spurarbeit ersparen. Wir verständigen uns in der Zeichensprache. Immer wenn Peter einen nach unten weisenden Pfeil in den Schnee ritzt – „Wir müssen absteigen!" –, zeichne ich einen mit der Spitze nach oben – eine stumme Diskussion.

Nach vier Stunden erreichen wir das fünfte Hochlager, das für uns nur eine Art Rückendeckung darstellt. Ab und zu wird der Lhotse-Gipfel frei, dessen Höhe wir nun erreicht haben, und der scharfe, fein gezeichnete Grat des Nuptse. Wir kochen Tee. Wieder diktiere ich einige Impressionen[3] auf mein Tonbandgerät.

Zum Endpunkt

Nach einer halbstündigen Rast balancieren wir weiter. Unser Steigen wird noch langsamer. Auf der chinesischen, der Ostseite des Grates ist der Schnee hart. Aber dann müssen wir wieder auf die nepalesische Seite, weil die chinesische zu steil ist. Wieder müssen wir bis zu den Knien wühlen, den Schnee niedertreten. Der steile Felspfeiler links vom Hillary-Step scheint unbegehbar zu sein. Trotzdem queren wir hinaus, und mit Hilfe unserer Steigeisenspitzen tasten wir uns an Leisten hinauf. Immer nach einigen Schritten stützen wir uns auf die Pickel und entlasten so, den Mund weit geöffnet und nach Luft schnappend, den Oberkörper, damit er mit allen Muskeln und Fasern arbeiten kann. Dennoch habe ich das Gefühl, gleich zu zerspringen. Höher oben habe ich sogar das Bedürfnis, mich hinzulegen, um weiter atmen zu können.

Knapp unter dem Südgipfel fingere ich doch die Kamera aus dem Rucksack und filme Peter, wie er im jagenden Sturm aufwärts steigt. Vor uns ragt eine gewaltige Firnschneide[4] auf, der schönste Grat, den ich je gesehen habe. Nach Tibet hin kragen die Wächten mächtig aus, nach Nepal sind sie leicht abgedacht. Der Hauptgipfel scheint unendlich weit entfernt. Ich weiß aber, soweit reichen mein Verstand und mein Konzentrationsvermögen noch, daß in der Höhe die Entfernungen täuschen. In der dünnen Luft erscheint alles viel weiter entfernt. Und jetzt bin ich mir sicher, daß wir den Gipfel erreichen werden.

---

[3] Impression: Eindruck   [4] Firnschneide: Gebilde aus ewigem Schnee

Blick auf den Mount Everest, der als kleine Spitze in der Bildmitte hervorragt.

Es geht immer noch aufwärts, deshalb steige ich weiter. Ohne viel dabei zu denken. Erst am Südgipfel seilen wir uns an. Wenig später, ich führe gerade, spannt sich das Seil, ich schaue mich um, aber nur ganz schnell. Peter will den Rucksack ablegen, sein Gepäck los sein, er will nichts mehr tragen, ganz frei sein in seinen Bewegungen.
Der Pickel in der Hand ist wie eine Balancestange. Unablässig stecke ich ihn in den Schnee, oder ich schleife seine Spitze am Firn entlang, und das seit Stunden. Es ist bereits zu einem Bedürfnis geworden, mich auf den Pickel zu stützen, ich würde abstürzen, wenn ich ihn nicht mehr hätte, wenn ich ihn nicht mehr einsetzen könnte. Im Vorgefühl der Gipfelnähe kann ich nicht mehr nach oben schauen. Ich will nicht wissen, wie weit es noch ist. Minuten voll Willen und Selbstbeherrschung, Sturmböen im Gesicht; und dann Minuten, in denen ich noch zweifle und trotz des aufgesperrten Mundes versuche, die Zähne zusammenzubeißen. Über dem scharfgeränderten Wächtengrat[6] zum Hauptgipfel jagt der Sturm. Peter und ich wollen beim Gehen mit unseren Bewegungen vorsichtig sein, und dabei sind wir aber äußerst ungeschickt und zuletzt von diesen Handgriffen völlig erschöpft. Es ist wie eine stille Übereinkunft, daß in der Gipfelzone die Luft zum Reden nicht mehr ausreicht. Wir machen deshalb immer nur Zeichen mit der Pickelspitze in den Schnee. Jeder Windstoß, der mich mit seinen Graupelkörnern direkt ins Gesicht trifft, läßt mich ungeschickter werden.

---

[5] Wächte: durch Wind aufgewehte, überhängende Menge Schnee

Eine Lustlosigkeit, die mit Trotz zusammenhängt. Müssen wir ausgerechnet bei diesem Wetter hier sein? Peter scheint mit der Pickelspitze etwas in die Luft zu schreiben. Ich schaue gespannt zu und lächle schließlich, als er am Ende ist. Im Süden ist die Ama Dablam frei geworden, sie ist von der Sonne beschienen. Vielleicht hält das Wetter doch.

Ich steige in die Scharte ab, die den Südgipfel vom Hauptgipfel trennt, und taste mich, immer in respektvollem Abstand vom Wächtenrand, voran. Knapp unterhalb des Hillary-Step, der schwierigsten Stelle im Gipfelaufbau, bleibe ich stehen. Peter kommt nach. Und dann klettere ich, drei-, viermal rastend, über die Steilstufe. Oben wechseln wir uns dann in der Führung ab. Vom Süden bläst uns ein kalter Wind Eiskristalle ins Gesicht. Zwischen dem Fotografieren und Filmen vergesse ich manchmal, mir die Sturmbrille über die Augen zu schieben.

Jetzt, kurz nach Mittag und auf einer Höhe von 8800 Meter, können wir uns selbst in den Rastpausen nicht mehr auf den Beinen halten. Wir kauern uns hin, knien uns hin und klammern uns an den Stiel des Pickels, dessen Spitze wir in den harten Firn gerammt haben. Wir sichern uns nicht gegenseitig, keiner achtet auf den anderen, aber tief im Unterbewußtsein weiß jeder, daß der andere da ist und keinen Fehler macht. Die Harmonie unserer Seilschaft ist in wiederholten Expeditionen, in Grenzsituationen so gewachsen, daß jetzt keiner um den anderen fürchtet.

Das Atmen ist so anstrengend, daß kaum noch Kraft zum Weitergehen bleibt. Nach jeweils zehn bis fünfzehn Schritten sinken wir in den Schnee, rasten, kriechen weiter. Ich habe vergessen, daß ich bin.

Ich denke nicht mehr viel, ich steige automatisch. Mir ist entfallen, daß wir am Everest unterwegs sind, am höchsten Berg der Welt. Es ist mir auch einerlei, daß wir ohne Sauerstoffgerät klettern. Jetzt ist es allein dieser Punkt, in dem alle Linien zusammenlaufen, der Endpunkt, der mich magisch anzieht. Die Anstrengung muß höllisch sein, aber ich empfinde sie nicht. Es ist, als ob meine äußerste Gehirnrinde taub wäre, als ob nur tiefer drinnen im Kopf etwas über mich bestimme. Ich will gar nicht mehr gehen, kriechen, hecheln. Ich werde angezogen von diesem Endpunkt wie von einem magnetischen Pol. Vielleicht deshalb, weil nur da oben die Lösung möglich ist. Mein Verstand ist wie ausgeschaltet, tot. Meine Seele aber ist durchlässiger, empfindsamer, sie ist jetzt groß und greifbar. Sie will noch ganz hinauf, um ins Gleichgewicht zurückzuschwingen. Ich bin nun Richtung, Kraft und Gipfel. Die letzten Meter hinauf zum Gipfel fallen mir nicht mehr schwer. Oben angekommen, setze ich mich hin und lasse die Füße in den Abgrund baumeln. Ich brauche nicht mehr weiterzusteigen. Ich hole die Kamera aus dem Rucksack, fummle lange Zeit mit den umständlichen Daunenhandschuhen an der Batterie herum, bis ich sie zum Laufen bringe. Dann filme ich Peter.

---

[6] Grat: scharfkantig vorstehende Erhebung

Jetzt, nach der stundenlangen Quälerei, die ich doch nicht als Quälerei empfand, wo die monotonen Bewegungen des Gehens und Steigens zu Ende sind und ich nichts anderes mache als zu atmen, zieht eine große Ruhe in meinen Körper. Ich atme wie jemand, der das Rennen seines Lebens gelaufen ist und nun weiß, daß er sich für immer ausruhen kann. Ich blicke öfters in die Runde, weil ich beim ersten Mal das nicht sah, was ich mir vom Panorama des Everest erwartet hatte, und dabei auch gar nicht bemerkte, wie der Wind die ganze Zeit Schnee über den Gipfel jagt. In meiner Geistesabwesenheit gehöre ich nicht mehr zu mir und zu meinem Gesicht. Ich bin nur mehr eine einzige, eine enge, keuchende Lunge, die über Nebeln und Gipfeln schwebt.

Erst als ich ein paarmal kräftig ausatmen kann, spüre ich wieder Beine, Arme, Kopf. Ich bin bei hellem, klarem Bewußtsein, auch wenn mir nicht ganz bewußt ist, wo ich bin. In dem Augenblick, als Peter bei mir ankommt und mich umarmt, brechen wir beide in Tränen aus. Wir liegen, von Emotionen geschüttelt, im Schnee, die Kamera habe ich weggeworfen. Die Tränen lösen plötzlich, nach diesem enormen Willenseinsatz, alles auf.

8. Mai 1978: Reinhold Messner auf dem Gipfel des Mount Everest

Notlandung im ewigen Eis

von Heinrich Pleticha

Roald Amundsen hat sein ganzes Leben der *Polarforschung* gewidmet. Er wurde am 16. Juli 1872 in Borje/Norwegen geboren. Schon mit 25 Jahren nahm er als Erster Leutnant auf der „Belgica" an einer belgischen Südpolexpedition teil. In den Jahren 1903–1906 gelang es ihm, einen alten Entdeckertraum wahrzumachen und die „Nordwestpassage" vom Atlantischen Ozean durch das Eismeer an Nordamerika vorbei zum Pazifik zu finden. 1910 unternahm er auf Nansens „Fram" eine Expedition zum Südpol. Mit seinen Begleitern überwinterte er 1911 in der Antarktis und stieß dann mit Hundeschlitten zum Pol vor, den er als erster am 18. Dezember 1911 erreichte. Schon einen Monat später kam er mit seinen Begleitern wieder glücklich zur Küste zurück.

Nach Ende des Ersten Weltkrieges trat Amundsen 1918 mit der „Maud" eine Fahrt durch die „Nordostpassage" an. Er mußte zweimal überwintern, bis er an Sibirien vorbei nach Alaska kam: der von da aus geplante Vorstoß zum Nordpol scheiterte aber. Von 1922 ab versuchte der Forscher, den Nordpol mit dem Flugzeug zu erreichen. Der erste Versuch mit einem Junkers-Flugzeug scheiterte schon beim Probeflug, die Maschine wurde zerstört. Ein erneuter Versuch, den er 1925 dank der Unterstützung des amerikanischen Millionärs Ellsworth unternehmen konnte, brachte ihn mit zwei Dornier-Wal-Flugbooten bis 250 km an den Pol heran. Da aber ein Flugzeug ausfiel, mußten die beiden Besatzungen mit der übriggebliebenen Maschine umkehren. Zusammen mit Ellsworth und dem Italiener Nobile gelang es Amundsen 1926 endlich, mit einem halbstarren Luftschiff von Spitzbergen aus den Pol in Richtung Alaska zu überfliegen. Am 13. Juni 1928 startete Amundsen mit einer französischen Maschine und fünf Mann Besatzung, diesmal, um sich an der Rettungsaktion für die italienische Polarexpedition Nobiles zu beteiligen. Er kehrte nicht zurück und blieb verschollen. Der Pol hatte auch ihn als Opfer gefordert.

Noch ziehen die beiden Flugzeuge ruhig ihre Bahn über der großen Eiswüste des Nordens. Die Motore brummen gleichmäßig. Sorgfältig behalten die Piloten ihre Instrumente im Auge, während Beobachter und Mechaniker immer wieder nach unten schauen. Schon zehn Stunden immer der gleiche Anblick: Schnee und Eis.
5 Von oben her ist das Bild noch viel erdrückender, als wenn man unten auf einer der Schollen stände. Lange kann der Flug nicht mehr dauern, eine gute Stunde noch, dann haben es die Männer geschafft: die ersten Flieger am Nordpol!
Aber diese zuversichtliche Stimmung wird ganz plötzlich getrübt. Bei einer der Maschinen beginnt der Motor zu bocken. Geht es noch einmal? Nein, aus! Der
10 Pilot zeigt nach unten, die Möglichkeit für eine Notlandung scheint günstig zu sein. Im Gleitflug setzt die Maschine zur Landung an, ein kritischer Augenblick! Amundsen, der Leiter dieser Expedition, hat für den Flug zwei Dornier-Wal-Flugboote gekauft, mit denen man sowohl auf dem Wasser wie auch auf dem Eis landen kann, vorausgesetzt freilich, daß keine Eisscholle ihre scharfen Kanten zu hoch
15 empor schiebt. Doch N 25 hat Glück, sicher setzt sie auf einer schmalen Wasserrinne zwischen den Eisschollen auf. Noch zieht N 24, das zweite Flugboot, einige Kreise, dann versucht es ebenfalls die Landung. Aber kaum hat es die Wasseroberfläche erreicht, gibt es einen Krach. Aus! N 24 hat eine Scholle gerammt; es leckt!
20 Mühsam kriechen die Männer aus ihren Sitzen. Die dicke Polarkleidung hindert bei jeder Bewegung. Während Amundsen gleich einige Messungen vornimmt, be-

schäftigen sich die beiden Mechaniker mit den Maschinen. Der Motorschaden bei N 25 ist rasch behoben, bei der anderen Maschine jedoch sieht es ziemlich hoffnungslos aus.

„Es hat keinen Zweck", meint schließlich einer der Mechaniker, „ich glaube, es ist besser, wir versuchen wenigstens die eine Maschine auf das Eis zu bekommen, bevor die Rinne noch zugefriert." Die nächsten Stunden vergehen bei der mühsamen Arbeit sehr rasch. Endlich liegt N 25 sicher vertäut auf der Scholle. Aber die Temperatur ist gesunken, und das zweite Flugzeug ist fest zwischen den Schollen eingefroren.

Abends herrscht in den beiden Zelten eine gedrückte Stimmung. Ohne daß einer von den sechs Männern es ausspricht, bedrängt doch jeden die Frage: Wird es gelingen, mit einem Flugzeug sie alle sechs von der Scholle hier wegzubringen, oder wird die Last zu schwer sein? Roald Amundsen überlegt: zweihundertfünfzig Kilometer sind sie nur noch vom Pol entfernt, aber an einen Weiterflug ist natürlich nicht zu denken; der Benzinvorrat der überlasteten Maschine würde gerade noch für den Rückflug bis Spitzbergen reichen.

„Morgen wird ein schwerer Tag", erklärt er den Begleitern. „Wir müssen versuchen, hier auf dem Eis eine mindestens zweihundert Meter lange Startbahn zu schaffen."

„Leichter gesagt als getan", wirft einer der Piloten ein, „was haben wir eigentlich an Arbeitsgerät zur Verfügung?"

„Herzlich wenig! Zählen wir doch zusammen: die drei großen Dolchmesser, eine Axt, zwei Holzschaufeln."

„Den Eisanker nicht vergessen, zur Not hilft der auch etwas", wirft Sörensen, der Monteur, ein. „Aber damit sollen wir zweihundert Meter schaffen?"

„Wir sollen nicht, wir müssen", erklärt Amundsen sehr ernst, „es ist unsere einzige Möglichkeit. Wenn es uns nicht gelingt, mit dem Flugzeug hier wegzukommen, sind wir rettungslos verloren!"

Am nächsten Morgen beginnt die schwere Arbeit. Zuerst scheint alles ganz leicht zu gehen, dann aber stellen sich immer neue Hindernisse in den Weg. Kaum daß eine Strecke geebnet ist, reißen die Schollen oder werden an anderen Stellen übereinander gepreßt. Unermüdlich hacken, schaufeln und trampeln die Männer auf der Eisbahn. Nach drei Tagen haben sie es endlich geschafft. Schon wird alles zum Abflug vorbereitet, da bricht über Nacht ein Wetterumschlag herein. Es stürmt und schneit, neue Risse bilden sich.

„Wir müssen es versuchen, es bleibt uns gar nichts anderes übrig", ermuntert Amundsen die Flieger. Aber die Startversuche scheitern. Ein Glück nur, daß die

Maschine dabei nicht zu Bruch geht. Tag um Tag verstreicht ergebnislos. Es beginnt der furchtbare Wettlauf mit der Zeit, wie ihn schon so mancher Polarforscher erlebt hat. Wird es ihnen gelingen durchzukommen, bevor noch der Proviant aufgebraucht ist?

„Die Pole lassen sich eben mit den Mitteln der Technik noch nicht bezwingen, Menschen und Tiere sind ganz auf ihre eigenen Kräfte angewiesen" stellt Ellsworth, der einzige Amerikaner der Expedition, fest. „Damals am Südpol hat es doch bei Kapitän Scott mit den neuen Motorschlitten auch nicht geklappt!" Kaum hat er dies gesagt, beißt er sich auf die Lippen. Amundsens Gesicht hat einen verbissenen Ausdruck bekommen. Es war unklug, hier den Namen Scotts zu erwähnen. In dieser schweren Lage, in der sich die Männer befinden, belastet die Erinnerung an den Toten, den ein furchtbares Schicksal dreizehn Jahre zuvor am entgegengesetzten Ende der Erde, am Südpol, dahingerafft hatte.

Doch Amundsen fängt sich rasch wieder. Er weiß, daß er jetzt reden muß, um den drohenden Schatten seines einstigen großen Gegenspielers zu bannen.

„Scotts Expedition stand damals von Anfang an unter einem unglücklichen Stern", beginnt er. „Sie erinnern sich wohl, es war 1911 ein wirklicher Wettlauf zum Südpol. Die Engländer hatten eine große Expedition unter der Führung Robert Scotts ausgerüstet. Wir Norweger gingen in der Vorbereitung unserer Fahrt sehr sorgfältig und geheim vor. Nicht etwa, um Scott in den Rücken zu fallen, aber es war nun einmal ein Wettlauf zu einem großen Ziel, und die Weltöffentlichkeit sollte nicht unnötig auf unsere Absichten aufmerksam gemacht werden. Wir fuhren mit Nansens alter ‚Fram' an die Eisbarriere heran. Sie haben vorhin Scotts Motorschlitten erwähnt, lieber Ellsworth; sie waren das erste große Pech für ihn, wollten nicht funktionieren. Wir hatten uns von vornherein auf die bewährten Hundeschlitten verlassen und waren auch zu unserem Marsch etwas früher aufgebochen als Scott. Dafür hatten wir Glück mit dem Wetter. Freilich, ein Kinderspiel war der Weg zum Pol auch nicht, aber dann, am 18. Dezember 1911, stand ich mit meinen Begleitern als erster am Südpol. Irgendwie gab uns dieses große Erlebnis auch die Kraft für eine rasche Rückkehr. Insgesamt hatten wir nur neunundneunzig Tage für eine Strecke von zusammen dreitausend Kilometern gebraucht.

Der arme Scott war viel zu spät aufgebrochen, das Wetter hatte sich zusehends verschlechtert. So wird die Leistung seines Marsches auch eine größere gewesen sein als die unsrige. Am 17. Januar erreichte auch er den Südpol. Es mag für einen Mann wie Scott, der sein ganzes Leben der Eroberung des Südpols gewidmet hatte, eine sehr schwere Enttäuschung gewesen sein. Einen Monat zu spät! Die Kette der Widerwärtigkeiten riß nicht ab. Wir wissen es aus dem Tagebuch des Kapitäns. Die Männer waren abgekämpft, fünf hatten den Pol erreicht, zwei starben schon auf der ersten Etappe des Rückweges. Scott und seine beiden letzten Begleiter kämpften sich mühsam weiter durch. Ihr Proviant und vor allem ihr Brennstoff war fast aufgebraucht. Zwanzig Kilometer vor dem rettenden Zwischenlager gerieten sie in einen Schneesturm und kamen nicht mehr weiter."

Amundsen überlegt einen Augenblick, dann fährt er langsam fort: „Scott hat bis zur letzten Minute sein Tagebuch geführt. Ich weiß die letzten Worte auswendig: Wir können nicht mehr auf Besserung hoffen, aber wir werden bis zum Ende aushalten; der Tod kann nicht mehr ferne sein. Es ist ein Jammer, aber ich glaube nicht, daß ich noch weiter schreiben kann. Um Gottes willen, sorgt für unsere Hinterbliebenen!"

Die Männer schweigen. Steht ihnen ein ähnliches Ende bevor? Aber Amundsen muntert sie auf: „Unsere Situation mag für den ersten Augenblick ähnlich erscheinen, auch unser Proviant geht zur Neige. Aber da ist noch ein großer Unterschied; wir haben das Flugzeug. Unser Start muß doch endlich einmal klappen!"

„Das haben wir vor drei Wochen auch schon einmal gesagt", brummt einer der Piloten. Ellsworth verliert den Mut nicht.

Am nächsten Morgen beginnt wieder die eintönige Arbeit. Die frische Neuschneedecke muß zusammengeschaufelt und festgetrampelt werden. Mit bedenklichem Gesicht steht Amundsen vor ein paar frischen Rissen in der Eisdecke, aber die beiden Piloten beruhigen ihn: „Über die kommen wir schon weg!" Nun wird die Maschine so weitgehend als möglich erleichtert. Fast die gesamte Ausrüstung muß zurückbleiben; Mannschaft und Benzin, mehr kann man dem Flugzeug nicht zumuten.

Inzwischen ist es zehn Uhr vormittags geworden, der Wind weht günstig, sogar die Sonne scheint. „Fertigmachen!" gibt Amundsen das Kommando; der Propeller wird angeworfen. Das sind bange Sekunden, ob der Start glücken wird. Ja, die Maschine schafft es! Die sechs Männer atmen auf, während sie so ruhig dahinfliegen, als seien die vergangenen vierundzwanzig Tage nur ein Spuk gewesen. Jede Flugstunde bringt sie hundertachtzig Kilometer dem sicheren Süden zu. „Bis Spitzbergen wird das Benzin gerade reichen", ruft Amundsen.

„Vorausgesetzt, daß kein widriger Wind aufkommt", wirft einer der Besatzung ein. Und die Natur scheint wirklich nicht mitmachen zu wollen. Nebel kommt auf, wird immer dichter, bald ist es eine richtige Suppe.

„Können wir die Orientierung halten?" erkundigt sich Amundsen beim Piloten. Der zuckt mit den Schultern. Nach einer Weile wird er unruhig: „Ausgerechnet!"

„Was ist denn los?"

„Das Seitensteuer versagt!" Wieder neue Angst und neue Sorgen, dafür reißt aber die Nebelwand auf. Es ist schon später Nachmittag, eigentlich müßte bald Spitzbergen in Sicht kommen. Angestrengt starren die Männer hinaus, aber da ist schon wieder der Nebel.

„Tiefer gehen", ruft der zweite Pilot. „Geht nicht", antwortet Amundsen, „wenn wir in der Nähe von Spitzbergen sind, können wir leicht an einer Klippe zerschellen." Jetzt fängt auch noch der Motor an zu bocken.

„Das Benzin ist gleich aufgebraucht!"

„Können wir notlanden?"

„Unmöglich bei dem Nebel, wir sehen nicht, wo wir aufsetzen!" Kaum hat der Pilot das gesagt, klart es plötzlich wieder auf. Unter ihnen liegt das Meer – und drüben, ja dort ist sogar schon das Nordkap von Spitzbergen in Sicht! Eine freudige Erregung hat sich der Besatzung bemächtigt. Die Notlandung gelingt über Erwarten gut, und einige Zeit später ist das Flugboot sicher am Küsteneis festgemacht.

„So, jetzt haben wir ein prächtiges Abendessen verdient!"

„Seht mal dort draußen!" ruft Ellsworth. Draußen auf See zieht ein Fischkutter vorüber. „Ja, sehen die uns denn nicht?" Nein, das kann doch niemand verlangen, daß die Besatzung des Kutters Ausschau nach notgelandeten Flugzeugen hält.

„Sind noch ein paar Tropfen Benzin im Tank?" fragt Amundsen.

„Es könnte reichen", antwortet der Pilot. Rasch klettern sie alle in das Flugzeug, der Monteur wirft den Motor an. Schon brummen sie los – und vor der verdutzten Mannschaft fällt wahrhaftig ein Flugzeug vom Himmel. Der erste Polflug hat ein glückliches Ende gefunden!

Roald Amundsen und seine Mannschaft im Jahre 1925

Angst vor der Isolation haben die Forscherinnen nicht

Frauenmannschaft in der Antarktis ist auf Krisen vorbereitet

Fünfzehn Monate werden diese neun Frauen in einer Forschungsstation in der Antarktis verbringen. Das Alfred-Wegener-Institut für Polarforschung hatte sich für sein Projekt eine reine Frauengruppe ausgesucht.

Ulm (dpa). Erstmals wird eine reine Frauenmannschaft in der deutschen Antarktisstation überwintern. Zwischen Ende November und Mitte Dezember starten die Meteorologinnen[1] Ulrike Wyputta und Elisabeth Schlosser, die Geophysikerinnen[2] Monika Sobiesiak und Estella Weigelt, die Ingenieurinnen Grazyna Luzecki und Susanne Korhammer, Funkerin Susanne Baumert, Köchin Ursula Weigel sowie die Ärztin und Stationsleiterin Monika Puskeppeleit zu der langen Reise in das ewige Eis.

Ihr Auftraggeber ist das Alfred-Wegener-Institut für Polar- und Meeresforschung in Bremerhaven. 15 Monate lang werden die Frauen zwischen 27 und 34 Jahren unter extremen Bedingungen in der Station, die unter sechs Meter hohem Schnee liegt, leben und arbeiten. Im arktischen Winter, der im Februar beginnt und neun Monate dauert, sind sie von der Außenwelt völlig abgeschnitten. Weder Schiffe noch Flugzeuge können zu ihnen durchdringen. Wochenlange Dunkelheit, Temperaturen bis zu minus 46 Grad und Schneestürme bis zu 180 Kilometer in der Stunde erwarten sie.

Angst, monatelang nur unter Frauen zu leben, haben die Forscherinnen nicht.

„Frauen in der Isolation sind in einer gemischten Gruppe noch isolierter", weiß die Ärztin. In einem Psychologiekurs sind die neun Teilnehmerinnen auf Spannungen und Krisen vorbereitet worden, die in der Isolation auftreten können. Ich weiß, was alles passieren kann. Aber ich glaube, wir sind alle sehr gut fähig, mit Konflikten umzugehen", sagt Frau Baumert.

Eine lange Trennung steht auch den Partnern der neun Frauen bevor. „Mein Partner freut sich für mich. Alle unsere Männer unterstützen uns moralisch", sagt Susanne Baumert. Bei der Auswahl der Bewerberinnen hat das Institut Wert darauf gelegt, daß sie in festen Bindungen leben. „Es ist wichtig, daß wir von zu Hause Rückhalt haben, wenn etwas sein sollte", erklärte die Funkerin. Miteinander telefonieren und schreiben ist mit Hilfe von Seefunk und Telefax-Gerät auf der Station möglich. Langeweile, so meint Susanne Baumert, werde während des 15monatigen Aufenthalts in der Antarktis nicht aufkommen. „Wir haben alle viele Interessen und machen alle Musik. Wir werden bestimmt auch viel Spaß haben."

Unbekannter Verfasser

---

[1] Meterologie: Wetterkunde
[2] Geophysik: Wissenschaft, die sich mit natürlichen Erscheinungen auf und in der Erde beschäftigt (z. B. Erdanziehungskraft, Erdbeben . . .)

Zum Reinbeißen

Die Geschichte vom Suppen-Kaspar.

Der Kaspar, der war kerngesund,
Ein dicker Bub und kugelrund,
Er hatte Backen roth und frisch;
Die Suppe aß er hübsch bei Tisch.
Doch einmal fing er an zu schrei'n:
„Ich esse keine Suppe! Nein!
Ich esse meine Suppe nicht!
Nein, meine Suppe eß' ich nicht!"

Am nächsten Tag, — ja sieh nur her!
Da war er schon viel magerer.
Da fing er wieder an zu schrei'n:
„Ich esse keine Suppe! Nein!
Ich esse meine Suppe nicht!
Nein, meine Suppe eß' ich nicht!"

Am dritten Tag, o weh und ach!
Wie ist der Kaspar dünn und schwach!
Doch als die Suppe kam herein,
Gleich fing er wieder an zu schrei'n:
„Ich esse keine Suppe! Nein!
Ich esse meine Suppe nicht!
Nein, meine Suppe eß' ich nicht!"

Am vierten Tage endlich gar
Der Kaspar wie ein Fädchen war.
Er wog vielleicht ein halbes Loth, —
Und war am fünften Tage todt.

Heinrich Hoffmann

Von süßer Lust

SCHOKOLADENGESCHICHTEN

von Claudia Schmohl

Schon das Öffnen einer Tafel Schokolade ist ein Vergnügen: Entschlossen schiebt sich der Zeigefinger unter den Falz. Zärtlich trennt er Papier von Papier. Silberfolie raschelt. Ein leises Knacken – gleich schmilzt milchkaffeebraune Süße ganz sanft auf der Zunge. Welche angebrochene Tafel Schokolade hätte je den Tag überlebt?

Und erst die Pralinen, die süßen: Schon ihr Anblick ist das reinste Zuckerschlecken! All die Champagnertrüffeln, Ingwerstäbchen, Walnuß-Nougat und Rumkugeln: bildschöne Kunstwerke der Schokoladenmacher. Wer da ablehnt, muß schon sehr gewichtige Gründe haben.

Montezuma, der sagenhafte Herrscher der Azteken, hortete das braune Gold, das auf den Kakaobäumen wächst, gleich tonnenweise. Purer Neid ergriff da die spanischen Eroberer, obwohl sie mit dem sauerherben Wasser der Indios nicht viel anzufangen wußten. Bis sie den schaumigbraunen Trank mit einer anderen Kostbarkeit vermischten: mit dem Zucker.

Eine liebliche Sucht

Bald lag ganz Europa im Schokoladenrausch – zumindest diejenigen, die sich die sündteuren Importe[1] leisten konnten. Auf dem Nachtlager schlürfte Frankreichs Adel seine Morgenschokolade aus kostbaren, schlanken, hohen Täßchen. Und während sich der Papst in Rom noch den Kopf darüber zerbrach, ob sich das nahrhafte Gebräu mit den strengen Fastenregeln in

---

[1] Import: Einfuhr

Einklang bringen läßt, feierten die Mönche und Nonnen in den Klöstern wahre Schokoladen-Orgien.

Nur dem „Alten Fritz", Preußens König, kam dieser neumodische Luxus nicht über die Landesgrenzen, geschweige denn über seine Lippen. Er verordnete statt dessen einen Aufguß aus Lindenblüten, der bald seinen Namen weg hatte: die „friderizianische Schokolade" – kein süßer Trost für seine Landeskinder. Doch lange konnte Friedrich II. nicht verhindern, daß sich der Gaumenschmeichler auch bei uns einnistete. Und seit gut 150 Jahren genießen wir die Schokolade nicht nur aus der Tasse, sondern als Tafel oder Riegel. Heute schnabuliert jeder Bundesbürger täglich zweiundzwanzig Gramm, knapp zwei Tafeln in der Woche oder acht Kilogramm im Jahr. Das ist nach den USA und der Sowjetunion Platz drei in der Welt. Rund 310 000 Besucher sahen jüngst in Köln eine Ausstellung, die nur der süßen Sucht gewidmet war. Ein eigenes Museum soll der braunen Bohne und ihren ungeahnten Möglichkeiten bald errichtet werden.

Eine Arznei geht um die Welt

Durch die Hintertüre eroberte der Aztekentrank unsere Zungen und Herzen: als Arznei. Ärzte verschrieben Kakao als Stärkungsmittel, das sich Leute mit schmalem Geldbeutel allerdings nur in homöopathischer Dosis[2] leisten konnten. Aber die Herren Doctores behielten recht: Das braune Pulver ist reich an wichtigen Nährstoffen sowie kleinen Dosen von belebendem Koffein, wie die Ernährungswissenschaftler heute beweisen. In Maßen genossen ist es durchaus ein Genußmittel mit Gesundheitswert, eine harmlose Droge, wenn sich das Leben mal nicht von seiner Schokoladenseite zeigt.

Dieses Kraftpaket gedeiht im Unterholz des tropischen Regenwaldes. Kakaobäume werden bis zu hundert Jahre alt und tragen das ganze Jahr über kleine, orchideenartige Blüten. Weil sie die sengende Tropensonne überhaupt nicht gut vertragen, schützen sogenannte Kakaomütter – das sind Bananenstauden oder Kokospalmen – die empfindlichen Bäume. Geerntet wird wie zu Zeiten der Azteken: Die Arbeiter spalten die Riesenbeeren des Kakaobaums mit einem scharfen Buschmesser. Darin stecken zwanzig bis dreißig Samen, eingehüllt in süßliches, blaßrosa Fruchtmus. Unter der glühenden Sonne dehnt sich der Zellsaft in den Samenkernen aus und färbt sie schokoladenbraun. Etwa 150 000 Tonnen solch aromatischer Kakaobohnen landen jedes Jahr an unseren Hafenkais. Die deutsche Schokoladenindustrie und die zahllosen Pralinenmacher und die Zuckerbäcker verwandeln die bitteren Bohnen in das süße Objekt unserer Begierde.

---

[2] in homöopathischer Dosis: in geringen Mengen

Bitter-Schokolade

von Mirjam Pressler

Die 14jährige Eva ist dick und fühlt sich deshalb einsam und ungeliebt. Ihren Kummer frißt sie in sich hinein – Eva ist freßsüchtig. Sie macht verzweifelte Anstrengungen, sich dagegen zu wehren ...

Eva drückte auf den Knopf der Nachttischlampe. Nun war es fast ganz dunkel. Nur ein schwaches Licht drang durch das geöffnete Fenster. Der Vorhang bewegte sich, und dankbar spürte sie den leichten Luftzug. Endlich war es ein bißchen kühler geworden. Sie zog das Leintuch über sich, das ihr in heißen Nächten als
5 Zudecke diente, und kuschelte sich zurecht. Sie war zufrieden mit sich selbst, war richtig stolz auf sich, weil sie es geschafft hatte, das Gerede der Eltern beim Abendessen zu überhören und wirklich nur diesen einen Joghurt zu essen. Wenn sie das zwei oder drei Wochen durchhielte, würde sie sicher zehn Pfund abnehmen. Ich bin stark genug, dachte sie. Bestimmt bin ich stark genug dazu. Das hab ich ja
10 heute abend bewiesen.
Glücklich rollte sie sich auf die Seite und schob ihr Lieblingskissen unter den Kopf. Eigentlich brauche ich überhaupt nicht mehr soviel zu essen. Heute die Schokolade war absolut unnötig. Und wenn ich dann erst einmal schlank bin, kann ich ruhig abends wieder etwas essen. Vielleicht Toast mit Butter und dazu ein paar
15 Scheiben Lachs.
Das Wasser lief ihr im Mund zusammen, als sie an diese rötlich gemaserten, in Öl schwimmenden Scheiben dachte. Sie liebte den pikanten, etwas scharfen Geschmack von Lachs sehr. Und dazu warmer Toast, auf dem die Butter schmolz! Eigentlich mochte sie scharfe Sachen sowieso lieber als dieses süße Zeug. Man
20 wurde auch nicht so dick davon. Geräucherter Speck mit Zwiebeln und Sahnemeerrettich schmeckte ebenfalls ausgezeichnet. Oder eine gut gewürzte Bohnensuppe!
Nur ein einziges, kleines Stück Lachs könnte nicht schaden, wenn sie morgen früh sowieso anfing, richtig zu fasten. Aber nein, sie war stark! Sie dachte daran, wie
25 oft sie sich schon vorgenommen hatte, nichts zu essen oder sich wenigstens zurückzuhalten, und immer wieder war sie schwach geworden. Aber diesmal nicht! Diesmal war es ganz anders. Mit der größten Ruhe würde sie zusehen, wie ihr Bruder das Essen in sich hineinstopfte, wie ihre Mutter die Suppe löffelte und sie gleichzeitig laut lobte. Es würde ihr nichts ausmachen, wenn ihr Vater in seiner pedan-
30 tischen Art dicke Scheiben Schinken gleichmäßig auf das Brot verteilte und es dann noch sorgfältig mit kleinen, in der Mitte durchgeschnittenen Cornichons verzierte. Das alles würde ihr diesmal nichts ausmachen. Diesmal würde sie nicht mehr auf dem Heimweg nach der Schule vor dem Delikatessengeschäft stehen und sich die Nase an der Scheibe plattdrücken. Sie würde nicht mehr hineingehen und für

vier Mark Heringssalat kaufen, um ihn dann hastig und verstohlen im Park mit den Fingern in den Mund zu stopfen. Diesmal nicht!

Und nach ein paar Wochen würden die anderen in der Schule sagen: Was für ein hübsches Mädchen die Eva ist, das ist uns früher gar nicht so aufgefallen. Und Jungen würden sie vielleicht ansprechen, so wie andere Mädchen, und sie einladen, mal mit ihnen in eine Diskothek zu gehen. Und Michel würde sich richtig in sie verlieben, weil sie so gut aussah. Bei diesem Gedanken wurde ihr warm. Sie hatte das Gefühl zu schweben, leicht und schwerelos in ihrem Zimmer herumzugleiten. Frei und glücklich war sie.

Eine kleine Scheibe Lachs wäre jetzt schön. Eine ganz kleine Scheibe nur, lange hochgehalten, damit das Öl richtig abgetropft war. Das könnte doch nicht schaden, wenn sowieso jetzt alles gut würde, wenn sie sowieso bald ganz schlank wäre. Leise erhob sie sich und schlich in die Küche. Erst als sie die Tür hinter sich zugezogen hatte, drückte sie auf den Lichtschalter. Dann öffnete sie den Kühlschrank und griff nach der Dose Lachs. Drei Scheiben waren noch da. Sie nahm eine zwischen Daumen und Zeigefinger und hielt sie hoch. Zuerst rann das Öl in einem feinen Strahl daran herunter, dann tropfte es nur noch, immer langsamer. Noch ein Tropfen. Eva hielt die dünne Scheibe gegen das Licht. Was für eine Farbe! Die Spucke sammelte sich in ihrem Mund, und sie mußte schlucken vor Aufregung. Nur dieses eine Stück, dachte sie. Dann öffnete sie den Mund und schob den Lachs hinein. Sie drückte ihn mit der Zunge gegen den Gaumen, noch ganz langsam, fast zärtlich, und fing an zu kauen, auch noch langsam, immer noch genüßlich. Dann schluckte sie ihn hinunter. Weg war er. Ihr Mund war sehr leer. Hastig schob sie die beiden noch verbliebenen Scheiben Lachs hinein. Diesmal wartete sie nicht, bis das Öl abgetropft war, sie nahm sich auch keine Zeit, dem Geschmack nachzuspüren, fast unzerkaut verschlang sie ihn.

In der durchsichtigen Plastikdose war nun nur noch Öl. Sie nahm zwei Scheiben Weißbrot und steckte sie in den Toaster. Aber es dauerte ihr zu lange, bis das Brot fertig war. Sie konnte es keine Sekunde länger mehr aushalten. Ungeduldig schob sie den Hebel an der Seite des Gerätes hoch, und die Brotscheiben sprangen heraus. Sie waren noch fast weiß, aber sie rochen warm und gut. Schnell bestrich sie sie mit Butter und sah fasziniert zu, wie die Butter anfing zu schmelzen, erst am Rand, wo sie dünner geschmiert war, dann auch in der Mitte. Im Kühlschrank lag noch ein großes Stück Gorgonzola, der Lieblingskäse ihres Vaters. Sie nahm sich nicht die Zeit, mit dem Messer ein Stück abzuschneiden, sie biß einfach hinein, biß in das Brot, biß in den Käse, biß, kaute, schluckte und biß wieder. Was für ein wunderbarer, gut gefüllter Kühlschrank. Ein hartes Ei, zwei Tomaten, einige Scheiben Schinken und etwas Salami folgten Lachs, Toast und Käse. Hingerissen kaute Eva, sie war nur Mund.

Dann wurde ihr schlecht. Sie merkte plötzlich, daß sie in der Küche stand, daß das Deckenlicht brannte und die Kühlschranktür offen war.

Eva weinte. Die Tränen stiegen ihr in die Augen und liefen über ihre Backen, während sie mit langsamen Bewegungen die Kühlschranktür schloß, den Tisch abwischte, das Licht ausmachte und zurückging in ihr Bett.
Sie zog sich das Laken über den Kopf und erstickte ihr Schluchzen im Kopfkissen.

Gewitter im Bauch

von Anette Schlipper

Die 21jährige Autorin beschreibt in „Gewitter im Bauch" die Geschichte ihrer jetzt überwundenen Magersucht. Um ihre besorgte Mutter darüber hinwegzutäuschen, daß sie kaum noch Nahrung zu sich nimmt, zeigt sie ungewöhnliche Eßgewohnheiten ...

Jeder Bissen, den ich in mich hineinzwänge, wird mit viel Wasser heruntergespült. Nur so bin ich überhaupt in der Lage, das Essen aufzunehmen. Ist mein Glas dann leer, so habe ich einen Grund, um in die Küche gehen zu können. Meistens nehme ich dann meinen Teller mit. Ein Grund ist die Besorgnis, daß meine Mutter in meiner Abwesenheit neue Speisen auf meinen Teller schieben könnte. Falls Tina oder Mama nun auf die Idee kommen, mich zu fragen, warum ich denn dieses tue, gebe ich vor, ich wolle nur noch etwas Soße oder ähnliches nachnehmen. In Wirklichkeit aber lege ich, während ich viele unnötige Geräusche am Kühlschrank verursache, geschwind und möglichst leise etwas Fleisch zurück in die Pfanne. Scheitert dieses Vorhaben jedoch zum Beispiel an der Tatsache, daß es sich um besonders große Fleischstücke handelt, so lasse ich blitzschnell einige Brocken, in welche ich das Fleisch zuvor auf meinem Teller zerkleinert habe, im Abfalleimer verschwinden. Einmal war es mir aber auch möglich, ein Stück Fleisch in meiner Papierserviette zu verstecken. die ich anschließend unbemerkt in den Müll werfen konnte.

Größten Anstoß nimmt meine Mutter an dem unleugbaren Faktum[1], daß ich so viel Zeit für den Verzehr des Mittagessens aufwende. „Warum ißt du nur so langsam und jedesmal nur solche winzigen Happen?" klagt sie dann, nachdem sie wieder einen der mir verhaßten prüfenden Seitenblicke auf meinen Teller geworfen hat, „früher hast du doch nicht so langsam gegessen." Früher, früher! Das ist ihr Hauptargument, bei allen Gelegenheiten. Warum sieht sie nicht ein, daß sich Dinge ändern, daß *ich* mich ändere, daß niemals alles so bleibt, wie es einmal war. Ich werde allmählich erwachsen, Mama!

Alle Bemühungen, ihr dann weismachen zu wollen, daß langsames Essen besser für die Verdauung sei, sind zwecklos. Längst hat sie mich durchschaut. Schließlich hat sie schon zu oft selbst mit ihrem Gewicht zu kämpfen gehabt, um nicht zu wissen, daß kleine Bissen, gründlich gekaut, schneller ein Gefühl der Völle vermitteln als hastig heruntergeschlungene Mahlzeiten. Aber langsam zu essen bringt noch einen weiteren Vorteil mit sich. Ich, die ich früher immer als erste nach Beendigung der Mahlzeit den Tisch verlassen habe, bemühe mich nun, die letzte am Tisch zu sein. (Das ist gar nicht so einfach, da sich meine Schwester auch nicht gerade mit dem Verzehr der Mahlzeiten beeilt.) Dann gelingt es mir gelegentlich, unbeobachtet mit dem Teller zum Abfalleimer zu laufen und die verbliebenen Reste mit der Gabel hineinzukehren. An anderen Tagen jedoch scheint meine Mutter endlos Zeit zu haben. Während meine Schwester längst den Tisch verlassen hat und ich ihr neidisch nachblicke, bleibt meine Mutter zusammen mit mir sitzen und meint mit unschuldiger Miene:

„Ich weiß, daß es nicht schön ist, alleine essen zu müssen. Daher leiste ich dir noch ein wenig Gesellschaft."

Manchmal gelingt es mir sogar, dieser Bemerkung ein gequältes Lächeln abzuringen. Während sie ihren versteinerten Blick auf meinen Teller heftet und genau beobachtet, wie ich meine Gabel zum Munde führe, wünsche ich mir, sie würde den Widerstand aufgeben. Hin und wieder ist das auch der Fall, doch wenn sie nach zehn Minuten noch immer bewegungslos auf ihrem Platz verharrt, weiß ich, daß ich – meistens jedenfalls – verloren habe. Ungeduldig, mit zusammengezogenen Brauen fragt sie dann: „Kannst du nicht ein wenig schneller essen? Das Würstchen muß doch längst kalt sein!"

Ist es ja auch. Aber warm würde ich das Essen auch nicht leichter herunterbringen können.

„Mama", reagiere ich dann gereizt, wenn auch froh darüber, wieder einige Sekunden herausschinden zu können, „es ist doch schließlich *meine* Sache, ob und wie schnell ich esse. Vielleicht erinnerst du dich nicht mehr daran, doch ich habe dir bereits Hunderte von Malen erklärt, daß langsam essen viel besser für die Verdauung ist."

---

[1] Faktum: Tatsache

Schweigen.
Nur ein vorwurfsvoller, ärgerlicher, ein wenig konsternierter[2] Blick meiner Mutter beherrscht die Szene. Nach weiteren Minuten weigert sich mein Magen angeekelt, auch nur noch einen einzigen weiteren Bissen anzunehmen. Daher lege ich gewöhnlich das Besteck nieder, schaue meine Mutter verzweifelt an und flehe:
„Bitte, Mama, ich kann nicht mehr. Ich bin schon voll bis obenhin. Kann ich bitte den Rest übriglassen?"
„Voll bis obenhin", kommt gewöhnlich die verbitterte Antwort meiner Mutter. „Wovon denn? Von der Menge, die du bis jetzt verzehrt hast, wird ja noch nicht einmal ein Baby satt."
Da sie nicht so ohne weiteres nachgeben will, fügt sie, meist mit einer Stimme, die verrät, wie ungern sie direkte Befehle gibt, hinzu: „Noch eine Gabel voll, dann bist du entlassen." In der Hoffnung, durch diese Tat die Tortur für heute beenden zu können, lade ich acht Erbsen auf meine Gabel und schlucke sie, höchst widerwillig, mit großer Anstrengung hinunter.
„Das war doch keine ganze Gabel voll, allenfalls eine halbe. – *Noch* einen Bissen!"
„Mama", rufe ich verzweifelt, unfähig, auch nur eine einzige Gabel zum Munde zu führen. Wenn meine Mutter in diesem Moment schweigend meinen Teller forträumt, habe ich gewonnen. Doch der Sieg hat einen nervenaufreibenden Kampf erfordert, einen Kampf, der die sich stetig verbreiternde Kluft zwischen meiner Mutter und mir manchmal unüberwindbar erscheinen läßt.

Pubertätsmagersucht

Unbekannter Verfasser

ANOREXIA NERVOSA (Pubertätsmagersucht) tritt bevorzugt bei Mädchen während der pubertären Jahre (also etwa zwischen zehn und siebzehn Jahren) auf, seltener vor Eintritt in die Pubertät. Magersucht bei Jungen ist äußerst selten. Dabei handelt es sich um eine Störung, deren Hauptmerkmale eine aktive Essensverweigerung und ein deutlicher Gewichtsverlust sind. Der Gewichtsverlust ist meist beträchtlich, mindestens zwanzig Prozent des Normalgewichts werden eingebüßt. Trotz der Abmagerung neigen die Patientinnen zu einem gesteigerten Bewegungsdrang aus einer ständigen inneren Rastlosigkeit heraus. Ungewöhnliche Eßgewohnheiten und Einstellung zur Nahrung sind typisch, und manchmal folgen dem Hungern Perioden[1] übermäßiger Nahrungsaufnahme – regelrechte Heißhungeranfälle – oder wechseln mit solchen. Die Gewichtsabnahme wird durch Hungern, willkürliches Erbrechen oder Abführmittelmißbrauch erzwungen.

---

[2] konserniert: hier: bestürzt   [1] Periode: Zeitabschnitt

Vier Teller Rübensuppe

von Jaap ter Haar

Winter 1942: Leningrad ist von deutschen Truppen eingeschlossen, Nahrungsmittel können nicht mehr in die belagerte Stadt gebracht werden. Viele Menschen sind bereits verhungert, die Überlebenden vom Hungertod bedroht. Magere Essensrationen werden in den Garküchen der Stadt verteilt. Nadja und ihr Freund Oleg haben sich in eine Schlange wartender Frauen und Kinder eingereiht ...

Langsam schoben sie sich nach vorn. Nadja wirkte plötzlich sehr nervös. Immer wieder sah sie sich ängstlich um, als ob eine unbestimmte Gefahr sie in der Schlange bedrohe.

„Was hast du denn?" fragte Oleg.

„Pst!" zischte Nadja scharf. Sie hielt die Lebensmittelkarten krampfhaft in der Hand. Sie war nun an der Reihe, blieb aber stocksteif stehen. Trotz der Kälte war ihr Gesicht totenblaß.

„Vorwärts! Weiterrücken!" rief der Mann, der die Suppe ausschöpfte. Nadja zögerte immer noch. Verwirrt sah sie die Männer von der Küche an, gab aber die Lebensmittelkarten nicht ab. Oleg sah, daß ihre Hand zitterte.

„Na, wird's bald?"

„Du bist dran", flüsterte Oleg Nadja zu und stieß sie leicht in die Seite. Endlich tat sie einen Schritt vorwärts und reichte die Karten einem Mann, der mit rotgefrorener Hand einen Stempel daraufdrückte.

„Vier Portionen!" rief der Mann.

Interessiert sah Oleg zu, wie Nadjas Topf vollgeschöpft wurde. Sie bekam vier randvolle Kellen. Und es war gute Suppe, das sah man sofort. Fleisch schwamm darin und kleine Kartoffelstückchen. Freute sich Nadja denn nicht über die große Portion? Oleg merkte nichts von Freude. Mit niedergeschlagenen Augen schob sie sich hastig zur Seite, den Topf fest an sich gedrückt, als fürchte sie, daß ihn ihr jemand wegnehmen würde.

Nun war Oleg an der Reihe. Gespannt verfolgte er die große Kelle, die im Kessel verschwand. Herbe Enttäuschung durchfuhr ihn, als die Kelle auftauchte. Sie war nicht ganz voll. Oleg sah den Mann flehend an, wagte jedoch nichts zu sagen. Das vorige Mal hatte es schließlich auch nichts geholfen. Wenn wenigstens die zweite Kelle ordentlich voll würde ... Doch auch die war nicht bis zum Rand gefüllt. Tränen schossen ihm in die Augen.

„Meine Mutter ist krank", stammelte er.

„Der nächste!" rief der Mann mit dem Stempel, während eine Frau Oleg sanft zur Seite schob.

Langsam ging Oleg auf Nadja zu, die auf ihn wartete.

„Hast du viel gekriegt?" fragte sie. Oleg schüttelte den Kopf. Er konnte ihr noch nicht antworten, weil es ihn im Hals würgte. Erst als er einmal richtig geschluckt hatte, sah er Nadja an und war überrascht: Sie lachte ihm zu. Zum erstenmal hatte sie wieder ein fröhliches Gesicht.

„Komm mal her mit deinem Topf!" sagte sie leise. Sie nahm den Deckel ab und goß vorsichtig eine Menge Suppe aus ihrem Topf in den von Oleg.

„Aber Nadja!" sagte Oleg verblüfft. „Und wo bleibt ihr?"

„Psst!" machte Nadja. Sie blickte sich um, ob sie auch niemand hören konnte. „Du darfst das keinem erzählen", sagte sie leise. „Du darfst keinem erzählen, daß ich dir was abgegeben habe."

„Wieso denn nicht?" fragte Oleg, der sie nicht verstand.

„Erinnerst du dich an Stipolew?" flüsterte Nadja.

Oleg nickte. Stipolew hatte in ihrer Straße gewohnt. Er hatte Lebensmittelkarten gefälscht. In der ausgehungerten Stadt waren solche Fälschungen das ärgste Verbrechen, das jemand begehen konnte. Soldaten waren gekommen, hatten Stipolew aus seiner Wohnung geholt und ohne Gnade erschossen.

„Ich habe eben so was Ähnliches gemacht", flüsterte Nadja. Sie fing an zu weinen. Die Tränen flossen ihr über die blassen Wangen. „Oleg, verrat's keinem! Bitte, sag's niemandem!" bat sie schluchzend.

„Was hast du denn gemacht?" Oleg sah sie entsetzt an. Er konnte sich einfach nicht vorstellen, daß Nadja jemals so etwas Gemeines tun würde.

Nadja bückte sich und flüsterte: „Gestern nachmittag ist Vater gestorben. Und als ich heute morgen aufwachte, war Serjoscha tot . . ." Serjoscha war ihr Bruder.

Plötzlich begriff Oleg alles. Nadja war allein mit ihrer Mutter am Leben, hatte aber *vier* Portionen geholt.

„O Nadja!" sagte er und merkte nicht einmal, daß er weinte, als sie nebeneinander weitergingen.

In der Ferne klang das Dröhnen deutscher Geschütze. . . .

Eine Zeitlang gingen sie schweigend, jeder mit den eigenen Gedanken beschäftigt. Erst als sie an der Kirche vorüber waren, fing Nadja wieder an zu sprechen.

„Ich habe es für meine Mutter getan, Oleg. Wirklich."

Das konnte Oleg verstehen, aber recht war es nicht. Es gab Hunderte von unterernährten Müttern, Hunderte von ausgehungerten Vätern, Hunderte von Kindern mit nagendem Hunger. In Leningrad erhielten alle die gleiche Ration. Was es an Lebensmitteln in der Stadt gab, wurde so gerecht wie möglich verteilt. Daran zweifelte niemand. Oleg schaute Nadja verstohlen an. Sie weinte nicht mehr, aber er merkte, daß ihr Gewissen sie quälte, weil sie sich einen Vorteil verschafft hatte.

Er wußte nicht recht, was er sagen sollte. Ihr Vater war tot. Serjoscha war nicht mehr aufgewacht. Ob sie noch in dem Zimmer lagen, in dem auch Nadja und ihre Mutter schliefen? Oder hatte der große Wagen sie schon abgeholt – zugleich mit dem alten Mann, den Oleg auf dem Hinweg im Schnee hatte liegen sehen?

„Ich geb dir nachher noch was von meiner Suppe", sagte Nadja leise.

Langsam gingen sie nebeneinander über den Platz mit den Denkmälern. Oleg nickte. Er schämte sich . . . Am Morgen, als er am Bett seiner Mutter gestanden hatte, hatte er gebetet, daß ein Wunder geschehen möge: das Wunder, daß er eine reichliche Portion nahrhaften Essens beschaffen konnte. War Nadjas Schwindel mit den Lebensmittelkarten das Wunder, auf das er gehofft hatte? Wenn man sich vorstellte, daß das jemand entdeckte! Ob Nadja dann auch erschossen würde? Oleg erschrak bei diesem Gedanken. Vielleicht wäre es besser, zurückzugehen und alles ehrlich zuzugeben.

„Kommst du mal mit?" fragte Nadja. Sie bog in den Park ein. An einem stillen Fleck zwischen den Sträuchern blieb sie stehen.

„Mach den Deckel auf!"

Zögernd nahm Oleg den Deckel vom Topf. Ohne zu verschütten, goß Nadja noch einen Teil von ihrer Suppe hinein. Oleg protestierte nicht. Jetzt war er mitschuldig, das verstand er genau. Aber er tat es für seine Mutter.

„Wenn du's nur keinem sagst!" beschwor ihn Nadja noch einmal.

„Nein, bestimmt nicht", flüsterte Oleg.

Nadja lächelte beruhigt. Ihr Gesicht wirkte entspannter, als sie durch den Park zum Platz zurückgingen.

„Haltet eure Töpfe nur gut fest!" rief einer der Soldaten, der an einem Flakgeschütz[1] Posten stand. Seine Kameraden schlugen die Arme umeinander, um warm zu werden.

---

[1] Flak: Abkürzung für „Flugabwehrkanone"

Oleg nickte, mehr für sich selbst als für die Soldaten. Natürlich würde er seinen Topf festhalten, wenn er auch auf einen Teil der Suppe kein Recht hatte. Ein angenehmes Gefühl war das nicht. Aber nachher konnte er seiner Mutter einen vollen Teller geben. Oder einen fast vollen. Und es war heute eine gute Suppe!
Er lächelte Nadja zu, die natürlich Serjoschas und ihres Vaters wegen traurig war. Im Grunde war es ganz gut, daß sie die Schuld für die beiden zusätzlichen Rationen nicht allein zu tragen brauchte.
Sie kamen an den Ausgang des Parks. Dort mußten sie eine Weile warten. Eine Kolonne Lastwagen voller Soldaten fuhr schnell vorbei. Die Soldaten standen dicht gedrängt auf der Ladefläche. Sie hatten die Gewehre umgehängt. Lachend winkten sie Oleg und Nadja zu. Oleg tat es leid, daß er nicht auch winken konnte, weil er den Topf mit beiden Händen festhalten mußte.
Plötzlich heulte dicht hinter ihnen eine Sirene. Oleg fuhr bei dem drohenden Lärm so heftig zusammen, daß er mit seinem Topf an Nadja stieß. Ein Schwapp Suppe klatschte unter dem Deckel heraus auf den Boden. Bekümmert schaute Oleg auf den Fleck von roten Rüben im weißen Schnee.
In allen Teilen der Stadt gaben jetzt die Sirenen Fliegeralarm.
„Komm rasch!" rief Nadja. An einer Ecke des Platzes stand ein Schild, das die Richtung zum nächsten Luftschutzbunker anzeigte. Von allen Seiten rannten die Menschen über den Platz. Die Soldaten brachten in aller Eile ihr Flakgeschütz in Stellung.
Nadja fing an zu laufen. Oleg lief hinter ihr her. Doch bei jedem Schritt schwappte die Suppe an den Deckel. Oleg verschüttete jedesmal eine Winzigkeit . . .
„Nicht so schnell!" rief er Nadja nach.
Angst hatte Oleg nicht. In Leningrad hatten die Sirenen schon Hunderte von Malen geheult. Er fürchtete nur, daß er zuviel von seiner Suppe verschüttete.
„Du hast recht", stimmte Nadja ihm zu und wurde ein wenig langsamer, weil sie ebenso wie Oleg darauf bedacht war, nichts zu verschütten.
Plötzlich passierten hundert Dinge auf einmal. Erst hörte Oleg einen hohen kreischenden Laut in der Luft, der auf ihn zukam. Aus den Augenwinkeln sah er ein deutsches Flugzeug aus den Wolken kommen. Eine alte Frau auf der andern Seite des Platzes strauchelte. Eine Mutter mit zwei kleinen Kindern suchte ratlos einen sicheren Fleck. „Schnell!" rief Nadja. „Schnell!" Ihre Stimme überschlug sich. Die beiden rannten zum Park zurück. Maschinengewehre ratterten. Überall rannten Menschen, um sich in Deckung zu bringen. Manche warfen sich flach auf die Straße.
„Schneller, Oleg!" Nadja keuchte. Aber Oleg dachte an seine Suppe. Krampfhaft drückte er mit den Daumen den Deckel fest auf den Topf, während er hinter Nadja weiterrannte.
Alles übertönend, dröhnten die Motoren. Das Flugzeug war jetzt ganz nahe. Nadja bog nach links, um Deckung hinter der kleinen Parkmauer zu suchen. Dann

schallte ohrenbetäubender Donner. Oleg fühlte sich hochgerissen. Es war, als ob ihn ein heftiger Windstoß vom Bürgersteig höbe.

‚Meine Suppe!' dachte er. Dann schlug er auf den Boden. Einen Augenblick schien die Welt stillzustehen. Es war, als ob er nie wieder atmen könnte. Erstarrt vor Schreck lag er mit geschlossenen Augen im Schnee.

Langsam verhallte das Dröhnen des Flugzeugs zur Newa hinüber. Wie im Traum hörte Oleg schnelle Schritte. Dann hallten Befehle, und auf dem Platz schrie jemand um Hilfe.

„Banditen, Schurken, Mörder!" Ein Mann schrie seine Ohnmacht zum Himmel hinauf... Dazwischen hörte man das Schluchzen einer Frau und das Stöhnen von Verwundeten.

Die laufenden Schritte kamen näher. Oleg spürte, daß sich jemand über ihn beugte.

„Junge, he, Junge!" sagte eine Stimme.

Oleg öffnete die Augen und erkannte einen der Soldaten vom Flakgeschütz.

„Hast du Schmerzen? Bist du verletzt?"

Noch halb betäubt von der Detonation[2], schüttelte Oleg den Kopf. Dann sah er Nadja, die ein paar Meter weiter wieder auf die Beine kam. Sie war ganz schwarz im Gesicht, weil sie sich platt auf den Boden gedrückt hatte.

An einem Knie war der Strumpf zerrissen. Sie klopfte sich Schnee und Erde vom Mantel. Es sah aus, als ob sie schlafwandele.

„Oleg, o Oleg!" rief sie. Sie wirkte auf einmal klein und hilflos, wie sie da stand. Verstört starrte sie in den Schnee zu ihren Füßen.

Erst da ging Oleg auf, worauf Nadja guckte. Im Schnee lag sein Topf, und der größte Teil der Suppe war ausgelaufen. Kleine Rübenstückchen, Fleischfasern und Kartoffelwürfel lagen im Schnee.

Entsetzt sah Oleg den Soldaten an. Dann kroch er zu seinem Topf. Er zog den Handschuh aus und versuchte, mit Daumen und Zeigefinger die winzigen Fasern Essen in den Topf zurückzutun.

„Laß doch, Junge", sagte der Soldat leise. Aber Oleg wandte sich nicht um, weil er nicht wollte, daß der Soldat seine Tränen sah.

Nadja hockte sich neben ihn. Ohne etwas zu sagen, schlang sie einen Arm um ihn. Verwirrt schaute der Soldat auf die beiden Kinder nieder. Er sah die Suppe, die in den Schnee geflossen war. Für die Kinder war das eine Tragödie, das war ihm klar. Aber als Soldat durfte er sich nicht aus dem Gleichgewicht bringen lassen. Es geschahen schlimmere Dinge.

„Kopf hoch, Kinder!" ermutigte er sie. „Das ist nicht das Schlimmste, was heute geschehen ist." Dann ging er mit großen Schritten zu dem Platz zurück, wo Verwundete und Sterbende um Hilfe riefen.

---

[2] Detonation: Explosion

„Komm!" sagte Nadja. Sie hob die Töpfe auf, half Oleg auf die Beine und zog ihn mit in den Park – weg vom Platz. Sie wollte auf einem Umweg nach Hause. Es war schon schlimm genug, daß sie wußten, was auf dem Platz geschehen war, es war nicht nötig, es auch noch zu sehen! Während Oleg und Nadja noch halb betäubt durch den Park gingen, dachten beide das gleiche: War das die Strafe dafür, daß sie in der Garküche unehrlich gewesen waren? Aber wenn es eine Strafe war, weshalb wurden dann die Lastwagen mit den Soldaten von den deutschen Bomben getroffen?

Dumpf und innerlich leer stapfte Oleg weiter. Wie konnte er seiner Mutter sagen, daß er ohne Essen zurückkam?

„Mach dir keine Sorgen, Oleg", sagte Nadja. „Ich weiß noch einen andern Weg, Essen zu beschaffen."

Das kam so unerwartet und klang so unwahrscheinlich, daß Oleg verblüfft stehenblieb.

„Ich erzähl' dir's nachher", sagte Nadja, denn plötzlich war sie sich nicht mehr sicher, ob sie Oleg in ihren gefährlichen Plan einweihen durfte. Außerdem kam ihnen gerade eine Gruppe von Trümmerräumern, Männer und Frauen, entgegen. Sie waren zu der Stelle gerufen worden, wo die Bombe eingeschlagen hatte. Was auch im sterbenden Leningrad geschah, das Leben ging dennoch weiter.

Tuareg

von Alberto Vázquez-Figueroa

Gacel Sayah vom einst mächtigen Nomadenstamm der Tuareg zählt zu den letzten Jägern, die wie ihre Vorfahren die Sahara durchstreifen.
Eines Tages schleppen sich zwei erschöpfte Unbekannte in Gacels Zeltlager. Er nimmt sie auf, ohne Fragen zu stellen, und gewährt ihnen Gastfreundschaft. Kurz darauf erschießt ein Trupp Soldaten ohne erkennbaren Grund einen der beiden Männer und verschleppt den anderen. Gacel muß hilflos mit ansehen, wie das den Tuareg heilige Gesetz der Gastfreundschaft mit Füßen getreten wird. Diesen Übergriff wird er rächen. Er verläßt seine Familie und begibt sich auf die Suche nach seinem gefangengenommenen Gast in die Wüste.

Ohne sich zu bewegen – genauso reglos, wie er vier Tage und fast vier Nächte lang dagelegen hatte – sah er zu, wie die Sonne hinter dem Horizont verschwand. Gleich würde sich fast übergangslos die Dunkelheit herabsenken. Gacel wußte, daß endlich die Nacht gekommen war, in der es zu handeln galt.
5 Es war, als würde sein Geist aus einem seltsamen Dämmerschlaf erwachen, in den er sich selbst hineingesteigert hatte, getrieben von der Hoffnung, für einige Zeit zu einem scheinbar leblosen Wesen zu werden, zu einer jener Pflanzen voll milchigen Saftes, zu einem Gesteinsbrocken in der Wüste, zu einem der Millionen Salzkörner der *sebkha*. Auf diese Weise wollte er den natürlichen Drang über-
10 winden zu trinken, zu schwitzen oder gar zu urinieren.
Es war, als hätten sich die Poren seiner Haut geschlossen, als hätte seine Blase keine Verbindung mehr mit der Außenwelt, als wäre sein Blut zu einer dickflüssigen Masse geworden, die im Zeitlupentempo durch die Adern strömte, getrieben von einem Herzen, dessen Schläge sich auf ein Mindestmaß verringert hatten.
15 Um dies zu erreichen, mußte Gacel sein Denken, seine Erinnerungen und seine Phantasie sozusagen abschalten, denn er wußte, daß Körper und Geist untrennbar miteinander verbunden waren. Schon ein Gedanke an Laila, die Vorstellung eines mit klarem Wasser gefüllten Brunnens oder der Wunschtraum, dieser Hölle endlich entkommen zu sein, hätten bewirkt, daß sein Herz unversehens schneller
20 geschlagen hätte, so daß sein verzweifelter Versuch, sich in einen „Steinmenschen" zu verwandeln, unweigerlich gescheitert wäre.
Aber er hatte es vollbracht, und nun erwachte er aus seinem todesähnlichen Schlaf. Er blickte in die Dämmerung hinaus und aktivierte die Kräfte seines Geistes, damit sie seinen Körper aus der Erstarrung lösten, das Blut schneller fließen ließen und
25 den Muskeln die dringend benötigte Ausdauer und Geschmeidigkeit zurückgaben. Als es ganz dunkel geworden war und er sicher sein konnte, daß ihn niemand sah, begann er sich zu bewegen: Zuerst beugte er einen Arm, dann den anderen, schließlich die Beine und den Kopf. Nach einer Weile kroch er unter seinem kleinen Son-

nendach hervor und stand mühsam auf, wobei er sich auf den Kadaver[1] des Kamels stützen mußte. Von dem toten Tier ging schon der ekelerregende Geruch der Verwesung aus.
Er ergriff eine *gerba*[2] und mobilisierte ein weiteres Mal seine unglaubliche Willenskraft, um die abscheuliche grüne Flüssigkeit zu schlucken, die breiig aus dem Wassersack quoll. Sie hatte kaum noch etwas mit Wasser zu tun, sondern ähnelte eher mit Galle verrührtem Eiweiß.
Anschließend zückte er seinen Dolch, schob den Reitsattel beiseite und schnitt mit ganzer Kraft das Fell über dem Höcker des Kamels auf. Er griff hinein und förderte ein weißliches Fett zutage, das so aussah wie erkaltetes Schmalz. Schon bald würde es ungenießbar sein, aber Gacel aß davon, denn er wußte, daß er nur durch das Fett wieder schnell zu Kräften kommen konnte.
Sogar nach dem Tod leistete ihm also sein treues Kamel noch einen Dienst. Es spendete ihm das Blut aus seinen Adern und das Wasser aus seinem Magen, damit er den Kampf gegen den Durst gewann. Es gab ihm seinen kostbaren Vorrat an Fett, damit er am Leben bleiben konnte.
Eine Stunde später – es war inzwischen finsterste Nacht geworden – warf Gacel dem toten Mehari einen letzten Blick voller Dankbarkeit zu. Dann ergriff er seine Waffen, hängte sich einen der Wassersäcke um und machte sich ohne Eile auf den Weg nach Westen.

Tuareg auf seinem Kamel

---

[1] Kadaver: Tierleichnam
[2] gerba: Wassersack aus Ziegenleder

Ein Tischzucht   *von Hans Sachs*

Hör, Mensch! wenn du zu Tisch willt gahn,
die Händ sollt du gewaschen han.
Lang Nägel ziemen gar nit wohl,
die man heimlich abschneiden soll.
Am Tisch setz dich nit oben an,
der Hausherr wölls dann selber han!
Der Benedeiung[1] nit vergiß!
In Gottes Nam heb an und iß!
Den Ältisten anfahen laß!
Nach dem iß züchtiglichermaß!
Nit schnaude[2] oder säuisch schmatz!
Nit ungestüm nach dem Brot platz,[3]
daß du kein Gschirr umstoßen tust!
Das Brot schneid nit an deiner Brust!
Das gschnitten Brote oder Weck
mit deinen Händen nit verdeck
und brock nit mit den Zähnen ein
und greif auch für dein Ort allein!
Tu nicht in der Schüssel umstühren![4]
Darüberhaltn will nit gebühren.
Nehm auch den Löffel nit zu voll!
Wenn du dich treiffst[5], das steht nit wohl.
Greif auch nach keiner Speise mehr,
bis dir dein Mund sei worden leer!
Red nicht mit vollem Mund! Sei mäßig!
Sei in der Schüssel nit gefräßig!
Bis daß das Mahl hat sein Ausgang,
dann sag Gott heimlich Lob und Dank,
der dir dein Speise hat beschert,
aus väterlicher Hand ernährt!
Nach dem sollt du vom Tisch aufstehn,
dein Händ waschen und wieder gehn
an dein Gewerb und Arbeit schwer.
So sprichet Hans Sachs, Schuhmacher.

---

[1] Benedeiung: hier: Gebet – [2] schnauden: schnauben – [3] platzen: ungestüm greifen
[4] umstühren: umrühren – [5] treifen: kleckern

Wölfe

Der Wolf

von Markus Kappeler

Das Verbreitungsgebiet des Wolfs, des Stammvaters all unserer Haushunde und größten Mitglieds der Hundefamilie, war einst riesengroß. Es umfaßte fast ganz Europa und Asien – vom Nordpolarmeer bis nach Portugal, Arabien, Indien und Japan – und reichte in Nordamerika von Alaska bis nach Mexiko. Im Laufe der letzten 300 Jahre ist der kräftige Wildhund aber aus vielen Gebieten verschwunden.
Neben der gnadenlosen Bejagung des „bösen" Wolfs durch den Menschen spielte dabei auch die Umwandlung seines Lebensraums in Kulturland eine wichtige Rolle. Heute findet man gesunde, umfangreiche Wolfsbestände nur noch in der Sowjetunion sowie in Kanada und Alaska. In Restbeständen lebt er aber sogar noch in recht dicht besiedelten Ländern wie Italien und Spanien.
Innerhalb ihres weiten Verbreitungsgebiets sehen natürlich nicht alle Wölfe genau gleich aus. So kann zum Beispiel der Tundrawolf Sibiriens bis 80 Kilogramm schwer werden, während der Indische Wolf oft nur 15 bis 20 Kilogramm wiegt. Und während die „normalen" Wölfe Osteuropas vorwiegend grau gefärbt sind (und darum „Grauwölfe" heißen), können die „Timberwölfe" der nordamerikanischen Wälder ganz schwarz und die „Polarwölfe" im Bereich des arktischen Eismeers von Kopf bis Fuß weiß sein.
Wölfe leben in Rudeln von zumeist etwa fünf bis zehn Tieren zusammen. In vielen Teilen ihres Verbreitungsgebiets betätigen sie sich als Großwildjäger. Gemeinsam sind sie stark und können große Huftiere wie Rothirsch, Ren und Elch erlegen, welche oft das Zehnfache ihres eigenen Körpergewichts besitzen.
Ein Wolf kann erstaunliche Mengen Fleisch verzehren: an einem Tag bis zehn Kilogramm. Kein Wunder, daß der „Wolfshunger" sprichwörtlich geworden ist!
Hat der Wolf bei der Großwildjagd kein Glück, so begnügt er sich durchaus auch mit kleineren Säugetieren wie Hasen und Bibern und verzehrt selbst Frösche, bodenlebende Vögel und Aas. Zur Not vermag er sogar mehrere Tage lang ohne jegliche Nahrung auszukommen. In solch mageren Zeiten kann es dann geschehen, daß sich der Wolf, der normalerweise die Nähe menschlicher Siedlungen meidet,

an Haustieren wie zum Beispiel Schafen, Gänsen und sogar Hunden vergreift. Geschichten über Angriffe der „blutrünstigen Bestien" auf Menschen sind jedoch „Schauermärchen". Seit vielen Jahrzehnten gibt es jedenfalls keinen einzigen verbürgten Bericht über die Tötung eines Menschen durch Wölfe!

Innerhalb eines Rudels herrscht eine strenge Rangordnung sowohl unter den Männchen als auch unter den Weibchen. Rangkämpfe gehören aber keineswegs zur Tagesordnung, wie man vielleicht annehmen mag. Im Gegenteil: Das „Familienleben" der Wölfe ist ausgesprochen freundlich. Eine vielfältige „Sprache", bei der neben Knurren, Winseln, Bellen, Fiepen und anderen Lauten auch die Haltung des Schwanzes, die Stellung der Ohren und der Ausdruck des Gesichts eine wichtige Rolle spielen, sorgt dafür, daß es nicht ständig zu unnötigen Raufereien kommt.

Das Wolfsrudel ist eine „eingeschworene Bande", welche durch dick und dünn zusammenhält. Dem wird immer wieder durch das berühmte „Wolfsgeheul" Ausdruck gegeben. Fast wie der Schlachtruf eines Sportvereins fördert dieses gemeinschaftliche Heulen das Zusammengehörigkeitsgefühl der Rudelmitglieder außerordentlich. Gleichzeitig verkündet das Rudel mit dem Chorgeheul lauthals, daß es sein Jagdrevier erbittert gegen alle Eindringlinge verteidigen wird. Nachbarrudel wie auch durchziehende Fremdlinge können so den „Grundbesitzern" rechtzeitig aus dem Weg gehen.

Grauwolf

Timberwolf

Polarwolf

Als Mensch unter Wölfen

Unbekannter Verfasser

Wölfe werden in den meisten Tierparks oder Zoos in Umzäunungen gehalten, die manchmal nicht viel größer sind als Hundezwinger.
Dafür gibt es einen ganz einfachen Grund: Der Wolf ist ein ausgesprochen vorsichtiges und scheues Tier, vor allem gegenüber Menschen. Wenn er die Möglichkeit hat, sich zu verbergen, nutzt er sie. Da aber Zoobesucher die Tiere natürlich auch richtig sehen wollen, werden die Wolfsabteilungen klein und kahl gehalten, um jedermann Einblick zu verschaffen.
Im Forst der saarländischen Stadt Merzig ist das anders. Dort leben Wölfe in großen Freigehegen. Ihre angeborene Scheu vor den Menschen hat ihnen ihr Betreuer, Werner Freund, genommen.
Um das Verhalten der Wölfe genau kennenzulernen, hat Werner Freund versucht, selbst wie ein Wolf zu leben.
Dazu war es nötig, sich von manchen menschlichen Gewohnheiten im Zusammensein mit den Wölfen zu trennen. Voraussetzung war zunächst die Aufzucht von jungen Wölfen. Zusammen mit seiner Frau hat er versucht, die Rolle der Wolfseltern zu übernehmen, wo es nur irgendwie möglich war. Ob bei Tag oder Nacht, wenn die Wolfswelpen nach Futter verlangten, Werner Freund stand bereit: zunächst mit der Milchflasche, später gab es zerkleinertes Fleisch. Und dazu gehörte es zum Beispiel auch, daß diese „Beutestücke" von Mund zu Mund übergeben wurden, so wie es auch die Wolfseltern tun. Dieses Verhalten hat Werner Freund bei seinen Wölfen genau abgeschaut. „Die Wölfe sollten nicht von mir

Werner Freund mit seinen Wölfen

menschliches Verhalten annehmen, sondern ich mußte wölfisches Verhalten lernen", sagt er dazu. Und das bedeutete für ihn, daß er z. B. monatelang mit den Jungwölfen nachts draußen in den Gehegen zusammen schlief.

Durch eine solche wolfsnahe Aufzucht gelang es ihm, die Tiere so an sich zu gewöhnen, daß sie die natürliche Angst vor dem Menschen ablegten. Was jedoch nicht heißt, daß jeder einfach in ein solches Gehege hineinmarschieren könnte, um den Wölfen mal eben guten Tag zu sagen und sie zu kraulen wie einen Schoßhund. Genausowenig wie Wolfsrudel einen fremden Eindringling ihrer Art akzeptieren würden, genausowenig würde ein ihnen fremder Mensch geduldet. Nur Werner Freund ist absolut in die Rudel integriert, wird als eine Art Oberwolf auf zwei Beinen anerkannt. Seine Sprache, sein Geruch ist ihnen vertraut, nur er gehört zu ihnen. Zoodirektoren und Verhaltensforscher haben ein solches Zusammenleben bisher für unmöglich gehalten und Werner Freund eindringlich gewarnt, sich so mit den Wölfen einzulassen. „Jeder hat behauptet, die Wölfe machen dich kaputt, das ist nur eine Frage der Zeit", berichtet er von den Anfängen. „Doch die Tiere haben mich im Rudel aufgenommen und behandeln mich wie einen Artgenossen", formuliert er seine Erfahrung nach über 15jähriger intensiver Beschäftigung mit diesen Tieren.

Voraussetzung für die bisherige Unversehrtheit – von ein paar geringfügigen Verletzungen aus Raufereien mit seinen Vierbeinern einmal abgesehen – ist seine dominierende Rolle in den Rudeln. Er ist der Oberwolf und steht in der Rangordnung noch über Alphawolf und Alphawölfin[1]. Neben seiner Funktion in der Aufzuchtzeit als Wolfseltern-Ersatz kommt es auf eine direkte Durchsetzung nach Wolfsart während der Aggressionsphasen[2], wie sie zum Beispiel bei Rangordnungskämpfen oder in der Paarungszeit auftreten, an.

Das kann jedoch nicht jeder. Folgende Eigenschaften sind nach den Erfahrungen von Werner Freund für eine solche Rolle Vorbedingung:

– Ablegen von menschlichen Gewohnheiten,
– Annehmen von wölfischem Verhalten,
– Einfühlungsvermögen in die Psyche der Tiere,
– Mut zum Risiko,
– Sekundenschnelles Reagieren.

Diese Eigenschaften hat man, oder man hat sie nicht. Die Möglichkeiten, sie sich anzutrainieren, sind nur sehr begrenzt. Darüber hinaus muß man generell die Fähigkeit und Bereitschaft haben, sich in die Welt der Wölfe einzufühlen. Hier kommt natürlich auch der unterdessen langjährigen Erfahrung von Werner Freund ein wichtiger Stellenwert zu. „Keine Frage, auch ich habe natürlich zu Anfang Feh-

---

[1] Alphawolf und Alphawölfin: Leitwolf und Leitwölfin
[2] Aggressionsphase: Angriffsphase

ler gemacht. Aber an der Reaktion der Wölfe ist das für mich sofort abzulesen gewesen. Deshalb ist jeder Fehler auch nur einmal passiert", erinnert er sich.
Heute weiß Freund die Stimmungen in seinen Rudeln sehr genau einzuschätzen. Er weiß, daß Angriffe nicht überraschend kommen, sondern richtiggehend geplant werden und sich durch bestimmte Verhaltensweisen im Rudel vorher ankündigen. „Die Ausführung geschieht dann aber blitzschnell mit großer Zielstrebigkeit und Brutalität. Wenn man darauf nicht vorbereitet ist, geht man unter. Ich muß halt immer aufmerksam und eine Sekunde schneller sein, also die Qualitäten haben, die auch einen Wolf als Rudelführer auszeichnen", analysiert Freund solche Erlebnisse. Interessanterweise schlägt sich übrigens jedesmal das ganze Wolfsrudel stets auf die Seite des Angreifers.
Durch den ständigen Kontakt mit seinen Wölfen ist sich Werner Freund darüber klar geworden, daß viele Ansichten der Menschen über den Wolf auf Angst, Unkenntnis oder schlichten Vorurteilen beruhen.
„In freier Natur sind die Wölfe für den Menschen gänzlich ungefährlich", weiß Freund. Allerdings bekommt man kaum mal einen zu Gesicht, da sie außerordentlich scheu sind aufgrund der jahrtausendelangen Verfolgung durch den Menschen, ihrer einzigen wirklichen Bedrohung.
Durch die zunehmende Besiedlung findet der europäische Wolf bei uns kaum noch den großflächigen, ungestörten Lebensraum, den er braucht. Zudem hat nach Ansicht von Freund dieses Raubwild durch Übergriffe auf Viehbestände und die Tollwut im 17. Jahrhundert eine Legendenbildung erfahren, die bis in die heutige Zeit lebendig geblieben ist. Man hat damals noch nicht gewußt, daß Wölfe, die sich in menschliche Nähe begaben, bereits von dieser Krankheit gezeichnet waren. Ähnliches erleben wir heute mit dem in unserer Landschaft noch häufiger vorkommenden Fuchs.
Hätten Wölfe heute bei uns denn noch einen Lebensraum, in dem sie einigermaßen artgerecht leben könnten? Werner Freund meint – und dies ist auch schon von anderen Wolfskennern geäußert worden –, lediglich der Bayerische Wald und die angrenzenden Gebiete zur Tschechoslowakei wären vielleicht für eine Wiederansiedlung geeignet. Die bis jetzt aber immer noch bestehenden Ängste in der Bevölkerung seien jedoch wahrscheinlich zu groß, um ein solches Vorhaben dort in die Tat umsetzen zu können. „Dabei sind die Befürchtungen völlig unnötig. Der Wolf stellt für uns wirklich keine Bedrohung mehr dar."

Das Wolfsgehege im Bayerischen Wald

von Erik Zimen

In seinem Buch „Der Wolf" berichtet Erik Zimen, geb. 1941, über seine Erfahrungen mit Wölfen in einem Forschungsgehege im Nationalpark Bayerischer Wald.
In den folgenden Textauszügen geht es um die Anfänge des Forschungsvorhabens.

Im Februar 1971 mieteten wir uns einen Lastwagen und beluden ihn mit unseren wenigen Möbeln sowie vier Kisten, in denen sich jeweils ein Wolf befand: Alexander, Näschen, Wölfchen und Mädchen. Unser Tierwärter in Kiel hatte die Kisten gut präpariert – vor allem die von Näschen, der gleich wütend versuchte, sie von innen zu zerlegen. Aber sie hielt bis Waldhäuser, das unser neues Zuhause im Nationalpark Bayerischer Wald sein sollte.
Waldhäuser ist eine hochgelegene Rodungsinsel an den Hängen des Grenzgebirges zwischen Bayern und Böhmen. Hier zogen wir in das leerstehende Haus der Grenzpolizei, um das die Nationalparkverwaltung schon vorher ein provisorisches Gehege für die Wölfe gebaut hatte. Bei unserer Ankunft schneite es; auch während der nächsten Tage hörte es nicht auf zu schneien. Vorsichtig und dem unbekannten Gefühl bodenloser Schneemassen mißtrauend, nahmen die Wölfe ihr neues Revier in Besitz.
Während des Sommers bauten wir ein neues, sechs Hektar großes Gehege für die Wölfe in der sogenannten Gehegezone des Nationalparks.
Um einen großen Felsen herum rodeten wir den Wald und setzten dann mitten auf den Felsen eine große Tribüne, von der aus man das ganze Gehege überblicken konnte. In den folgenden sieben Jahren sollte ich von hier aus in den frühen Morgenstunden und abends vor Sonnenuntergang bis zum Einbruch der Dunkelheit die Wölfe viele tausend Stunden lang beobachten. Das waren die Zeiten am Tag, zu denen die Tiere am aktivsten waren.
Damit ich die Wölfe jederzeit auch tagsüber beobachten konnte, bauten wir einen Hochstand zwischen dem großen Gehege und dem kleineren, das wir daneben angelegt hatten. In das letztere schleppten wir das ganze Reisig der gefällten Bäume und setzten darunter Wildkaninchen aus. Diese hielten sich jahrelang dort; den Wölfen boten sie immer wieder Gelegenheit zur Jagd, wenn sie sich unter dem vielen Holz hervorwagten.
Als das Doppelgehege im August 1971 fertig war, luden wir einige Freunde und Bekannte sowie alle am Bau beteiligten Arbeiter zu einem Einweihungsfest in das Gehege ein. Dort ließen wir dann die Wölfe frei, und ich denke, manch einer der Gäste wunderte sich, daß er nicht gleich gefressen wurde. Während die Wölfe ihr großes neues Gehege untersuchten, saßen wir um ein Feuer.

Ab und zu kamen ein Wolf oder zwei vorbei, und die Kinder, bald nicht mehr so ängstlich von ihren Müttern bewacht, liefen ihnen hinterher. Es war ein schönes Fest.

Der weggelaufene Wolf

Einige Tage nach dem Einweihungsfest rannte Näschen weg. Seit unserem Umzug in den Bayerischen Wald war ich fast jeden Tag mit den Wölfen im Nationalpark unterwegs, so auch am 1. September 1971. Nach langem Aufstieg machte ich auf einer Lichtung in den Hochlagen Rast und band alle Wölfe bis auf Näschen fest. Ein Wolf allein geht nicht eigene Wege. In der Tat legte sich auch Näschen zunächst zu uns ins fahle Gras. Als wir weiterzogen, war er dann plötzlich nicht mehr da. Das war jedoch nicht ungewöhnlich. Er würde schon kommen, dachte ich und lief weiter. Aber er kam nicht. Ich rannte zurück, fand aber keine Spur; auf mein Rufen und unser aller gemeinsames Heulen kam keine Antwort.

Erik Zimen und seine Wölfe beim gemeinsamen Heulen

Beunruhigt zog ich mit den anderen zurück zum Gehege. Dort wartete ich die ganze Nacht, aber Näschen kam nicht. Tags darauf suchte ich überall in dem Gebiet, in dem er verschwunden war, und erfuhr dabei, daß ein Förster ihn am Abend vom Hochsitz aus beobachtet hatte, nicht weit von der Stelle, wo er weggelaufen war. Anhand einzelner Spuren konnte ich dann seine ersten Stunden in Freiheit rekonstruieren[1]. Vermutlich hatte er einen Hirsch aufgestöbert und war ihm nachgejagt, bis er ihn aus den Augen verloren hatte, war dann noch im Gebiet herumgestreunt und danach langsam in Richtung Gehege zurückgelaufen. Ich fuhr zum Gehege zurück, aber zu spät. Touristen erzählten mir, ein Wolf sei an ihnen vorbeigelaufen, aber wo er jetzt sei, wüßten sie nicht. So ging es in den nächsten Tagen weiter. Wenn ich im Gelände suchte, hielt Näschen sich beim Gehege auf, und wenn ich dort wartete, sah man ihn nahe am Dorf unterhalb der Gehegezone.

In wenigen Tagen wurde er, der sonst unbeschwert zwischen Menschen laufen konnte, zunehmend scheuer, so daß man ihn immer seltener zu sehen bekam. Waldarbeiter, die ihn von ihrer Arbeit am Wolfsgehege kannten, erzählten, sie hätten ihn bereits drei Tage nach seinem Weglaufen gesehen: Etwa hundertfünfzig Meter unterhalb der Stelle, wo sie arbeiteten, sei er aus dem Hochwald herausgekommen. Sie hätten ganz still gestanden. Trotzdem habe er sie entdeckt und sei sofort in gebückter Haltung in einem Dickicht verschwunden.

Nach Beobachtungen von weiteren Forstleuten und Waldarbeitern muß Näschen seine Wanderungen immer weiter und länger ausgedehnt haben. Er kam zwar häufiger zurück in den Gehegebereich; wegen seiner großen Scheu wurde er aber nur selten gesehen und ging dort auch nicht in die für ihn aufgestellten Fallen. Diese Besuche wurden schließlich immer seltener.

Am 10. Januar 1972 berichtete mir dann unser Nachbar, der die Wölfe gut kannte, er habe Näschen gerade in der Nähe der Gehegezone schnell die Straße überqueren sehen. Ich fuhr sofort hin; da aber noch immer kein Schnee lag, konnte ich keine Spur entdecken. Also nahm ich Alexander und Mädchen an die Leine und suchte das Gebiet mit ihnen ab. An mehreren Stellen im Gelände blieben sie stehen, schnupperten lange und zogen dann aufgeregt immer in Richtung auf das Gehege los. Da wir jedoch gerade von dort gekommen waren, zog ich die Wölfe in der anderen Richtung weiter. Am Abend hatten wir noch nichts von Näschen gesehen und kehrten zurück zum Gehege. Da – direkt am Eingang kam er uns entgegen, wedelte mit dem Schwanz und sprang an uns hoch, als sei er nicht vier Monate und zehn Tage über alle Berge gewesen.

Bei uns in der Gegend herrschte Tollwut, und aus Sicherheitsgründen nahm ich Näschen fürs erste mit nach Waldhäuser. Er war in recht guter Verfassung, aber der erste in Gefangenschaft abgesetzte Kot bestand nur aus trockenen Blättern,

---

[1] rekonstruieren: den Ablauf eines früheren Vorgangs im Gedächtnis nachvollziehen

Gras und Fichtennadeln. Er hatte offensichtlich großen Hunger und fraß dann auch riesige Mengen Fleisch.

Der Sturz des „Super-Alphas"[3]

Einigkeit, so scheint es, macht auch bei Wölfen stark.

Einigkeit macht aber auch gefährlich: auf der Jagd, im Kampf gegen Rudelfremde, beim Ausbau der eigenen Position in der Rangordnung. Davon mußte auch ich Kenntnis nehmen. An einem Nachmittag im Spätherbst 1972 hatte ich gerade meine vier alten „Oberwölfe" an die Leine gelegt, um mit ihnen eine Wanderung durch die Hochlagen des Nationalparks zu machen. Da riefen mich Freunde oben von der Tribüne. So zog ich die Wölfe ins Gehege zurück, was sie nicht gerade freundlich aufnahmen. Diese Wanderungen waren für sie immer ein großes Ereignis, und das sollte nun offenbar doch nicht stattfinden. Von der Kette befreit, stürzte sich Wölfchen, der Alpha-Rüde, als erster auf mich, zusammen mit Mädchen, dem Alpha-Weibchen. Näschen und Alexander hingegen gingen sofort weg: Es war nicht ihr Streit; nicht ihre Stellung in der Rangordnung stand zur Disposition[4], sondern meine und damit auch die der beiden Ranghöchsten, die zuvor nur noch mich als so etwas wie einen „Super-Alpha" über sich gehabt hatten und diesen Zustand offensichtlich nicht mehr hinnehmen wollten.

Vereint griffen die beiden Alphas an. Selten sind mir Wölfe so groß vorgekommen. Gerade noch konnte ich einen Stock ergreifen und die beiden wütenden Wölfe stockschwingend auf Abstand halten. Ich schrie aus Leibeskräften, zugleich aus Angst wie auch um den beiden ebenfalls Angst einzujagen. Ihre Nacken- und Rückenhaare standen hoch, was mir zeigte, daß sie nicht ganz ohne Hemmung angriffen, sondern auch Respekt vor meinem Gebrüll und wohl noch mehr vor meinem groben Stock hatten. Trotzdem schien sich ihre Wut nur noch zu steigern. Inzwischen waren alle Rudelmitglieder um uns versammelt, doch griff keines mit an. Offenkundig war ich im Rudel doch nicht ganz unbeliebt. Die Angriffe Wölfchens und Mädchens reichten mir allerdings auch. Immer wieder mußte ich sowohl nach vorne wie nach hinten mit dem Stock um mich schlagen, damit keiner von beiden mich anspringen konnte. Auch mir standen wahrlich „die Haare zu Berge".

Allmählich aber wich meine Angst der Wut über die, wie mir in diesen Augenblicken schien, undankbare Anmaßung der Wölfe. Daß meine Stellung im Rudel nicht wesentlich anders zu bewerten war als die jedes anderen Rudelmitglieds – diese Zusammenhänge hatte ich schließlich lange genug studiert –, daran dachte ich jetzt nicht, auch nicht daran, daß meine Stellung ja nicht allmächtig war. Ich hatte nur noch Wut im Bauch. Da traf mein Stock den Schädel von Mädchen.

---

[3] Super-Alpha: Ober-Leitwolf
[4] Disposition: Verfügung

Sie fiel sofort bewußtlos um. Doch Wölfchen griff weiter an, bis auch ihn ein harter Schlag auf den Schädel traf. Er ging jedoch nicht zu Boden, sondern torkelte nur etwas, gerade lange genug für mich, um die rettende Tribüne zu erreichen, der wir uns, immerzu im Kreis herumwirbelnd, genähert hatten. Von hier aus sah ich, daß Mädchen langsam wieder aufstand und Wölfchen weiterhin wütend auf die Tribüne hinaufzuspringen versuchte. Die inzwischen zahlreichen Besucher und auch meine Freunde waren alle stumm vor Entsetzen. So hatten sie das Verhalten der Wölfe von mir in den letzten Jahren nicht geschildert bekommen. Eher entsprach das Erlebte dem alten Bild aus den Märchen. Ich kam mir vor, als stünde ich nicht wie ein gerade dem Tode entronnener Held vor ihnen, sondern als ertappter Lügner.

Doch wie schon gesagt, und dies mußte ich mir dann auch selber sofort bestätigen: Hier handelte es sich nicht um den Angriff eines Wolfes auf den Menschen als Feind oder Beute, sondern um einen Kampf um soziale Vormacht. Und die gewinnt, wie wir noch sehen werden, für jeden Wolf im Rudel irgendwann eine alles bestimmende Bedeutung. Wölfchen und Mädchen hatten dieses Stadium jetzt erreicht. Da ich geflüchtet war, schien von nun an der Alpha-Rüde uneingeschränkt im Rudel zu herrschen. Doch gleich am nächsten Morgen, als oben auf der Tribüne noch lange niemand zu erwarten war, ging ich ins Gehege zurück, mit einem Stock wiederum wohl bewaffnet. Die Aversion[5] der beiden Alphas mir gegenüber war nicht geringer als tags zuvor; ihr Respekt jedoch, wohl im Einklang mit dem dröhnenden Schädel, war deutlich gestiegen. So blieb unser Verhältnis den Winter über gespannt...

---

[5] Aversion: Ablehnung

Miyax wird in das Wolfsrudel aufgenommen

von Jean Craighead George

Julie, ein dreizehnjähriges Mädchen mit dem Eskimonamen „Miyax", flüchtet aus einer nach altem Eskimobrauch geschlossenen Kinderehe. Mit Rucksack und Zelt, Kochtopf, Messer und Zündhölzern versehen, verirrt sie sich in der arktischen Tundra. Ihre einzige Überlebenschance besteht darin, sich einem Rudel Wölfe anzuschließen. Es gelingt ihr, das Vertrauen und den Schutz des großen schwarzen Leitwolfs Amaroq zu gewinnen.
Die Anregung zu ihrem preisgekrönten Buch „Julie von den Wölfen" erhielt die amerikanische Autorin Jean Craighead George, als sie einen Sommer lang im Auftrag eines Forschungsinstituts das Verhalten der Wölfe beobachtete.

Miyax hatte plötzlich nicht die geringste Furcht mehr vor den Wölfen. Alle Angst vor ihnen verschwand beim Anblick ihrer Neigung zueinander. Freundliche Tiere waren das und dem Leitwolf Amaroq so ergeben, daß, wenn er Miyax anerkannte, auch die anderen Wölfe des Rudels sie anerkennen würden. Und sie wußte jetzt
5 auch, was sie tun mußte: ihn sanft unter dem Kinn in den Hals beißen. Aber wie beißt man einen Wolf sanft unter dem Kinn in den Hals?
Sie beobachtete die Wolfsjungen. Hoffentlich hatten die Kleinen eine einfachere Art, ihre Zuneigung für ihn auszudrücken. Das schwarze Wölflein trottete an den Leitwolf heran, setzte sich, legte sich dann nieder und wedelte eindringlich mit
10 dem Schwanz. Der Kleine blickte zu Amaroq auf, in reiner Bewunderung, und dessen herrische Augen wurden weich.
Genau das werde ich jetzt auch tun, dachte Miyax und rief zum Amaroq hinüber: „Großer Häuptling Leitwolf, auch ich liege vor dir und bewundere dich, aber du hast kein Auge für mich!"
15 Als alle Wolfsjungen mit den Schwänzen schlugen, ihm zu Lob und Preis, jaulte Amaroq auf, sein Geheul erreichte einen hohen Ton, wurde zu einer Art gefühlvollem Gesang. Wie seine Stimme anschwoll oder sank, stimmten die übrigen erwachsenen Wölfe in den Wolfsgesang ein, und die Wolfsjungen kläfften und hopsten.
20 Jäh verstummte der Gesang. Amaroq erhob sich und trabte eilig den Hang abwärts. Klaue folgte ihm, und dahinter lief Silberpelz, dann Pudding. Aber er kam nicht weit. Silberpelz wandte sich um und blickte ihm gerade in die Augen. Angriffslustig richtete sie die Ohren nach vorn und hob den Schwanz. Da ging Pudding zurück zu den Wolfsjungen, und die drei Wölfe stoben fort, so rasch, daß es
25 aus einiger Entfernung aussah, als flögen drei dunkle Riesenvögel über die Ebene. Miyax robbte auf ihren Ellbogen vorwärts, um besser zu sehen, sie wollte noch mehr von den Wölfen erfahren. Wie man sich benehmen mußte, um als artiges und gehorsames Wolfsjunges zu gelten, wußte sie schon: man mußte den Leitwolf bewundernd anstarren, sich ducken und dabei wedeln. Wollte man Anführer eines
30 Rudels sein, mußte man die Nasenspitzen der anderen ganz sacht mit den Zäh-

nen packen. Und wie man Pudding befehlen konnte, auf die jungen Wölfe aufzupassen, wußte sie auch. Es fehlten ihr bloß große Ohren und ein Wolfsschwanz; hätte ich die, dachte Miyax, dann könnte ich den Wölfen alles mögliche erklären und mich mit ihnen unterhalten.

35 Sie legte ihre Hände an den Kopf wie Wolfsohren, erst flach, um Freundschaft anzubieten, dann schob sie die Finger-Ohren zurück, wie ein Wolf die Ohren zurücklegt, wenn er sich fürchtet, und dann ließ sie die Hände am Kopf vorschnellen wie ein angriffslustiges Wolfstier. Zufrieden verschränkte sie die Arme und beobachtete weiter das Benehmen der Jungen.

40 Der kleine Schwarze packte Pudding zur Begrüßung am Hinterlauf. Ein zweiter kleiner Wolf machte sich über Puddings Schwanz her, und ehe Pudding einen von den beiden abschütteln konnte, waren alle fünf über ihm. Er wälzte und balgte sich mit ihnen fast eine Stunde lang; dann rannte er den Hang hinunter, wandte sich plötzlich um und stand. Die kleinen Verfolger stürzten sich auf ihn, taumel-
45 ten, purzelten und lagen still. Einen Augenblick oder zwei spielten sie totale Erschöpfung. Dann stellte der kleine schwarze Wolf den Schwanz wie einen Semaphor[1] hoch, und daraufhin sprangen sie alle Pudding neuerlich an.

Miyax lachte Tränen und wälzte sich laut quietschend in Moos und Flechten. „Wie die kleinen Kinder! Wie die kleinen Kinder!" schrie sie.

50 Als sie dann wieder hinübersah, hing Puddings Zunge aus dem Maul, der graue Wolf keuchte, seine Flanken hoben und senkten sich heftig. Vier kleine Wölfe hatten sich erschöpft zu seinen Füßen plumpsen lassen und jetzt schliefen sie. Auch Pudding ließ sich nun hinsacken, aber der kleine Schwarze stand noch immer und witterte in die Tundra hinaus. Er schien überhaupt nicht müde zu werden. Miyax
55 beobachtete ihn. An dem kleinen schwarzen Wolf war irgend etwas Besonderes, das ihn von den andern Welpen unterschied.

Nun sprang er auf einen kleinen Erdhügel und bellte. Das kleinste Wölfchen, Wolfsschwesterchen nannte es Miyax, hob den Kopf, erblickte den unternehmungslustigen Bruder, mühte sich, auf die Pfoten zu kommen, und lief ihm nach. Während
60 die beiden tollten, flitzten und sich balgten, nahm Pudding die Gelegenheit wahr, sich hinter einem hohen Busch Riedgras zu ungestörtem Schlummer zu verbergen. Riedgras liebt feuchten Tundraboden, und Pudding meinte wohl, er sei dort vor einem neuen Überfall der Kleinen sicher. Aber kaum lag Pudding in seinem Versteck, als ein Junges ihn aufspürte und über ihn herfiel. Pudding verengte die Augen,
65 stellte die Ohren hoch und entblößte die Zähne.

„Ich weiß, was du jetzt sagst!" rief Miyax dem grauen Wolf zu. „Leg dich nieder! sagst du." Das Wolfsjunge legte sich, und Miyax ließ sich auf alle Viere nieder und hielt nach dem ihr nächsten Kleinen Ausschau, um in der Wolfssprache mit ihm zu reden. Schwesterchen war es.

---

[1] Semaphor: Einrichtung zur Messung des Windes

„Uhmmmmmmmm", winselte Miyax, und als das Kleine sich umwandte, kniff Miyax die Augen zusammen und zeigte ihr weißes Gebiß. Gehorsam legte das Wölflein sich nieder.

„Ich kann Wolfisch! Ich kann Wolfisch!" schrie Miyax, und dann kroch sie, den Kopf schüttelnd wie ein Wolfsjunges, vergnügt im Kreis herum. Als sie aus ihrer Begeisterung aufblickte, sah sie alle fünf in einer Reihe sitzen und mit gerecktem Hals zusehen, was der merkwürdige neue Wolf da trieb. Tapfer kam der kleine Schwarze auf sie zugetrottet, sein dickes kleines Hinterteil wackelte, wie er so daherkam und kläffte.

„Du bist ein ganz lieber Wolf und furchtbar tapfer!" sagte Miyax. „Und ein ganz besonderer. Und jetzt weiß ich auch warum. Du bist das Leitwölflein der Wolfsbabies. Ein ganz starker und gescheiter Wolf wirst du sein, wenn du erst einmal erwachsen bist. Und darum nenn ich dich Kapugen, nach meinem Vater. Aber rufen werde ich dich Kapu, das ist kürzer."

Kapu zog die Stirn in Falten und stellte ein Ohr auf, um besser zu hören, was Miyax ihm erzählte.

„Du verstehst mich nicht, was?" fragte Miyax.

Kaum hatte sie das gesagt, als Kapus Schwänzchen sich aufstellte, sein Mäulchen öffnete sich ein wenig, und es war ganz klar, daß er sie auslachte.

„*Ee-lie!*" sagte sie vor Aufregung keuchend. „Du verstehst mich sehr gut. Das ist unheimlich. Ich fürchte mich fast vor dir." Sie hockte sich auf die Fersen. Pudding ließ ein Winseln hören, das an- und abschwoll, und Kapu lief zu den andern zurück. Miyax ahmte den Wolfsruf nach, der das Zeichen zur Heimkehr bedeutete. Kapu blickte überrascht über die Schulter zurück. Miyax kicherte. Kapu wedelte und sprang Pudding an.

Miyax klatschte Beifall und ließ sich ins Moos gleiten, um diese Sprache aus Purzelbäumen und Sprüngen zu belauschen, und sie platzte fast vor Stolz, daß es ihr endlich gelang, den Wolfs-Code zu enträtseln. Lange saß sie so und schaute und kam nach einer Weile zu der Ansicht, daß die Wölfe jetzt nicht miteinander sprachen, sondern sich bloß herumbalgten, und so verließ sie ihren Beobachtungsplatz und ging zurück in ihr Grasziegelhäuschen. Später einmal änderte Miyax ihre Meinung über dieses Herumgebalge, Gekläff und Gepurzel. All das war für junge Wölfe ungeheuer wichtig. Es beschäftigte die Wölflein fast die ganze Nacht.

„*Ee-lie, okay*", sagte Miyax. „Ich werd schon noch lernen, mich mit euch herumzubalgen. Vielleicht nehmt ihr mich dann in die Familie auf und füttert mich mit." Sie hopste und winselte einladend; sie murrte, knurrte und wälzte sich. Aber niemand kam, sich mit ihr zu balgen.

Sie wollte eben in ihr Häuschen zurückschlüpfen, als sie hörte, wie unweit Gras raschelte. Vorsichtig spähend sah sie Amaroq und seine Jagdgefährten um ihren kleinen Erdhügel streifen und fünf Fuß weitab stehenbleiben, und sie witterte den süßlichen Geruch von Wolfsfell.

Die Härchen im Nacken des Mädchens stellten sich auf, und ihre Augen weiteten sich. Amaroqs Ohren richteten sich angriffslustig vor, und Miyax erinnerte sich, daß ein Wolf weitgeöffnete Augen für einen Ausdruck der Angst hält. Es war falsch, ihm zu zeigen, daß sie Angst hatte. Tiere greifen an, wenn sie merken, daß der andere sich fürchtet. Miyax versuchte, ihre Augen zu Schlitzen zu verengen, aber das war wohl auch nicht ganz das richtige. Schmale Augenschlitze bedeuten eine Drohung. Verzweifelt versuchte sie sich zu erinnern, wie Kapu auf ihren Anruf reagiert hatte. Kapu war vorwärtsgegangen. Sie spazierte also auf Amaroq zu. Ihr Herz schlug wild, als sie knurr-winselnd den Laut hervorstieß, mit dem kleine Wölfe ehrfurchtsvoll um Aufmerksamkeit bitten. Dann legte sich sich auf den Bauch und blickte schwärmerisch zu dem Leitwolf auf.

Der riesige Wolf ging in Verteidigungsstellung und wich ihrem Blick aus. Sie hatte also etwas Falsches gesagt! Vielleicht hatte sie ihn sogar beleidigt. Irgendeine nichtssagende Geste, für Miyax bedeutungslos, war offensichtlich bedeutsam für den Wolf. Zornig richtete er seine Ohren nach vorn, und alles schien verloren. Am liebsten wäre Miyax in wilder Flucht davongerannt, aber sie nahm all ihren Mut zusammen und schmeichelte sich näher an ihn heran. Und dann patschte sie ihn leicht unter dem Kinn auf den Hals.

Ein Signalruf war das. Er durchlief den Körper des Wolfs und weckte in dem riesigen Tier ein Gefühl von Zärtlichkeit und Zuneigung für das Kind, das dicht vor seinen Pranken lag und ihn anlächelte. Amaroq legte die Ohren zurück und wedelte freundschaftlich. Er konnte auf die zärtlichen Klapse unter seinem Kinn nicht anders antworten, denn die Wurzeln dieses Signals reichten bis in die Urgeschichte der Wölfe zurück. Generationen und Generationen von Leitwölfen hatten es auf ihn vererbt. Seine Augen wurden sanft, und Wohlgeruch, herrlicher Wolfsduft entströmte der Duftdrüse an seinem Schwanzansatz. Das fremde Kind, das verlaufene Menschenmädchen, wurde von Wolfsduft durchtränkt. Miyax war in das Rudel aufgenommen.

Der Wolf

von Hermann Hesse

Noch nie war in den französischen Bergen ein so unheimlich kalter und langer Winter gewesen. Seit Wochen stand die Luft klar, spröde und kalt. Bei Tage lagen die großen, schiefen Schneefelder mattweiß und endlos unter dem grellblauen Himmel, nachts ging klar und klein der Mond über sie hinweg, ein grimmiger Frostmond von gelbem Glanz, dessen starkes Licht auf dem Schnee blau und dumpf wurde und wie der leibhaftige Frost aussah. Die Menschen mieden alle Wege und namentlich die Höhen, sie saßen träge und schimpfend in den Dorfhütten, deren rote Fenster nachts neben dem blauen Mondlicht rauchig trüb erschienen und bald erloschen.

Das war eine schwere Zeit für die Tiere der Gegend. Die kleineren erfroren in Menge, auch Vögel erlagen dem Frost, und die hageren Leichname fielen den Habichten und Wölfen zur Beute. Aber auch diese litten furchtbar an Frost und Hunger. Es lebten nur wenige Wolfsfamilien dort, und die Not trieb sie zu festerem Verband. Tagsüber gingen sie einzeln aus. Da und dort strich einer über den Schnee, mager, hungrig und wachsam, lautlos und scheu wie ein Gespenst. Sein schmaler Schatten glitt neben ihm über die Schneefläche. Spürend reckte er die spitze Schnauze in den Wind und ließ zuweilen ein trockenes, gequältes Geheul vernehmen. Abends aber zogen sie vollzählig aus und drängten sich mit heiserem Heulen um die Dörfer. Dort war Vieh und Geflügel wohlverwahrt, und hinter festen Fensterladen lagen Flinten angelegt. Nur selten fiel eine kleine Beute, etwa ein Hund, ihnen zu, und zwei aus der Schar waren schon erschossen worden.

Der Frost hielt immer noch an. Oft lagen die Wölfe still und brütend beisammen, einer am andern sich wärmend, und lauschten beklommen in die tote Öde hinaus, bis einer, von den grausamen Qualen des Hungers gefoltert, plötzlich mit schauerlichem Gebrüll aufsprang. Dann wandten alle anderen ihm die Schnauze zu, zitterten und brachen miteinander in ein furchtbares, drohendes und klagendes Heulen aus.

Endlich entschloß sich der kleinere Teil der Schar, zu wandern. Früh am Tage verließen sie ihre Löcher, sammelten sich und schnoberten erregt und angstvoll in die frostkalte Luft. Dann trabten sie rasch und gleichmäßig davon. Die Zurückgebliebenen sahen ihnen mit weiten, glasigen Augen nach, trabten ein paar Dutzend Schritte hinterher, blieben unschlüssig und ratlos stehen und kehrten langsam in ihre leeren Höhlen zurück.

Die Auswanderer trennten sich am Mittag voneinander. Drei von ihnen wandten sich östlich dem Schweizer Jura zu, die anderen zogen südlich weiter. Die drei waren schöne, starke Tiere, aber entsetzlich abgemagert. Der eingezogene helle Bauch war schmal wie ein Riemen, auf der Brust standen die Rippen jämmerlich

heraus, die Mäuler waren trocken und die Augen weit und verzweifelt. Zu dreien kamen sie weit in den Jura hinein, erbeuteten am zweten Tag einen Hammel,
40 am dritten einen Hund und ein Füllen und wurden von allen Seiten her wütend vom Landvolk verfolgt. In der Gegend, welche reich an Dörfern und Städtchen ist, verbreitete sich Schrecken und Scheu vor den ungewohnten Eindringlingen. Die Postschlitten wurden bewaffnet, ohne Schießgewehr ging niemand von einem Dorf zum anderen. In der fremden Gegend, nach so guter Beute, fühlten sich die
45 drei Tiere zugleich scheu und wohl; sie wurden tollkühner als je zu Hause und brachen am hellen Tage in den Stall eines Meierhofes. Gebrüll von Kühen, Geknatter splitternder Holzschranken, Hufegetrampel und heißer, lechzender Atem erfüllten den engen, warmen Raum. Aber diesmal kamen Menschen dazwischen. Es war ein Preis auf die Wölfe gesetzt, das verdoppelte den Mut der Bauern. Und
50 sie erlegten zwei von ihnen, dem einen ging ein Flintenschuß durch den Hals, der andere wurde mit einem Beil erschlagen. Der dritte entkam und rannte so lange, bis er halbtot auf den Schnee fiel. Er war der jüngste und schönste von den Wölfen, ein stolzes Tier von mächtiger Kraft und gelenken Formen. Lange blieb er keuchend liegen. Blutig rote Kreise wirbelten vor seinen Augen, und zuweilen stieß
55 er ein pfeifendes, schmerzliches Stöhnen aus. Ein Beilwurf hatte ihm den Rücken getroffen. Doch erholte er sich und konnte sich wieder erheben. Erst jetzt sah er, wie weit er gelaufen war. Nirgends waren Menschen oder Häuser zu sehen. Dicht vor ihm lag ein verschneiter, mächtiger Berg. Es war der Chasseral. Er beschloß, ihn zu umgehen. Da ihn Durst quälte, fraß er kleine Bissen von der gefrorenen,
60 harten Kruste der Schneefläche.
Jenseits des Berges traf er sogleich auf ein Dorf. Es ging gegen Abend. Er wartete in einem dichten Tannenforst. Dann schlich er vorsichtig um die Gartenzäune, dem Geruch warmer Ställe folgend. Niemand war auf der Straße. Scheu und lüstern blinzelte er zwischen den Häusern hindurch. Da fiel ein Schuß. Er warf den
65 Kopf in die Höhe und griff zum Laufen aus, als schon ein zweiter Schuß knallte.

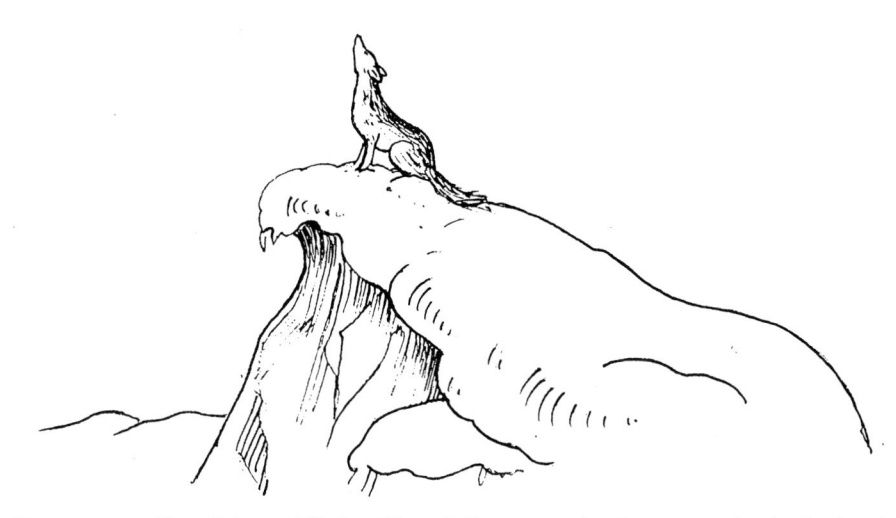

Er war getroffen. Sein weißlicher Unterleib war an der Seite mit Blut befleckt, das in dicken Tropfen zäh herabrieselte. Dennoch gelang es ihm, mit großen Sätzen zu entkommen und den jenseitigen Bergwald zu erreichen. Dort wartete er horchend einen Augenblick und hörte von zwei Seiten Stimmen und Schritte. Angstvoll blickte er am Berg empor. Er war steil, bewaldet und mühselig zu ersteigen. Doch blieb ihm keine Wahl. Mit keuchendem Atem klomm er die steile Bergwand hinan, während unten ein Gewirre von Flüchen, Befehlen und Laternenlichtern sich den Berg entlangzog. Zitternd kletterte der verwundete Wolf durch den halbdunklen Tannenwald, während aus seiner Seite langsam das braune Blut hinabrann.

Die Kälte hatte nachgelassen. Der westliche Himmel war dunstig und schien Schneefall zu versprechen.

Endlich hatte der Erschöpfte die Höhe erreicht. Er stand nun auf einem leicht geneigten, großen Schneefelde, nahe bei Mont Crosin, hoch über dem Dorfe, dem er entronnen. Hunger fühlte er nicht, aber einen trüben, klammernden Schmerz von der Wunde. Ein leises, krankes Gebell kam aus seinem hängenden Maul, sein Herz schlug schwer und schmerzhaft und fühlte die Hand des Todes wie eine unsäglich schwere Last auf sich drücken. Eine einzeln stehende breitästige Tanne lockte ihn; dort setzte er sich und starrte trübe in die graue Schneenacht. Eine halbe Stunde verging. Nun fiel ein mattrotes Licht auf den Schnee, sonderbar und weich. Der Wolf erhob sich stöhnend und wandte den schönen Kopf dem Licht entgegen. Es war der Mond, der im Südost riesig und blutrot sich erhob und langsam am trüben Himmel höher stieg. Seit vielen Wochen war er nie so rot und groß gewesen. Traurig hing das Auge des sterbenden Tieres an der matten Mondscheibe, und wieder röchelte ein schwaches Heulen schmerzlich und tonlos in die Nacht. Da kamen Lichter und Schritte nach. Bauern in dicken Mänteln, Jäger und junge Burschen in Pelzmützen und mit plumpen Gamaschen stapften durch den Schnee. Gejauchze erscholl. Man hatte den verendenden Wolf entdeckt, zwei Schüsse wurden auf ihn abgedrückt und beide fehlten. Dann sahen sie, daß er schon im Sterben lag, und fielen mit Stöcken und Knütteln über ihn her. Er fühlte es nicht mehr. Mit zerbrochenen Gliedern schleppten sie ihn nach St. Immer hinab. Sie lachten, sie prahlten, sie freuten sich auf Schnaps und Kaffee, sie sangen, sie fluchten. Keiner sah die Schönheit des verschneiten Forstes, noch den Glanz der Hochebene, noch den roten Mond, der über dem Chasseral hing und dessen schwaches Licht in ihren Flintenläufen, in den Schneekristallen und in den gebrochenen Augen des erschlagenen Wolfes sich brach.

Wölfe rissen in Zentralspanien 55 Schafe

MADRID, 28. Dezember (dpa). In der Umgegend der zentralspanischen Stadt Valladolid hat ein Wolfsrudel vor kurzem 55 Schafe gerissen. Wie die Besitzer eines Landguts in San Martin de Valveni erst jetzt der Polizei meldeten, brach das aus vier oder fünf Tieren bestehende Wolfsrudel in ein Gehege mit 750 Schafen ein und tötete 55 von ihnen. Stunden zuvor habe der Schäfer das Wolfsrudel zunächst verscheuchen können. Die Viehzüchter bezifferten den Schaden am Freitag auf mehr als 800 000 Peseten (umgerechnet etwa 13 000 DM) und forderten die Behörden zum Schadenersatz auf. Die Bauern könnten sich nicht gegen die unter Naturschutz stehenden Wölfe wehren, deren Tötung mit einer Geldbuße von einer Million Peseten bestraft werde. In vielen einsamen Berggebieten Nordspaniens leben noch Wölfe. Der harte Winter dieses Jahres treibt sie offenbar jetzt in die Niederungen, wo sie unter den Viehherden räubern. Auch aus dem Gebiet von Valencia wurden Wolfsattacken gemeldet.

Frankfurter Allgemeine Zeitung

Freundschaft hat viele Gesichter

Der Rothaarige

von Judith Kerr

Anna muß mit ihren Eltern und dem zwölfjährigen Bruder Max im März 1933 auswandern. Im letzten Moment reisen sie in die Schweiz und lassen sich in der Nähe von Zürich nieder. Bald hat sich Anna in der neuen Umgebung eingelebt . . .

Je länger Anna die Dorfschule besuchte, desto mehr gefiel es ihr dort. Sie freundete sich außer mit Vreneli noch mit anderen Mädchen an, besonders mit Rösli, die in der Klasse neben ihr saß und weniger schüchtern war als die übrigen. Der Unterricht war so leicht, daß sie ohne jede Anstrengung glänzen konnte, und wenn auch Herr Graupe in den herkömmlichen Fächern kein sehr guter Lehrer war, konnte er immerhin ausgezeichnet jodeln. Was Anna aber am besten gefiel, war, daß sich diese Schule von ihrer früheren in Berlin so völlig unterschied. Max tat ihr leid, weil er in der höheren Schule in Zürich fast das gleiche zu lernen schien wie in Berlin.

Es gab nur eines, was Anna Kummer machte. Sie hätte gern mit Jungen gespielt. In Berlin waren Max und sie während der Schulzeit und am Nachmittag meist mit einer gemischten Gruppe von Jungen und Mädchen zusammen gewesen. Hier begann das endlose Hüpfspiel der Mädchen sie zu langweilen, und manchmal schaute sie in der Pause sehnsüchtig zu den aufregenderen Spielen und Kunststücken der Jungen hinüber.

Eines Tages wurde nicht einmal Hüpfen gespielt. Die Jungen übten Radschlagen, und alle Mächen saßen sittsam da und beobachteten sie aus den Augenwinkeln. Sogar Rösli, die sich das Knie aufgeschlagen hatte, saß bei den anderen. Vreneli war besonders interessiert, denn der große rothaarige Junge versuchte, Rad zu schlagen. Die andern zeigten ihm, wie man es machen muß, aber er kippte immer wieder seitwärts über.

„Willst du mit mir Hüpfen spielen?" fragte Anna Vreneli, aber die Freundin schüttelte abwesend den Kopf. Es war wirklich zu blöd, denn Anna schlug selber gern Rad – und der rothaarige Junge konnte es überhaupt nicht.

Plötzlich konnte sie es nicht mehr aushalten. Ohne zu überlegen, was sie tat, stand sie von ihrem Platz zwischen den Mädchen auf und ging zu den Jungen hinüber. „Sieh mal", sagte sie zu dem rothaarigen Jungen, „du mußt deine Beine strecken, so" – und sie schlug ein Rad, um es ihm zu zeigen. Alle Jungen hörten auf, Rad zu schlagen und traten grinsend zurück. Der rothaarige Junge zögerte.

„Es ist ganz leicht", sagte Anna. „Du kannst es, wenn du nur an deine Beine denkst."

Der rothaarige Junge schien immer noch unentschlossen, aber die anderen schrien: „Los – versuch's!" so versuchte er es noch einmal, und es ging schon ein wenig besser. Anna zeigte es ihm noch zweimal, und da hatte er es plötzlich begriffen und schlug ein vollkommenes Rad, gerade als die Glocke das Ende der Pause verkündete.

Anna ging zu ihrer Gruppe zurück, und die Jungen schauten und grinsten, aber die Mädchen blickten alle anderswohin. Vreneli sah richtig böse aus, und nur Rösli lächelte ihr einmal kurz zu. Nach der Pause war eine Geschichtsstunde, und Herr Graupe erzählte ihnen von den Höhlenmenschen. Wie er sagte, hatten sie vor Millionen von Jahren gelebt. Sie töteten wilde Tiere und aßen sie und machten sich aus ihrem Fell Kleider. Dann lernten sie Feuer anzuzünden und einfache Werkzeuge zu machen und wurden allmählich zivilisiert[1]. Das war der Fortschritt, sagte Herr Graupe, und dazu kam es teilweise durch Hausierer, die mit nützlichen Gegenständen zu den Höhlen der Höhlenmenschen kamen, um Tauschgeschäfte zu machen.

„Was denn für nützliche Gegenstände?" fragte einer der Jungen.

Herr Graupe schaute empört auf. „Für Höhlenmenschen waren alle möglichen Dinge nützlich", sagte er. „Zum Beispiel Perlen und bunte Wolle und Sicherheitsnadeln, um ihre Felle zusammenzustecken." Anna war sehr überrascht über die Hausierer und die Sicherheitsnadeln. Sie hätte Herrn Graupe gern gebeten, das genauer zu erklären, aber dann kam es ihr doch klüger vor, es zu unterlassen. Es schellte auch, bevor sie die Möglichkeit dazu hatte.

Sie dachte auf dem Heimweg immer noch so angestrengt über die Höhlenmenschen nach, daß sie schon halbwegs zu Hause waren, ehe sie bemerkte, daß Vreneli nicht mit ihr sprach.

---

[1] zivilisiert werden: die Lebensbedingungen verbessern sich

„Was ist los, Vreneli?" fragte sie.
Vreneli warf die dünnen Zöpfe zurück und sagte nichts.
„Was ist denn?" fragte Anna noch einmal.
Vreneli wollte sie nicht ansehen.
„Du weißt es", sagte sie, „du weißt es ganz genau."
„Nein, ich weiß es nicht", sagte Anna.
„Doch", sagte Vreneli.
„Nein, ehrlich nicht", sagte Anna. „Bitte, sag es mir."
Aber Vreneli wollte nicht. Sie gingen weiter, ohne daß sie Anna einen einzigen Blick gegönnt hätte. Sie streckte die Nase in die Luft und hatte die Augen auf einen weit entfernten Punkt gerichtet. Erst als sie das Gasthaus erreichten und im Begriff waren, sich zu trennen, sah sie sie kurz an, und Anna war erstaunt, daß Vreneli nicht nur böse war, sondern auch den Tränen nahe.
„Jedenfalls", schrie Vreneli über die Schulter zurück, während sie davonrannte, „jedenfalls haben wir alle deinen Schlüpfer gesehen."
Während des Mittagessens mit Papa und Mama war Anna so still, daß es Mama auffiel.
„Ist in der Schule etwas gewesen?" fragte sie.
Anna überlegte. Es gab zwei Dinge, die ihr Kummer machten. Eins war Vrenelis sonderbares Benehmen und das andere Herrn Graupes Bericht über die Höhlenmenschen. Sie fand, daß das Problem mit Vreneli zu kompliziert sei, um es erklären zu können und sagte statt dessen: „Mama, haben die Höhlenmenschen wirklich ihre Felle mit Sicherheitsnadeln zusammengesteckt?"
Dies rief einen solchen Schwall von Gelächter, Fragen und Erklärungen hervor, daß es bis zum Ende des Mittagessens dauerte, und dann war es Zeit, wieder in die Schule zu gehen. Vreneli war schon weg, und Anna, die sich ein wenig einsam fühlte, mußte allein gehen.
Am Nachmittag hatte sie wieder Singstunde, und es wurde viel gejodelt, was Anna gefiel, und als es vorüber war, sah sich Anna plötzlich dem rothaarigen Jungen gegenüber.
„Hallo, Anna!" sagte er keck, und bevor Anna antworten konnte, fingen seine Freunde, die bei ihm waren, an zu lachen, drehten sich alle um und marschierten aus dem Klassenzimmer.
„Warum hat er das gesagt?" fragte Anna.
Rösli lächelte: „Ich glaube, du wirst Begleitung bekommen", sagte sie und fügte dann hinzu: „Die arme Vreneli."
Anna hätte sie gern gefragt, was sie meinte, aber die Erwähnung von Vreneli erinnerte sie daran, daß sie sich beeilen mußte, wollte sie nicht allein nach Hause gehen. So sagte sie: „Bis morgen", und rannte los.
Auf dem Schulhof war nichts von Vreneli zu sehen. Anna wartete ein Weilchen, weil sie dachte, Vreneli könnte auf der Toilette sein, aber sie erschien nicht. Die

einzigen auf dem Schulhof waren der rothaarige Junge und seine Freunde, die auch auf jemanden zu warten schienen. Vreneli mußte sofort weggelaufen sein, nur um ihr aus dem Weg zu gehen. Anna wartete noch eine Weile, aber schließlich mußte sie sich eingestehen, daß es zwecklos war, und sie machte sich allein auf den Heimweg.

Der Gasthof Zwirn lag keine zehn Minuten entfernt, und Anna kannte den Weg gut. Vor dem Schultor wandte sie sich nach rechts und ging die Straße hinunter. Nach ein paar Minuten bemerkte sie, daß der rothaarige Junge und seine Freunde sich vor der Schule auch nach rechts gewandt hatten. Von der Straße zweigte ein steiler, mit losen Kieseln bedeckter Pfad ab, der wieder auf eine andere Straße auslief, und diese führte wieder nach einigen Kurven und Wendungen zu dem Gasthaus. Erst auf dem Kiespfad begann Anna sich zu fragen, ob alles so war wie es sein sollte. Der Kies war dick und sehr locker, und ihre Füße machten bei jedem Schritt ein knirschendes Geräusch. Plötzlich hörte sie ähnliches, etwas gedämpftes Knirschen hinter sich. Sie horchte ein paar Augenblicke, dann blickte sie über die Schulter zurück. Es war wieder der rothaarige Junge mit seinen Freunden. Sie hielten die Schuhe in den Händen und tappten mit bloßen Füßen durch den Schotter, wobei die scharfen Steine sie nicht zu stören schienen. Der kurze Blick, den Anna zurückgeworfen hatte, genügte, um ihr zu zeigen, daß die Jungen sie beobachteten.

Sie ging schneller, und auch die Schritte hinter ihr beschleunigten sich. Dann kam ein kleiner Stein geflogen und schlug in den Schotter neben ihr. Während sie sich noch wunderte, wo er wohl hergekommen war, traf sie ein anderes Steinchen am Bein. Sie drehte sich schnell um und sah gerade noch, wie der rothaarige Junge sich bückte und einen Stein nach ihr warf.

„Was machst du da?" schrie sie. „Hör auf!" Aber er grinste nur und warf ein anderes Steinchen. Dann fingen auch seine Freunde an zu werfen. Die meisten Steine trafen sie nicht und die, die sie trafen, waren zu klein, um eigentlich weh zu tun, trotzdem war es scheußlich.

Dann sah sie, wie ein kleiner, krummbeiniger Junge, der kaum größer war als sie selbst, eine ganze Handvoll Schotter aufnahm. „Wage ja nicht, auf mich damit zu werfen!" schrie sie so wütend, daß der krummbeinige Junge unwillkürlich einen Schritt zurückwich. Er warf die Steine in ihre Richtung, zielte aber absichtlich zu kurz. Anna funkelte ihn an. Die Jungen blieben stehen und starrten zurück. Plötzlich tat der rothaarige Junge einen Schritt nach vorn und rief etwas. Die anderen antworteten in einer Art von Gesang. „An-na! An-na!" riefen sie. Dann warf der rothaarige Junge wieder ein wenig Kies und traf sie direkt an der Schulter. Das war zu viel. Sie drehte sich um und floh.

Den ganzen Pfad hinunter sprangen Kiesel um sie herum, trafen ihren Rücken, ihre Beine. „An-na! An-na!" Sie kamen hinter ihr her. Ihre Füße glitten und rutschten auf den Steinen. „Wenn ich nur endlich auf der Straße wäre", dachte sie, „dann könnten sie nicht mehr mit Steinen nach mir werfen." Und da war sie! Sie fühlte den schönen glatten Asphalt unter den Füßen. „An-na! An-na!" Sie kamen jetzt näher. Sie bückten sich jetzt nicht mehr nach den Steinen und kamen schneller voran. Plötzlich kam ein großer Gegenstand hinter Anna hergepoltert. Ein Schuh! Sie warfen mit ihren Schuhen nach ihr! Wenigstens mußten sie sich bücken, um sie wieder aufzuheben. Die Straße machte eine Kurve, und man konnte den Gasthof Zwirn schon sehen. Das letzte Stück ging bergab, und Anna hastete den Abhang hinunter und erreichte mit letzter Kraft und außer Atem das Tor des Gasthofes.

„An-na! An-na! An-na!" Die Jungen waren direkt hinter ihr. Um sie herum regnete es Schuhe ... Und da! Wie ein Wunder, wie ein rächender Engel war Mama plötzlich da. Sie schoß aus dem Gasthaus heraus. Sie packte sich den rothaarigen Jungen und ohrfeigte ihn. Sie verdrosch einen anderen mit seinem eigenen Schuh. Sie stürzte sich auf die Gruppe, die in alle Richtungen auseinanderstob. Und während der ganzen Zeit schrie sie: „Was macht ihr da? Was ist los mit euch?" Auch Anna hätte das gern gewußt.

Dann sah sie, daß Mama den krummbeinigen Jungen gepackt hatte und ihn schüttelte. Die anderen waren geflohen.

„Warum habt ihr sie gejagt?" fragte Mama. „Warum habt ihr nach ihr geworfen? Was hat sie euch getan?"

Der krummbeinige Junge verzog sein Gesicht und wollte es nicht sagen.

„Ich laß dich nicht los", sagte Mama, „ich laß dich nicht los, bis du mir sagst, warum ihr das getan habt!"

Der krummbeinige Junge sah Mama ängstlich an. Dann wurde er rot und murmelte etwas.

„Was?" fragte Mama.

Plötzlich geriet der krummbeinige Junge in Verzweiflung.

„Weil wir sie lieben!" schrie er so laut er konnte. „Wir haben's getan, weil wir sie lieben!"

Freundschaft hat viele Gesichter

Mama war so überrascht, daß sie ihn losließ, und er schoß davon, quer über den
Hof und die Straße hinauf.

„Weil sie dich lieben?" sagte Mama zu Anna. Keiner von beiden konnten es verstehen. Aber als sie später Max um Rat fragten, schien er gar nicht überrascht.

„Das machen sie hier so", sagte er. „Wenn sie sich in jemand verlieben, dann werfen sie Sachen nach ihm."

„Aber um Himmels willen, es waren doch sechs!" sagte Mama. „Es müßte doch andere Möglichkeiten geben, ihre Zuneigung auszudrücken!"

Max zuckte mit den Schultern. „So machen sie es eben", sagte er und fügte hinzu: „Eigentlich sollte Anna sich geehrt fühlen."

Ein paar Tage später sah Anna ihn im Dorf, wo er mit unreifen Äpfeln nach Rösli warf.

Max war sehr anpassungsfähig.

Der Ball

von Hans Peter Richter

Wir liefen die Straße entlang. Friedrich hielt sich bei der Hauswand; ich blieb auf dem Bordstein. Ich warf den kleinen Vollgummiball, den ich im Schuhgeschäft geschenkt bekommen hatte. Er prallte von der Mitte des Gehsteigs hoch und flog Friedrich zu. Friedrich fing ihn auf und spielte ihn mir wieder zurück.

„Mein Vater kommt gleich heim!" rief Friedrich. „Ich muß bald nach Hause. Wir kaufen heute groß ein. Vielleicht bekomme ich auch irgendwo einen Ball geschenkt!"

Ich nickte und sprang über einen Kanaldeckel. Weil uns ein Fußgänger entgegenkam, setzte ich mit dem Werfen kurz aus. Kaum war der Mann vorüber, da schleuderte ich Friedrich den Ball wieder zu.

Friedrich hatte nicht aufgepaßt.

Es klirrte. Scherben fielen.

Der Ball rollte harmlos über den Gehsteig zu mir zurück.

Friedrich starrte mit offenem Mund auf die zertrümmerte Scheibe des Schaukastens.

Ich bückte mich nach dem Ball und begriff noch immer nicht, was geschehen war. Da stand plötzlich die Frau vor uns. Sie faßte Friedrich beim Arm und zeterte los. Auf ihr Geschrei hin wurden die Türen und Fenster in der Nachbarschaft geöffnet. Neugierige sammelten sich.

„Diebe! Einbrecher!" schrie die Frau.

Ihr Mann stand mit den Händen in der Hosentasche vor der Ladentür. Unbekümmert rauchte er seine Pfeife.

„Dieser Judenlümmel", verkündete die Frau allen, die es hören wollten, „drückt mir den Schaukasten ein; will meine Ware stehlen." Dann wandte sie sich wieder Friedrich zu: „Aber das ist dir noch einmal danebengegangen. Ich bin wachsam. Dich kenne ich, du wirst mir nicht entwischen. Euch Judenpack, ausrotten sollte man euch. Erst richten sie einem das Geschäft zugrunde mit ihren großen Kaufhäusern, dann bestehlen sie einen auch noch! Wartet nur, der Hitler wird es euch schon zeigen!" Wild schüttelte sie Friedrich hin und her.

„Aber er ist es doch gar nicht gewesen!" rief ich dazwischen. „Ich habe den Ball geworfen; ich habe die Scheibe zerbrochen. Wir wollten nicht stehlen!"

Mit großen, dummen Augen guckte die Frau mich an. Sprachlos öffnete sie den Mund.

Indessen fegte ihr Mann die Scherben auf die Gasse. Er nahm die großen und kleinen Garnrollen, die Sternchen mit schwarzem und weißem Zwirn und die Docken mit buntem Stickgarn aus dem Schaukasten und trug sie in den Laden. Plötzlich wurden die Augen der Frau ganz klein. „Was mischst du dich denn ein? Was hast du überhaupt hier zu suchen? Scher dich fort! Meinst du, weil ihr zusammen in einem Hause wohnt, deshalb müßtest du den Judenlümmel in Schutz nehmen? Verschwinde!" zischte sie mich an.

„Aber ich habe doch den Ball in den Kasten geworfen!" versuchte ich noch einmal.

Die Frau holte mit der Hand zum Schlag aus, ohne Friedrich loszulassen. Friedrich weinte. Mit dem freien Ärmel wischte er sich die Tränen ab. Er verschmierte sein ganzes Gesicht. Und ich schwieg.

Irgendwer hatte die Polizei angerufen.

Atemlos und schwitzend radelte ein Schutzmann heran. Er ließ sich von der Frau alles berichten.

Wieder erzählte sie die Geschichte vom versuchten Einbruch. Ich zupfte den Schutz-

Freundschaft hat viele Gesichter 83

mann am Ärmel. „Herr Wachtmeister", sagte ich, „er hat es nicht getan. Ich habe mit meinem Ball die Scheibe eingeworfen."
Die Frau blickte mich drohend an. „Glauben Sie ihm nicht, Herr Wachtmeister!" geiferte sie. „Er will den Judenlümmel in Schutz nehmen. Glauben Sie ihm nicht! Er denkt, der Jude sei sein Freund, weil sie beide im gleichen Hause wohnen."
Der Schutzmann beugte sich zu mir herab. „Das verstehst du noch nicht, dazu bist du noch zu klein", erklärte er mir. „Du glaubst, du tust ihm einen Freundesdienst, indem du für ihn eintrittst. Du weißt doch: Er ist Jude. Glaub mir: Wir Erwachsenen haben unsere Erfahrung mit Juden. Man kann ihnen nicht vertrauen; sie sind hinterlistig und betrügen. Niemand außer der Frau hat gesehen, was der Jude dort getan hat ..."
„Aber sie hat es doch gar nicht gesehen!" unterbrach ich ihn. „Nur ich bin dabeigewesen; ich habe es getan!"
Der Wachtmeister zog die Augenbrauen zusammen: „Du wirst doch diese Frau nicht als Lügnerin hinstellen wollen!"
Ich wollte noch etwas sagen, aber der Schutzmann ließ mich nicht mehr zu Worte kommen.
Er übernahm Friedrichs Handgelenk von der Frau. Geleitet von der Frau und einem langen Zug von Neugierigen führte er Friedrich unserem Hause zu.
Ich schloß mich dem Zug an.
Auf dem halben Weg begegneten wir Herrn Schneider.
Schluchzend rief Friedrich: „Vater!"
Erstaunt schaute Herr Schneider den Aufzug an. Er kam heran, grüßte und blickte verdutzt von einem zum andern.
„Ihr Sohn?" begann der Wachtmeister.
Aber die Frau ließ ihn nicht weiterreden. Mit einem Wortschwall wiederholte sie ihre Erzählungen. Nur die Anspielung auf den Juden ließ sie diesmal fort.
Herr Schneider hörte geduldig zu. Als sie zu Ende war, nahm er Friedrichs Kinn und hob den Kopf hoch, um Friedrich in die Augen zu schauen. „Friedrich", fragte er ernst, „hast du den Schaukasten mit Absicht zerschlagen?"
Friedrich schüttelte schluchzend den Kopf.
„Ich bin es gewesen, Herr Schneider. Ich habe meinen Ball hineingeworfen, aber ich habe es nicht absichtlich getan!" rief ich und zeigte ihm den kleinen Vollgummiball.
Friedrich nickte.
Herr Schneider holte tief Atem. „Wenn Sie das, was Sie mir soeben erzählt haben, beeiden können", sagte er zu der Frau, „dann erstatten Sie bitte Anzeige. Sie kennen mich; Sie wissen meine Anschrift?"
Die Frau antwortete nicht.
Herr Schneider zückte seine Geldbörse. „Und nun lassen Sie bitte meinen Sohn los, Herr Wachtmeister?" sagte er scharf. „Ich bezahle den Schaden sofort."

Aus dem Tagebuch der Anne Frank

von Anne Frank

Die beiden folgenden Texte stammen aus dem Tagebuch der Anne Frank.
Anne Frank wurde 1929 in Frankfurt am Main geboren. Ihre Eltern waren Juden. 1933 wandert die Familie wegen der Nationalsozialisten in die Niederlande aus.
Nach der Besetzung der Niederlande durch die Deutschen im Juli 1940 zieht die inzwischen 13 jährige Anne zusammen mit ihren Eltern und ihrer älteren Schwester Margot in ein Versteck in einem Hinterhaus in Amsterdam. Wenig später folgen Herr und Frau van Daan mit ihrem 16 jährigen Sohn Peter. Sie sind ebenfalls Juden.
Anne freundet sich mit Peter an. Darüber schreibt sie auch in ihrem Tagebuch, das während ihrer Zeit im Versteck entstanden ist.

Freitag, 3. März 1944

Liebe Kitty[1]!

Als heute abend die Kerzen angezündet wurden[2], war ich wieder froh und ruhig. In diesem Lichtschein sehe ich Oma, und Oma ist es auch, die mich behütet und beschützt und mich immer wieder froh macht.
Aber ... ein anderer beherrscht meine Gedanken, und das ist Peter. Als ich heute die Kartoffeln holte und noch mit dem vollem Topf an der Treppe stand, fragte er: »Was hast Du heute nachmittag gemacht?«
Ich setzte mich auf die Treppe und wir unterhielten uns. Um viertel sechs (eine Stunde nachdem ich sie geholt hatte) kam ich mit den Kartoffeln erst unten an. Peter sprach kein Wort mehr über seine Eltern. Wir unterhielten uns über Bücher und von früher. Was hat der Junge für eine reizende Art! Ich glaube, es fehlt nicht viel und ich könnte mich in ihn verlieben!
Am Abend sprach er davon. Nach dem Kartoffelschälen ging ich zu ihm. Es war so warm und ich sagte:
»An Margot und mir kannst Du immer die Temperatur feststellen. Wenn es kalt ist, sind wir blaß und, wenn es warm ist, rot.«
»Verliebt?« fragte er.
»Warum soll ich verliebt sein?« Meine Antwort klang ganz harmlos.
»Warum nicht?« fragte er. Dann mußten wir zum Essen.
Hat er mit dieser Frage etwas beabsichtigt? Heute habe ich ihn endlich fragen können, ob er mein Geschwätz sehr lästig findet. Er sagte kurz: »Ich finde es sehr nett!« Inwieweit das Verlegenheit war, kann ich nicht beurteilen. Kitty, ich bin

---

[1] Kitty ist eine Person, die es nur in Annes Vorstellung gibt.
[2] Freitagabend werden in jüdischen Familien Kerzen angezündet.

wirklich wie eine Verliebte, die von nichts anderem sprechen kann als von ihrem Schatz. Peter ist aber auch wirklich ein Schatz. Wann werde ich ihm das mal sagen können? Natürlich nur, wenn er es auch von mir findet. Aber ich bin kein Kätzchen, das man ohne Handschuhe anpacken kann, das weiß ich wohl. Aber er liebt seine Ruhe, und so habe ich keine Ahnung, ob er mich mag.
Jedenfalls lernen wir uns jetzt ein bißchen kennen, und ich wünschte, daß wir noch viel mehr wagten, aus uns herauszugehen. Wer weiß, vielleicht kommt es schneller als ich denke. Ein paarmal am Tag wirft er mir einen Blick des Einverständnisses zu, ich zwinkere zurück und wir sind beide vergnügt! Es klingt wohl ein bißchen verrückt, wenn ich so von unserem Glück erzähle, aber ich habe das unwiderstehliche Empfinden, daß er genau so denkt wie ich!

Anne

Samstag, 4. März 1944

Liebe Kitty!

Dieser Samstag ist seit Monaten und Monaten der erste, der nicht langweilig, düster und niederdrückend ist, und niemand anders ist die Ursache als Peter.
Als ich heute morgen auf den Speicher kam, um meine Schürze aufzuhängen, war Vater, der täglich mit Peter arbeitet, da und fragte mich, ob ich nicht bleiben wollte, um Französisch mitzumachen. Ich ließ mir das nicht zweimal sagen, und wir sprachen zuerst Französisch. Erst erklärte ich Peter etwas, dann gingen wir zum Englischen über. Vater las uns etwas aus Dickens vor, und ich war im siebten Himmel, denn ich saß bei Vater auf dem Stuhl und ganz dicht bei Peter.
Um 11 Uhr ging ich hinunter. Als ich um halb zwölf wieder nach oben kam, stand er schon an der Treppe und erwartete mich. Wir redeten wieder bis dreiviertel eins. Wenn es gerade geht und niemand aufpaßt, sagt er nach dem Essen, wenn ich hinausgehe: »Tag, Anne, bis nachher!«
Ach, ich bin so froh! Ob er mich doch gern hat? Auf jeden Fall ist er ein feiner Kerl, und ich denke, wir werden uns noch recht gut verstehen. Frau v. Daan sieht es gerne, wenn wir zusammen sind. Aber heute fragte sie neckend: »Kann man Euch beiden da oben auch vertrauen?«
»Natürlich«, sagte ich protestierend, »wollen Sie mich beleidigen?«
Ich freue mich von morgens bis abends darauf, Peter zu sehen.

Anne

Im Herbst 1944 wurden die Menschen im Hinterhaus von der deutschen Polizei entdeckt und in Konzentrationslager verschleppt. Anne starb im März 1945 im Vernichtungslager Bergen-Belsen.

Mein Freund Sherlock Holmes

von Arthur Conan Doyle

Sherlock Holmes, um den es im folgenden Text geht, ist eine der berühmtesten Detektivgestalten in der Literatur. Holmes zeichnet aus, daß er aus winzigsten Anhaltspunkten scharfsinnige Schlüsse ziehen kann. Sein treuer und zuverlässiger Begleiter Dr. Watson, ein ehemaliger Militärarzt, fällt dann immer in ungläubiges Staunen oder tiefe Bewunderung für den berühmten Detektiv.
Aber der Umgang mit einer berühmten Persönlichkeit ist nicht immer einfach . . .

Was mich im Charakter meines Freundes Sherlock Holmes oft seltsam berührte, war seine beispiellose Unordnung in manchen Dingen. Alles hat schließlich seine Grenzen, auch bei mir. Und wenn ich feststellen muß, daß ein Mensch meiner nächsten Umgebung seine Zigarren im Kohlenkübel, seinen Tabak in der Spitze
5 eines persischen Pantoffels aufbewahrt, ja, daß er seine unbeantworteten Briefe mit einem Taschenmesser genau in der Mitte auf dem hölzernen Kaminsims festheftet, dann geht mir das gegen den Strich, und ich fange an, mich tugendhaft zu gebärden.
Auch stehe ich von jeher auf dem Standpunkt, daß Schießübungen ein Freiluft-
10 sport sind. Holmes indessen wandelte zuzeiten die seltsame Lust an, mit geladener Pistole in seinem Lehnstuhl zu sitzen und auf die gegenüberliegende Wand zu feuern. In solchen Augenblicken hatte ich doch immer stark das Gefühl, durch derlei Späße werde weder die Atmosphäre noch das Aussehen unseres Zimmers verbessert.
15 Meine liebe Not aber hatte ich mit seinen Papieren. Mein Freund verabscheute es, Dokumente zu vernichten, besonders, wenn sie sich auf Fälle aus den Anfängen seiner Laufbahn bezogen. Trotzdem brachte er es nur ein-, höchstens zweimal im Jahr fertig, die Zeugnisse seiner Wirksamkeit in Aktendeckel einzuordnen. . . .

So häuften sich Monat für Monat die Papiere bei ihm, bis jede Ecke im Zimmer
20 mit Schriftstücken vollgepfropft war. Verbrennen durfte man sie unter gar keinen Umständen, und auch das Wegräumen war niemand anderem gestattet als ausschließlich ihrem Eigentümer.
Als wir eines Abends im Winter zusammen am Feuer saßen und Holmes eben damit fertig war, Zeitungsausschnitte einzukleben, wagte ich den schüchternen
25 Versuch, ihm nahezulegen, er möchte doch die nächsten zwei Stunden darauf ver-

wenden, unser Zimmer etwas wohnlicher zu gestalten. Er konnte nicht leugnen, daß meine Bitte gerechtfertigt war. So verschwand er mit ziemlich zerknirschtem Gesicht für wenige Minuten in seiner Schlafkammer. Als er wieder heraustrat, zog er eine riesige Blechkiste hinter sich her. Er stellte sie mitten ins Zimmer, hockte sich auf einen Schemel davor und schlug den Deckel zurück. Ich sah, daß sie schon zu einem Drittel mit gebündelten, rotverschnürten Dokumenten angefüllt war.

„Da haben wir eine ganze Menge Kriminalfälle, Watson!" erklärte er mit boshaftem Augenzwinkern. „Wenn du wüßtest, was für Kostbarkeiten ich hier verstaut habe, würdest du bestimmt eher darauf bestehen, daß ich einiges aus dieser Kiste heraushole, anstatt es mit anderem zuzudecken!"

„Dann sind das wohl Aufzeichnungen über deine früheren Untersuchungen?" fragte ich neugierig. „Die hätte ich mir doch längst schon gern einmal angesehen."

Mit zärtlich liebkosender Gebärde hob er ein Päckchen ums andere in die Höhe. „Tja, lauter Erfolge waren es nicht, Watson, aber ganz fabelhafte Probleme sind darunter. Da haben wir z. B. den Bericht über die Tarleton-Morde; dann den Fall Vamberry – das war der Weinpanscher –, und hier, das Abenteuer einer alten Russin! Ah, aber jetzt kommt ja nun wirklich etwas ganz Besonderes!"

Er tauchte seinen Arm bis auf den Grund der Blechkiste und brachte ein zierliches Holzkästchen mit Schiebedeckel, das an eine Kinderspielzeugschachtel erinnerte, zum Vorschein. Und was holte er aus diesem seltsamen Behältnis heraus? Einen zerknüllten Zettel, einen altmodischen Messingschlüssel, einen Holzpflock, um den eine Bindfadenrolle gewickelt war – und drei rostige Metallplättchen.

„Na, Freund, was für einen Reim machst du dir auf diese hübschen Kleinigkeiten?" fragte er grinsend, als ich offenbar ein recht dämliches Gesicht machte.

„Eine merkwürdige Sammlung", war alles, was ich herausbrachte.

„In der Tat. Noch merkwürdiger werden dir die Geschehnisse vorkommen, die damit zusammenhängen."

„Dann haben diese Überbleibsel also eine regelrechte Geschichte?"

„Sie sind Geschichte. Und das so sehr, daß man sie geradezu als historische Funde bezeichnen kann."

„Was meinst du damit?"

Sherlock Holmes legte sorgfältig Stück für Stück auf die Tischplatte: „Die paar Sachen, das ist alles, was mir zur Erinnerung an die Musgrave-Episode geblieben ist", sagte er.

Obwohl er mir gegenüber schon öfter diesen Fall erwähnt hatte, war es mir nie geglückt, Einzelheiten darüber von ihm zu erfahren. So packte ich die Gelegenheit beim Schopf: „Ich wäre dir sehr dankbar, wenn du mich über die Zusammenhänge aufklären wolltest", bat ich.

„Und das Durcheinander lassen, wie es ist?" rief er spöttisch. „Wie wird dein Säuberungsbedürfnis diesen Aufschub ertragen, Watson?"

Freundschaftsdienste

von Bertolt Brecht

Als Beispiel für die richtige Art, Freunden einen Dienst zu erweisen, gab Herr K. folgende Geschichte zum besten: „Zu einem alten Araber kamen drei junge Leute und sagten ihm: ‚Unser Vater ist gestorben. Er hat uns siebzehn Kamele hinterlassen und im Testament verfügt, daß der Älteste die Hälfte, der zweite ein Drittel und der Jüngste ein Neuntel der Kamele bekommen soll. Jetzt können wir uns über die Teilung nicht einigen; übernimm du die Entscheidung!' Der Araber dachte nach und sagte: ‚Wie ich es sehe, habt ihr, um gut teilen zu können, ein Kamel zuwenig. Ich habe selbst nur ein einziges Kamel, aber es steht euch zur Verfügung. Nehmt es und teilt dann, und bringt mir nur, was übrigbleibt.' Sie bedankten sich für diesen Freundschaftsdienst, nahmen das Kamel mit und teilten die achtzehn Kamele nun so, daß der Älteste die Hälfte, das sind neun, der Zweite ein Drittel, das sind sechs, und der Jüngste ein Neuntel, das sind zwei Kamele bekam. Zu ihrem Erstaunen blieb, als sie ihre Kamele zur Seite geführt hatten, ein Kamel übrig. Dieses brachten sie, ihren Dank erneuernd, ihrem alten Freund zurück."
Herr K. nannte diesen Freundschaftsdienst richtig, weil er keine besonderen Opfer verlangte.

Axel

von Hans Georg Noack

Alles fing damit an, daß Jochen seinen Haustürschlüssel verlor. Er konnte nach Schulschluß nicht in die Wohnung, weil seine Mutter erst am Abend nach Hause kam, der Vater seit zwei Jahren gar nicht mehr. Draußen war es neblig und kalt, das Jugendfreizeitheim geschlossen. Wohin nun? Da war das Kaufhaus ein Lichtblick ...

Rolltreppe abwärts. Im zweiten Stock blätterte der Angestellte in seinen Papieren, den Blick jetzt auf den Stand mit den kleinen Transistorgeräten gerichtet.
Wieder ganz unten. Der Bonbonberg war riesig. Wie viele mochten es sein? Zehntausend? Wohl mehr. Eine Handvoll davon, das wäre jetzt gut. Aber ein Kupfer-
5 pfennig ist kein Vermögen.
Wieder die Rolltreppe. Jochen erkannte manchen wieder, der ihm vorher schon aufgefallen war. Lehrlinge in der Mittagspause, Berufsschüler, die den Nachmittagsunterricht unwichtig fanden, Mädchen, die sich der prüfenden Blicke bewußt waren. Sie taten gleichmütig und hatten längst bemerkt, daß dieselben Jungen
10 schon seit drei oder vier Runden immer ein paar Stufen hinter ihnen waren.
Rauf, runter, rauf ...
Die wühlenden Hände konnten den Bonbonberg nicht abtragen, soviel sie auch davon in die Tüten schaufelten. Es blieben immer noch zehntausend. Wahrscheinlich mehr.
15 Jochen kramte in der Tasche nach seinem Pfennig. Hundert Gramm vierzig Pfennig. Eine kleine Rechenaufgabe: Wenn man für vierzig Pfennig hundert Gramm kaufen kann, wieviel Gramm bekommt man dann für einen Pfennig? Zweieinhalb. Ob ein Bonbon zweieinhalb Gramm wiegt? Oder mehr? Die wägende Hand wurde sich nicht schlüssig. Vielleicht stimmte es ungefähr.
20 Jochen legte den Pfennig auf die Holzumrandung des Standes, steckte die Hand mit dem Bonbon in die Tasche, ging die ersten Schritte schnell, schlenderte dann weiter.
Über der Füllung war eine dünne Kruste. Das Bonbon zerfiel förmlich auf der Zunge. Gut schmeckt es, ja, aber ein Bonbon, das war arg wenig für einen knur-
25 renden Magen.
Der Mann mit den Papieren beaufsichtigte Mini-Autos.
Im Erdgeschoß stand nirgends ein Mann mit Papieren in der Hand. Jedenfalls war in der Nähe des Bonbonbergs keiner zu entdecken. Hundert Gramm für vierzig Pfennig, da lohnte sich ein Hausdetektiv wahrscheinlich nicht.
30 Der Kupferpfennig lag noch auf der Umrandung. Vielleicht war es nicht ganz üblich, auf diese Weise zu bezahlen, aber schließlich konnte man nicht wegen eines einzigen Pfennigs und eines einzigen Bonbons die Kassiererin behelligen. Ihre Kasse

klingelte ohnehin unaufhörlich. Sie hatte kein Auge frei. Und nirgends stand ein Mann, der über Papiere hinwegsah.

Drei Bonbons von mindestens zehntausend, dagegen ließ sich kaum etwas sagen. Außerdem war es nicht einmal Diebstahl, sondern Mundraub. Der Lehrer hatte den Unterschied ganz deutlich erklärt. So etwas gehörte zur Staatsbürgerkunde. Im letzten Zeugnis eine Zwei. Der Staatsbürger muß neben vielem anderem auch wissen, wann er stiehlt und wann er mundraubt, oder wie man dazu sagt, Diebstahl war es überhaupt erst bei hundert Gramm vielleicht, oder bei einem halben Pfund. Das hing wohl vom Hunger dessen ab, der etwas nahm, und Jochens Hunger war groß. Also Diebstahl war's bestimmt nicht, allerhöchstens Mundraub.

„Krieg ich eins ab?"

Jochen fuhr herum. Der Junge war einen Kopf größer und zwei, drei Jahre älter.

„Was sagst du?"

„Ob ich eins abkriege!"

„Wovon?"

„Von den Bonbons, die du eben geklaut hast. Mensch, nun werd doch nicht gleich rot. Ich sag doch gar nichts. Du gibst mir eins ab, und die Sache ist in Ordnung."

Jochen fingerte ein Bonbon aus der Tasche, legte es in die fordernde Hand, drehte sich wieder um und machte lange Schritte. Der andere auch.

„Nun lauf doch nicht gleich weg! Wir können doch noch ein bißchen zusammenbleiben. Geschickt machst du das. Wirklich. Ist bestimmt keinem aufgefallen, außer mir."

„Ich will gerade gehen."

„Na fein, ich auch."

Draußen verdichtete sich der Nebel. Nach der Wärme im Kaufhaus war es noch kühler als vorhin. Jochen ging weiter, sah auf die Schuhspitzen und versuchte, den Jungen neben sich nicht zu beachten.

„Zigarette?"

Eine zerknautschte Packung Reval wippte im Takt der Schritte vor Jochens Gesicht auf und ab. Er schüttelte den Kopf.

„Wohl noch zu klein, wie?"

Jochen faßte zu, zog eine Zigarette aus der Packung, steckte sie zwischen die Lippen und klopfte die Taschen ab, als erwartete er, Streichhölzer oder ein Feuerzeug zu finden.

Die Flamme sprang auf. Der andere hielt das Feuerzeug so, daß Jochen es genau sehen konnte. Es sah wie schweres Silber aus, und das Stadtwappen war darauf.

Wenn man den Rauch nicht zu tief einatmete, brauchte man nicht zu husten. Es hatte jetzt keinen Sinn mehr, in die nächste Seitenstraße einzubiegen. Die Zigarette schuf eine Gemeinsamkeit.

„Verdammt kalt heute", meinte der andere. „Trinkst du'n Bier mit?"

„Kein Geld."

„Wer redet denn davon. Ich hab ja massig. Komm schon!"

In der kleinen Kneipe war nur ein Tisch besetzt. Ein Mann umspannte ein Kornglas, als wollte er sich die Hände daran wärmen.

Der andere Junge ging voraus, steuerte auf einen Tisch zu, winkte Jochen, setzte sich. „Zwei Bier!"

Der Wirt brachte sie, zückte den Bleistift, als wollte er die Bierdeckel mit Strichen kennzeichnen, steckte ihn dann wieder ein und hielt die Hand auf. „Zahl mal lieber gleich, Axel!"

„Denkst du vielleicht, ich bin schwach bei Kasse?"

„Besser ist besser."

Axel zog sein Portemonnaie, und als er es öffnete, hielt er es so, daß Jochen hineinsehen konnte. Gar kein Vergleich zu seinem Kupferpfennig. Der Wirt nahm das Fünfmarkstück, schlurfte hinter die Theke, kam mit dem Wechselgeld zurück.

„Hast wohl 'ne Bank ausgeraubt, wie?"

„Ne, in Latein eine Zwei geschrieben. Da läßt mein Alter immer was springen."

Jochen betrachtete das Schild, das ihm gegenüber an der Wand hing. „Jugendschutzgesetz" stand darüber. Irgendwo mußte es hängen. Das war Vorschrift.

„Prost!"

Das Bier war kalt und ein wenig bitter, aber Axel trank einen tiefen Zug, da konnte Jochen nicht nur nippen. Eigentlich schmeckte es auch gar nicht schlecht, und Axel winkte schon zum Wirt hinüber. „Nochmal dasselbe!"

Eigentlich ist Bier doch gar nicht so stark. Beim Klassenausflug vor zwei Monaten, als sie heimlich aus der Jugendherberge ausgerissen waren, hatte Jochen drei Flaschen getrunken wie alle anderen und danach kaum etwas gemerkt. Aber das war nach dem Abendessen gewesen, und die Verpflegung in der Herberge war wirklich gut. Aber diese zwei Glas Pilsner auf nüchternen Magen schienen einen Schleier vor die Augen zu legen, und der Kopf fühlte sich so seltsam leicht an.
„Zigarette?"
Wenn man den Rauch ganz tief einsog, verstärkte er den Schwindel.
„Mensch, du wirst ja ganz blaß! Fehlt dir was?"
„Nein, nein, ich hab bloß noch nichts gegessen!"
„He, Max, bring mal 'ne Currywurst für meinen Freund!"
Eigentlich nett von diesem Axel. Aber er hatte ja auch eine Menge Geld.
„Ich muß jetzt nach Hause. Hast du morgen wieder Zeit? Wie heißt du überhaupt?"
„Jochen."
„Ich bin Axel. Bis morgen, ja? Um drei an der Rolltreppe? Ist doch langweilig, wenn man allein rumgammelt."
„Bis morgen, und vielen Dank, Axel!"
„Kannste ja mal wiedergutmachen."
Der verlorene Schlüssel regte die Mutter auf, als wäre er aus purem Gold gewesen. Außerdem roch sie die Zigaretten und das Bier. Es wurde ein ungemütlicher Abend. In den letzten zwei Jahren hatte die Mutter sich sehr verändert. Bis dahin war sie ruhig gewesen, manchmal sehr still, so still, daß es Jochen weh getan hatte. Freundlich war sie gewesen. Wenigstens bis zum Abend, wenn der Vater heimkam. Dann wurde alles anders, und in der Wohnung herrschte ein Schweigen, das voller Spannungen war.
Mit der Scheidung der Eltern war alles anders geworden.
Vielleicht wurde der Mutter die Arbeit einfach zuviel. Sie ging morgens zugleich mit Jochen aus dem Haus, kam erst am Abend zurück, dann kümmerte sie sich um das Abendessen und um den Haushalt. Es war ihr anzusehen, daß sie meistens viel zu müde war. Nicht einmal Jochen konnte es übersehen. Und er wollte ihr gern helfen und tat es auch. Das brachte zunächst manchmal ein zustimmendes, anerkennendes Lächeln der Mutter ein, doch auch das ließ bald nach. Man konnte ihr nichts mehr recht machen. Das kleinste Versehen führte zu Zornausbrüchen. Das Helfen machte keinen Spaß mehr, und wenn Jochen sich daran vorbeidrücken konnte, ließ er eine solche Gelegenheit nicht aus.
Dann gab die Mutter ihre bisherige Arbeit auf und trat in Herrn Möllers Geschäft als Verkäuferin ein, und ihren neuen Chef nannte sie jetzt Albert, und er blieb abends häufiger lange da.
Der Abendbrottisch war jetzt reichlicher gedeckt als sonst, aber Jochen konnte diesen Albert Möller trotzdem nicht leiden. Er war und blieb ein Eindringling, und

ihr seltenes Lächeln sparte die Mutter jetzt für ihn auf. Für Jochen blieb nichts übrig. Man fröstelt leicht, wenn man nie von einem Lächeln erwärmt wird.

Aber Axel lächelte. Er hatte Zeit. Man konnte mit ihm reden. Über alles. Er war so sicher, wußte auf alles eine Antwort. Wenn er auch noch nicht ganz sechzehn war, schien er doch fast erwachsen zu sein.

Und er behandelte Jochen nicht wie einen kleinen Jungen, sondern richtig gleichberechtigt, von Mann zu Mann. Meistens hatte er auch Geld, und dann war er nicht kleinlich. Es tat wohl, Axel zum Freund zu haben.

Vier, fünf Tage lang dachte Jochen vormittags in der Schule schon an das Treffen am Nachmittag. Unten an der Rolltreppe.

Und dann sagte Axel eines Tages: „Du, heute bin ich pleite. Kannst du nicht mal die Zigaretten bezahlen?"

Jochen wurde rot. „Ich hab doch kein Geld. Meinst du, ich kriege Taschengeld von meiner Mutter? Die sagt nur immer: Du hast alles, was du brauchst, und Taschengeld bringt dich nur auf dumme Gedanken. Die behandelt mich überhaupt wie ein kleines Kind!"

Axel nickte. „Bei mir ist es umgekehrt. Taschengeld kriege ich jede Menge. Dann bin ich versorgt, und man braucht sich nicht mehr weiter um mich zu kümmern. Aber diesmal ist es doch ein bißchen knapp, weißt du. Schließlich hab ich jetzt immer für dich mitbezahlt. Jetzt wärst du wirklich mal an der Reihe!"

Es war Jochen schrecklich peinlich. Axel hatte ja recht. Er bezahlte immer alles. „Du kannst das doch ganz schön geschickt, das hab ich bei den Bonbons gesehen. Los, das kriegen wir schon hin."

Am Zigarettenstand ließ Axel sich von der Verkäuferin Feuerzeuge zeigen, schwankte, stellte Fragen nach dem Mechanismus, war unzufrieden, betrachtete das nächste und das übernächste, fand nicht das richtige und sorgte dafür, daß die Verkäuferin die Reihe von Feuerzeugen im Auge behalten mußte, die sie vor ihn gelegt hatte. Als Axel sich endlich mit einem entschuldigenden Lächeln achselzuckend abwandte, hatte Jochen zwei Schachteln Zigaretten in der Tasche.

„Mensch, Jochen, du bist ein As!"

Jochen pustete. „Aber was ich für eine Angst ausgestanden habe! Wenn mich jemand erwischt hätte . . ."

Axel wischte die Bedenken mit einer Handbewegung fort. „Wenn schon! Erstens bist du noch nicht vierzehn, also kann dir keiner etwas wollen. Und zweitens ist mein Alter Rechtsanwalt. Der dreht die Sache schon wieder hin, wenn mal was schiefgeht. Er kann es sich doch gar nicht leisten, daß sein Sohn in Schwierigkeiten kommt."

Gewissensbisse vergingen in Rauchwolken. Und Axel war offensichtlich zufrieden, daß er wieder rauchen konnte. Er brauchte eine ganze Menge Zigaretten am Tag. Was wog ein bißchen Angst dagegen, daß der große Axel mit Jochen zufrieden war?

Aber in der Nacht träumte Jochen. Er fuhr die Rolltreppe abwärts, und plötzlich sah er unten, am Fuße der Treppe, einen Angestellten mit einem Bündel Papiere in der Hand. Er sah über den Rand seiner Papiere hinweg Jochen abwartend entgegen. Jochen drehte sich um und wollte die Rolltreppe hinauflaufen, doch die Stufen kamen ihm entgegen, und Menschen versperrten ihm den Weg; er kam nicht vom Fleck, seine Füße trafen immer wieder nur dieselben Stufen, und unten wartete der Mann mit den Papieren; Jochen hatte ihm den Rücken zugewandt und sah im Traum doch sein selbstzufriedenes Lächeln, das sagte: Du kommst nicht weg, mein Junge, dich kriegen wir schon; und dann lachte er dröhnend und selbstgefällig wie Albert Möller.

Und alle Leute sahen Jochen an und hoben die Augenbrauen. Eine ganze Gruppe hatte sich am Fuße der Treppe versammelt. Alle sahen zu, wie er versuchte, die Treppe hinaufzulaufen, die ihm entgegen kam und ihn immer wieder um den Schritt mit in die Tiefe nahm, den er gerade zurückgelegt hatte.

Und Axel stand auch in der Gruppe der Neugierigen. Er hielt eine Zigarette zwischen den großen, gesunden Zähnen, ließ sein silbernes Feuerzeug aufflammen und sagte: „Was ist denn das für einer?"

Freundschaft hat viele Gesichter

Gedicht

von Jürgen Theobaldy

Ich möchte gern ein kurzes Gedicht schreiben
eins mit vier fünf Zeilen
nicht länger
ein ganz einfaches
eins das alles sagt über uns beide
und doch nichts verrät
von dir und mir

Die Brücke

von Hans Domenego

<pre>
                 Worte Worte Worte
           Worte WORTE WORTE WORTE Worte
       Worte   Worte
      Worte   Worte
     Worte   Worte
    Worte   Worte
     Worte   Worte
      Worte   Worte
       Worte   Worte
        Worte   Worte
        ICH   DU
</pre>

Burgen des Mittelalters

Aus dem Nibelungenlied

nach der Ausgabe von Karl Bartsch

Der Nibelunge Nôt

Uns ist in alten mæren   wunders vil geseit
von helden lobebæren,   von grôzer arebeit,
von frönden, hôchgezîten,   von weinen und von klagen,
von küener recken strîten   muget ir nu wunder hœren sagen.

Burgen stolz und kühn

von Christiane Bimberg

Stolz und kühn überragten einst die Burgen Wälder, Flüsse und Städte oder zogen im Flachland den Blick auf sich. Auf Wanderungen seid Ihr diesen jahrhundertealten Bauwerken gewiß schon oft begegnet und habt Euch gefragt, was es mit ihnen wohl auf sich hat. Und wer von Euch hätte nicht schon einmal bei der Besichtigung einer Burg den Wunsch verspürt, als Ritter oder Edelfräulein inmitten ihrer damaligen Bewohner zu leben? Hinter den dicken Gemäuern spielte sich das Leben wie in einer kleinen Stadt ab . . .
Um den Feind schon von weitem sehen und sich gut verteidigen zu können, errichtete man sie auf Bergkuppen oder hohen Felsen, an Talgabelungen oder dort, wo zwei Ströme zusammenfließen. Diese Art nennt man Höhen- bzw. Niederungsburgen. Viele von ihnen sind auch ganz von Seen, Sümpfen oder Flüssen eingeschlossen. Es sind Wasserburgen. Immer aber waren sie so angelegt, daß Angreifer, wenn überhaupt, nur höchst mühselig an sie herankamen und dann vor kaum überwindbaren Mauern, Gräben und Wällen standen.
Bereits die Burgen der alten Griechen, Römer und Germanen boten vielen Menschen Schutz in Zeiten der Not. Wie erfinderisch die Römer im Bau solcher Anlagen waren, davon zeugen noch heute zahlreiche Bauwerke. Vor ungefähr tausend Jahren entstanden schließlich die mittelalterlichen Burgen. Nahezu über ganz Europa waren sie verbreitet. Allein in dem weiten Gebiet, wo damals Deutsch gesprochen wurde, hat es etwa acht- bis zehntausend gegeben. Man kann sich vorstellen, was für Gesteinsmassen die Menschen mit einfachen Geräten unter enormem Kraftaufwand bewegen mußten, um sie zu errichten. Dicke und hohe Mauern mit schmalen Lichtschlitzen brauchte es, um vor feindlichen Geschossen sicher zu sein. Die Bauleute mußten sehr erfahren sein, damit die tragenden Mauern und die Lasten der Decken und Gewölbe im richtigen Verhältnis standen.
Dabei entwickelten sich in den einzelnen Ländern allmählich bestimmte Bauformen. In Spanien, wo der Einfluß der Franzosen und Araber stark spürbar war, baute man das Kastell[1] mit doppelten Mauern und zumeist runden Ecktürmen. In Italien bewohnten verschiedene Familiengeschlechter eigene Türme. Die Normannen hinterließen in England Burgen mit einem freistehenden rechteckigen Turm. Diese Art war auch in Frankreich üblich.
Manches, was man da ausprobierte, setzte sich später auch andernorts durch. Teilnehmer der Kreuzzüge brachten zum Beispiel im elften, zwölften und dreizehnten Jahrhundert aus dem Orient Kenntnisse über den Bau des Zwingers mit, das heißt eines Umgangs zwischen der äußeren und der inneren Ringmauer der Burg, der

---

[1] Kastell: Burg

die Verteidigungsfähigkeit erhöhte. So erhielten die Burgen trotz aller ihnen gemeinsamen Merkmale allmählich ein ganz eigenes Aussehen.

Als Bauplatz bevorzugte man Stellen, die sich für die Verteidigung des umliegenden Landes, von Handelswegen, Wasserstraßen oder Grenzen, besonders gut eigneten. Die natürlichen Gegebenheiten spielten dabei eine große Rolle. Die Burg durfte nach Möglichkeit nur eine Angriffsseite haben und der Zugang lediglich Platz für einen Reiter lassen. Die Wege legte man so an, daß mögliche Angreifer mit dem Waffenarm zur Burg gewandt ritten und deshalb ohne Deckung blieben. War der Felsen nicht steil genug, meißelte man Gestein ab. Am Anfang bestimmte allein die Notwendigkeit der Verteidigung die Bauweise. Auf den Mauern erhoben sich die Zinnen, die zusammen mit der Plattform den Wehrgang bildeten. Schießscharten erhöhten die Sicherheit der Schützen. Durch Gußerker oder Gußlöcher schüttete man Pech, Schwefel oder siedendes Wasser auf den Feind. Erst später dachte man daran, es sich wohnlicher zu machen.

Bei den Türmen, die vom Burginnern aus über Wendeltreppen erreichbar waren, setzte sich allmählich die Rundform durch. Sie bot einen besseren Schutz als die viereckige Form. Letzte Zufluchtsstätte der Bewohner während einer Belagerung war der mehrgeschossige Bergfried. Meist wurde er auf Naturstein errichtet. Sein Eingang lag hoch über dem Erdboden. Das unterste Geschoß diente als Burgverlies, weiter oben befanden sich Wohnräume und Vorratskammern.

Stand der Bauplatz fest, stellte der Werkmeister die erforderlichen Handwerker ein. Holz, Steine, Sand, Eisenwaren und Werkzeuge wurden auf Karren und Wagen zur Baustelle geschafft. Mitunter waren mehrere tausend Arbeitskräfte am Bau beteiligt – Gräber, Träger, Steinmetzen, Mörtelmacher, Maurer, Zimmerleute, Schmiede und Klempner. Als Hilfsmittel zur Erleichterung der Arbeit benutze man damals schon Gerüste mit Holzbrücken, Rollen, Winden und Flaschenzügen.

Betrachtet man die verwirrende Vielfalt der Mauern, Türme, Treppen und Kammern etwas näher, ist man erstaunt, wie klug und weitsichtig alles zur Verteidigung angelegt war. Am Anfang schützte man sich durch Mauer und Turm. Bald aber dehnten sich die Bauten aus und bezogen mitunter die ganze Stadt ein. Wälle, Verhaue und Barrieren aus Holz und Stein wechselten einander ab, um den Zugang zur Burg zu erschweren. Tortürme befestigten die Tore und bildeten häufig sogar eine Art kleine Burgen vor der Hauptburg. Eine Zugbrücke überspannte den Graben am Burgzugang und zuweilen auch den Raum zwischen den einzelnen Abschnitten der Burg. Sie führte zum Tor, das zusätzlich mit einem Fallgitter gesichert war. Die Brücke selbst konnte an Stricken oder Ketten hinaufgezogen oder herabgelassen werden. Drohte eine Belagerung, hatten sich die Burgbewohner gegen eine Vielzahl gefährlicher Angriffsmöglichkeiten zu rüsten.

Katapultmaschinen, wie Balliste oder Mange, schleuderten Pfeile, Steinkugeln oder Bienenstöcke ins Burginnere. Unter dem Schutz eines Gerüstes machten sich Soldaten daran, die Außenmauer zu untergraben. Mit besonderen Angriffsbauten versuchte man, Mauern oder Tore zu rammen. Diese Maschinen hatten recht lustige Namen wie Widder, Katze, Mäuschen oder Sau, weil sie jenen Tieren etwas ähnlich sahen. Auf fahrbaren Holztürmen näherte man sich der Mauer.

Von ganz oben schossen die Schützen Brandpfeile in die Burg. Die Verteidiger hatten alle Hände voll zu tun, genügend Wasser herbeizuschaffen, um das Feuer zu löschen, das sich in den hölzernen Bauten rasch ausbreitete. Gelang es dem Feind, auf die Mauer hinüberzuklettern, begann das Handgemenge. Die Belagerten versuchten, die gegnerischen Sturmleitern abzuwehren. Hatten die Angreifer erst einmal die Tore überwunden, war ihnen nur noch schwer Einhalt zu gebieten.

Auf der Burg lebte die Familie des Burgherrn mit der Dienerschaft und dem Gesinde. Ein Lehnsherr – ein König oder Landesfürst zum Beispiel – verlieh die Burg zusammen mit den umliegenden Dörfern als Wohnsitz an einen adligen Untertanen. Das gesamte Gebiet nannte man Lehen. Der Burgherr oder Vasall[2] hatte dafür die Burg gegen Angriffe feindlicher Feudalherren zu schützen. Für alle diese Zwecke war die Burg in besonderer Weise eingerichtet. Ställe, Scheunen, Vorratskammern und Keller boten Platz für Vieh und Lebensmittel, die die Bauern aus der Umgebung liefern mußten. Brunnen oder Zisternen versorgten die Bewohner mit Trinkwasser. Auf den größten Burgen kümmerten sich zahlreiche Diener um das Wohl der Herrschaft. Der Oberkoch befehligte mehrere Köche, Gehilfen und Küchenjungen. Zum Süßen gebrauchte man damals übrigens vornehmlich Honig. Der Truchseß[3] überwachte die Zubereitung der Speisen und die Tafelzeremonie. Der Mundschenk stand dem Weinkeller vor und der Marschall dem Pferdestall.

Der Kämmerer verwahrte die Schätze und kostbaren Stoffe. Das Waschen und Spinnen besorgten Waschfrauen und Mägde. Das Sticken hingegen zählte zu den edleren Beschäftigungen. Bei fast allen Tätigkeiten der Erwachsenen waren auch die Kinder der Adelsfamilie zu finden. Früh übten sich die Mädchen bei einer Meisterin in der Hauswirtschaft, die Jungen bei Hof- und Fechtmeistern in Kampf- und Reiterspielen für ihre späteren Aufgaben. Oftmals schickte man sie zur Vervollkommnung ihrer Bildung und ihrer Umgangsformen an eine andere Burg, mitunter auch gleich auf die Nachbarburg. Als vornehmer Zeitvertreib galt die Jagd nach überlieferten Regeln. Abwechslung boten außerdem Reisen zu Fuß, zu Pferd oder in der Sänfte, die jedoch bei den schlechten, unsicheren Wegen viele Gefahren und Strapazen mit sich brachten.

Trotz gewisser Annehmlichkeiten war der Alltag auf einer Burg keineswegs bequem. Es herrschte große Enge. Kälte und Zugwind drangen in alle Räume, weil die Fensteröffnungen nur unzulänglich mit Läden verschlossen werden konnten. Kein Wunder also, wenn sich groß und klein auf die wärmere Jahreszeit mit Spielen und Vergnügungen im Freien freute. Feste zu besonderen Anlässen, wie Hochzeit, Kindtaufe, Schwertleihe (die Verleihung der Ritterwürde), Krönung oder Begräbnis, unterbrachen die Eintönigkeit. Gäste aus nah und fern brachten langersehnte Neuigkeiten mit. Schon Wochen und Monate vorher traf man auf den großen Burgen Vorbereitungen zum Fest. Vieh wurde herbeigeschafft, die Festgewänder in Auftrag gegeben, Geschenke für die Gäste besorgt und das Silbergeschirr poliert. Boten überbrachten die Einladungen. Damals wie heute war das Festmahl willkommener Anlaß, sich in den schönsten Kleidern zu zeigen.

---

[2] Vasall: Gefolgsmann
[3] Truchseß: für die Küche zuständiger Hofbeamter

Je mehr Dörfer zum Lehen gehörten, desto reicher und mächtiger war ein Burgherr. Er konnte sich mehr Annehmlichkeiten, Gewänder, Schmuck und rauschende Feste leisten. Riesige Schnabelschuhe, tütenähnliche Hennins[4], Glöckchen und Schellen, unförmige Hängeärmel und Mi-parti (Kleider in zwei grellen Farben) waren da zu sehen.

Ein solcher Hof zog viele begabte Künstler an. Die schönsten Werke der mittelalterlichen Dichtung und des Minnesangs[5] fanden hier ein kunstliebendes Publikum. Aber auch auf gute Umgangsformen wurde geachtet. Die Ritter übten den Minnedienst – sie huldigten dem Ideal der „hohen Frau". Zu später Stunde freilich ging es ausgelassen zu. Die Krönung des Festes bildete das Turnier, ein ritterlicher Wettstreit zu Pferd und zu Fuß, der nach strengen Regeln auf einem abgezäunten Platz in oder vor der Burg stattfand. Manchmal wurde durch den Ehrgeiz eines Ritters aus dem Spiel blutiger Ernst, wie uns Chroniken dieser Zeit berichten.

An die fünf Jahrhunderte lang dauerte die Macht der Ritter. Ihrer Blütezeit folgte eine Entwicklung, die die Burgen allmählich überflüssig machte. In erbitterten Fehden bekämpften sich die Ritter untereinander, aber auch Adel und Städter stritten mit großen Heeren gegeneinander. Der neuen Waffentechnik, den Feuerwaffen und dem Sprengpulver, konnte keine Burg auf Dauer widerstehen. Die immer stärkere Ausbeutung der Bauern, die die Lehen wirtschaftlich versorgten, führte in ganz Europa zu großen Bauernaufständen. Auch in diesen Kämpfen wurden viele der verhaßten Zwingburgen zerstört. Die Ritter verarmten unter den neuen Verhältnissen zusehends, was am Ende sogar zum Raubrittertum führte. Aufwärts ging die Entwicklung hingegen in den Städten, wo der Aufschwung von Handwerk und Handel Reichtum mit sich brachte.

Städte entstanden oft aus Siedlungen im Schutze von Burgen. Zu ihrer Sicherung wurden neue gewaltige Befestigungen errichtet. Reiche Bürger kauften sogar Burgen in der nahen Umgebung auf, um so auch ihr Umfeld zu schützen. Vereinzelt entstanden zwar noch neue Burgen, hauptsächlich aber baute man nun Festungen. Ein geringer Teil der noch erhaltenen Burgen wurde zu Wohnschlössern umgestaltet, die meisten jedoch verfielen. Erst vor etwa zweihundert Jahren entdeckte man die Schönheit der Burgen und begann mit ihrer Wiederherstellung. Heute beherbergen viele von ihnen Museen, Galerien, Restaurants oder Jugendherbergen. Aber auch der Anblick einer Ruine kann reizvoll sein. Viele Märchen und Volkslieder erinnern uns an die Vergangenheit der Burg.

Ihre Dächer sind verfallen,
und der Wind pfeift durch die Hallen,
Wolken ziehen drüber hin.

---

[4] Hennin: hohe, tütenähnliche Haube, von deren Spitze ein Schleier herabhängt.
[5] Minnesang: Liebeslieder, die den schönen Frauen an Burgen und Höfen von Ihren Verehrern gesungen wurden.

Ein Brief von der Burg

von Freya Stephan-Kühn

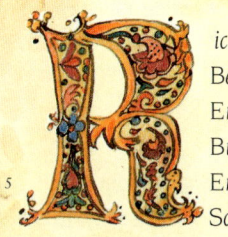

Richard seinem lieben Vetter Johannes. Seit gestern ist mein Vater zu Besuch hier auf Burg Drachenfels. Du solltest ihn heute mal hören. Er ist unglaublich heiser. Wahrscheinlich hat er gestern mit dem Burggrafen zu viel von dem Wein gezecht, der hier angebaut wird. Er selbst hat natürlich eine andere Erklärung. Erstens sei es auf dem Schiff, mit dem er rheinaufwärts aus Köln gekommen sei, sehr kalt gewesen, dann sei er über eine Stunde den Berg hinaufgeklettert und habe dabei geschwitzt, und dann habe er sich die Seele aus dem Leib geschrien, bis der Knecht endlich die Zugbrücke herunterließ und das Tor öffnete. Na ja, das kann stimmen, denn der Knecht am Burgtor nimmt seine Aufgabe oft nicht so ernst, besonders weil jetzt im Winter selten jemand kommt.

Vater hat mir gesagt, daß Du gerne wissen willst, wie man ein Ritter wird. Außerdem meinte er, es wäre ganz gut, wenn ich mal wieder schriebe. Ich glaube, das hat er nur gesagt, weil ich heute morgen über seine Heiserkeit gelacht habe, denn er könnte Dir ja auch alles erzählen. Aber mit dem Schreiben hat er recht, denn hier kommt man ganz aus der Übung. Sogar mein Ritter, Gottfried von Drachenfels, und sein Sohn Heinrich können nur ihre Unterschrift unter Schriftstücke setzen, die der Burgkaplan[1] für sie aufgesetzt hat.

Heinrich ist mein bester Freund, denn er ist genauso alt wie ich. Leider ist er nicht immer hier, weil er Knappe bei seinem Onkel auf der Wolkenburg ist. Es ist nämlich nicht üblich, daß ein Vater seinen eigenen Sohn zum Ritter ausbildet. Aber die Wolkenburg ist nicht weit weg, und Heinrichs Onkel ist oft hier, so daß wir uns doch hin und wieder sehen. Ich selbst bin jetzt seit vier Jahren als Knappe hier auf dem Drachenfels, und in zwei Jahren, wenn ich 20 bin, werde ich hoffentlich zum Ritter geschlagen.

Wenn Du mich fragst, ob ich gern Knappe bin, weiß ich nicht, was ich sagen soll. Das Reiten macht mir viel Spaß. Jeden Tag trainiere ich, wie man schnell auf- und absitzt und wie man das Pferd zum Traben und Galoppieren bringt. Es ist ganz schön gefährlich, wenn man sich in vollem Galopp vom Pferd herabbeugt, um etwas vom Boden aufzuheben. Gottfried sagt aber, daß ein Ritter im Kampf so etwas können muß.

Darum reiten wir im Sommer auch oft zum Rhein hinunter und üben Schwimmen und Tauchen, denn auf Feldzügen müssen wir Ritter oft Flüsse überqueren. An anderen Tagen stehen das Klettern mit Leitern, Stangen und Seilen, das Bogen- und Armbrustschießen, Ringen, Springen und der Kampf mit Lanze und Schwert auf dem Stundenplan. Ich sehe zwar nicht ein, warum ich als Rechtshänder auch mit der Linken fechten

---

[1] Kaplan: Pfarrer

soll, aber Gottfried hat nur trocken gesagt, daß schon mancher Ritter im Kampf die rechte Hand verloren hat und froh war, wenn er sich dann mit der Linken noch verteidigen konnte.

Wenn Heinrich da ist, legen wir uns manchmal zum Spaß Rüstungen an und stellen uns vor, wie es sein wird, wenn unsere Ausbildung abgeschlossen ist. Wir müssen dabei neulich so komisch ausgesehen haben, daß der Burgbaumeister uns als Vorbild für Steinfiguren genommen hat. Soweit ist das Knappenleben ja eigentlich ganz schön, aber es gibt auch weniger angenehme Seiten. Als Knappe bin ich nämlich für die Rüstungen verantwortlich. Und ich kann Dir sagen, im Sommer sind die schweren Kettenpanzer manchmal so heiß, daß man sich Blasen holt, wenn man sie anfaßt. Wenn mein Ritter trainiert, muß ich immer wieder Wasser aus dem Brunnen holen und ihn begießen. Und hinterher muß ich die Rüstungen putzen.

Manchmal glaube ich, daß man besser von „Rostungen" als von „Rüstungen" spräche. Glücklicherweise haben wir auf der Burg einen guten Schmied. Er stellt nicht nur Hufeisen für die vielen Pferde her, sondern repariert auch Rüstungen.

Hart am Knappenleben sind auch die Lektionen im guten Benehmen. „Das kannst du dir am Königshof nicht erlauben, das ist nicht höf-lich", sagt die Herrin immer, wenn ich nur einmal ein bißchen beim Essen schmatze. Außerdem muß ich die Herrschaften bei Tisch bedienen, ehe ich selbst etwas essen darf. Und wehe, Du versuchst, einen abgenagten Knochen zurück in die Schüssel zu legen, oder mit vollem Mund zu trinken. Auch wenn man beim Schneiden den Finger auf die Messerschneide legt oder ganz harmlos mit dem Messer etwas aus den Zähnen holt oder wenn man Speisen mit den Fingern auf den Löffel schiebt, immer heißt es sofort: „Richard, das tut ein Ritter nicht, du solltest dich schämen." Gestern bin ich sogar vom Tisch gewiesen worden, nur weil ich ein Stück Brot, von dem ich schon einmal abgebissen hatte, wieder in die Soßenschüssel getaucht habe. Bei so vielen Vorschriften vergeht einem die ganze Lust am Essen. In der Gesindestube, wo man nicht immer wieder auf die guten Manieren hingewiesen wird, geht es viel lustiger zu. Übrigens habe ich letzte Woche auch Ritter Gottfried einmal bei den Knechten essen sehen. Wenn seine Frau nicht dabei ist, schmatzt er auch.

Eigentlich ist er ja auch selbst nichts anderes als ein vornehmer Knecht, denn er verwaltet die Burg für das Cassiusstift in Bonn. Aber er bemüht sich schon lange darum, die Burg als Lehen zu erhalten. Er hat auch schon ein eigenes Wappen. Ist der Drache auf dem Schild nicht schön? Ich glaube, er träumt davon, daß er selbst oder sein Sohn Heinrich sich bald „Graf von Drachenfels" nennen dürfen.

Ich weiß aber nicht, ob ich mein ganzes Leben hier auf der Burg verbringen möchte. Jetzt im Winter ist es doch ziemlich kalt. Zwar kann man den großen Rittersaal im Hauptgebäude, den Palas, beheizen und auch in der Kemenate – das ist der Teil der Burg, wo die Frauen wohnen – läßt sich Feuer machen, aber in dem Raum, wo ich schlafe, kann man im Winter nur warm gekleidet und unter dicken Decken überleben.

Ich friere jetzt auch immer, wenn ich oben auf dem Bergfried Wache halten muß. Der Bergfried ist der hohe Turm in der Mitte der Burg, auf den wir uns alle zurückziehen können, wenn die Burg wirklich einmal erobert werden sollte. Zuerst fand ich es richtig abenteuerlich, daß der Eingang zum Bergfried fast zwei Stockwerke über dem Boden liegt und man mit der Leiter hinaufklettern muß. Die kann man dann hinter sich hinaufziehen, und schon gucken die Angreifer in die Röhre.

Es soll schon Fälle gegeben haben, in denen die Angreifer dann versucht haben, den Turm zum Einsturz zu bringen, indem sie unten Steine herausgebrochen haben. Aber bei uns auf Burg Drachenfels können sie das lange versuchen. Unser Bergfried ist nämlich in den Felsen hineingebaut. Das ist hier ohnehin recht praktisch, denn die Steine für die Burg stammen aus den eigenen Steinbrüchen. Mein Vater ist unter anderem deswegen hier, weil er versuchen will, Drachenfelsstein für Köln zu bestellen, wo er für den Kirchenbau gebraucht wird. Er hat Gottfried einen guten Preis geboten, weil der Steinbruch so günstig liegt. Man braucht die Steine nur den Berg hinabrutschen zu lassen und am Rhein auf Schiffe zu laden. Dann kann man sie mühelos stromabwärts zu Euch transportieren.

Aber eigentlich wollte ich Dir ja vom Wachdienst auf dem Bergfried erzählen. Wir müssen da oben aufpassen, daß kein Feind in das Gebiet des Kölner Erzbischofs eindringt. Die Leute des Grafen von Saym auf der Löwenburg, nicht weit von hier, sind manchmal ziemlich dreist, aber zusammen mit der Besatzung auf der Wolkenburg sind wir doch stärker.

Wir können auch sehen, wenn irgendeine Schar Bewaffneter duch das Rheintal in Kölner Gebiet eindringt. Dann verständigen wir uns durch Rauchzeichen mit der Besatzung von Burg Rolandseck auf der anderen Rheinseite, und dann geht es im rasenden Galopp den Berg hinunter, um die Eindringlinge abzufangen.

Im Sommer ist es oben auf dem Bergfried oft sehr schön. Man ist dort so hoch, daß man bei klarem Wetter bis nach Köln sehen kann, aber jetzt im Winter ist der Wind dort oben eisig.

Wenn meine Wache vorbei ist, gehe ich darum meist in die Schmiede, die Küche, in die Backstube oder in den Pferdestall, also irgendwohin, wo ich mich aufwärmen kann. In der Backstube und in der Küche erzählen die Knechte oft herrlich gruselige Geschichten von einem Drachen, der im Berg rumort, und von Zwergen, die einen Schatz hüten. Im Untergeschoß des Bergfrieds, wo wir ein fensterloses Verlies für Gefangene haben, soll es auch ein Gespenst geben. Glücklicherweise mußte ich noch nicht dort hinunter, weil wir keine Gefangenen haben, obwohl Gottfried meint, ein bißchen Lösegeld täte der Haushaltskasse ganz gut.

Was soll ich Dir sonst noch von unserem Leben erzählen? Ich gehe gern mit Ritter Gottfried auf die Jagd, schon weil das etwas Abwechslung in die Speisekarte bringt. Außerdem spiele ich mit Heinrich Schach, wenn er da ist.

In letzter Zeit habe ich auch versucht, einige Gedichte für Heinrichs Schwester Mathilde
zu schreiben, die ich sehr verehre (sag' das aber bitte keinem von meinen Brüdern). Aber
richtige Minnegedichte wollen es einfach nicht werden. Das beste war bisher noch:
Ich wollte, daß ich immer bei Dir bliebe,
weil ich Dich, Mathilde, herzlich liebe.
Na ja, vielleicht fällt mir noch etwas Besseres ein. Ich lege die Gedichte immer in den
Beichtstuhl in der Burgkapelle. Ich glaube, daß Mathilde sie dort findet, denn neulich
hat sie ganz unauffällig einen Handschuh fallen lassen, als ich in der Nähe war, und hat
genau aufgepaßt, ob ich ihn auch aufheben würde.
Ich trage diesen Handschuh jetzt immer bei mir und betrachte mich als verlobt.
Ansonsten gibt es, wie gesagt, wenig Abwechslung, aber für den Sommer ist mein Ritter
zu einem großen Turnier in Mainz eingeladen, und ich darf als sein Knappe mit. Das
wird sicher spannend, obwohl ich nicht glaube, daß Gottfried gewinnen wird. Er ist
eigentlich keine große Kämpfernatur.
Man spricht davon, daß es bald wieder einen Kreuzzug ins Heilige Land geben soll. Hoffentlich wartet man damit noch, bis ich zum Ritter geschlagen bin, denn diesen Kreuzzug möchte ich auf gar keinen Fall versäumen.
Gottfried hat mir auch erklärt, wie das ist, wenn man zum Ritter geschlagen wird und
mir ein Bild von der feierlichen Zeremonie gezeigt. Hier sieht man, wie der Knappe
Schild und Lanze erhält, wie er feierlich eingekleidet wird und wie er ein Schwert
bekommt und zum Ritter geschlagen wird. Ich möchte gern einmal auf meinem Schild
ein Einhorn als Wappen haben, weil ich weiß, daß Mathilde dieses Tier so gern hat.
Vielleicht willst Du ja mein Knappe werden. Ich fände das prima.
Die Sonne geht gleich unter, und mein Pergament ist fast bis zum unteren Rand
beschrieben. Darum muß ich jetzt Schluß machen. Grüß bitte Deine Schwester Barbara
und Deine Eltern von mir, und entschuldige bitte, daß ich den Brief nicht in Latein,
sondern in Deutsch verfaßt habe. Du weißt ja, Latein ist nicht meine Stärke.
Lebe wohl!

Geschrieben, den XXII. Februar
A. D. MCLXXXI

Teure Turniere

von Freya Stephan-Kühn

Im April 1396, nahm der damalige Graf Gottfried von Drachenfels an einem Turnier in Düsseldorf teil. Sein Verwalter trug für die Zeit vom 23. bis 26. April unter anderem die folgenden Ausgaben in das Rechnungsbuch ein:

6 Schillinge	für Kanne und Krug, die nach Düsseldorf mitgenommen wurden	7 Mark	für den Speermachermeister Engelbrecht
2 Albus	für eine Platte und einen Verschluß an der Rüstung	3 Albus	für das Färben von drei Federn
		4 Schillinge	Opfergeld für den Herrn
3 Albus	für den Schneider, der den Waffenrock anfertigte	5 Schillinge	für einen schwarzen Hut
2 Mark	für eine Turnierdecke für das Pferd des Herrn	4 Albus	für Lederriemen für den Herrn
3 Albus	für Weißbrot als Wegzehrung für den Herrn	3 Schillinge	für eine Halsbekleidung für den Herrn

(1 Mark = 6 Albus = 20 Schillinge)

Dazu kamen Ausgaben für die Verpflegung in Düsseldorf, für die Miete des Hauses, von dem aus man das Turnier betrachtete, für Fährgelder und für die Verpflegung und Bezahlung der Knechte. Insgesamt kostete die viertägige Reise nach Düsseldorf und das Turnier den Grafen etwa 20 Mark. Das ist nicht viel, wenn man es mit den achteinhalb Mark vergleicht, die am 6. März 1397 für einen Korb exotischer Feigen ausgegeben wurden, aber doch eine ganze Menge, wenn man bedenkt, daß im gleichen Jahr für 28 Mark in Köln eine Kuh und ein Ochse gekauft wurden.

Miniatur aus der Großen Heidelberger Liederhandschrift: Herr Walther von Klingen (um 1350)

Ritterrätsel

von Freya Stephan-Kühn

Wenn du die folgenden Bilder aus der Ritterzeit richtig benennst und die Buchstaben in ein Schema wie unten einträgst, erhältst du zwei Aussagen über das, was ein Ritter sein wollte und was er sicher nicht sein wollte. Gleiche Zahlen bedeuten gleiche Buchstaben.

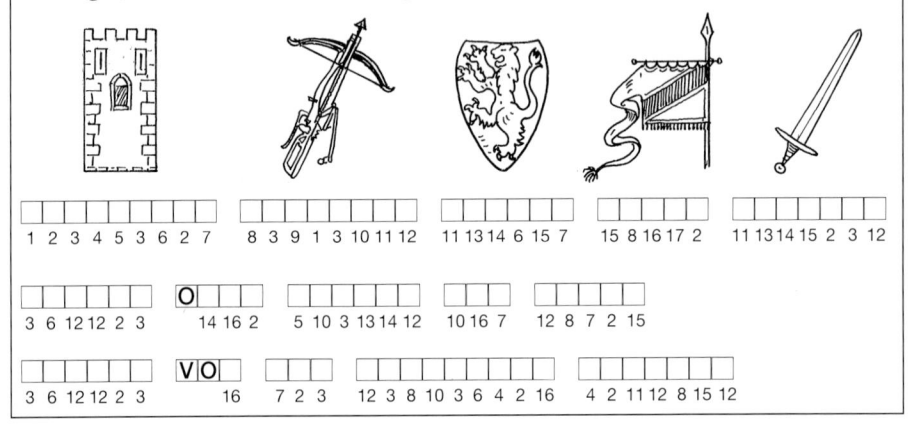

1 2 3 4 5 3 6 2 7	8 3 9 1 3 10 11 12	11 13 14 6 15 7	15 8 16 17 2	11 13 14 15 2 3 12

3 6 12 12 2 3	O __ __ 14 16 2	5 10 3 13 14 12	10 16 7	12 8 7 2 15

3 6 12 12 2 3	V O __ 16	7 2 3	12 3 8 10 3 6 4 2 16	4 2 11 12 8 15 12

Das höfische Leben

von Hans-Werner Goetz

Zählten Feste und Turniere zu den Höhepunkten höfischen Lebens, so vertrieb man sich die übrige Freizeit mit anderen Dingen. Eine Lieblingsbeschäftigung des Adels war zweifellos die Jagd, gehörten doch die Wälder und damit das Jagdrecht zum herrschaftlichen Besitz; die Jagd auf Rotwild, Wildschweine und Bären war
5 ohnehin herrschaftliches Vorrecht, „Forst", ursprünglich der königliche Waldbezirk, wurde seit der Karolingerzeit zum Synonym[1] für das Jagdrecht. Die Jagd war Demonstration der sozialen Stellung, Repräsentation der Herrschaft und körperliche Übung und Mutprobe zugleich; sie war so beliebt, daß man den Adel ermahnen mußte, darüber nicht den sonntäglichen Gottesdienst zu vernachlässigen.
10 Als besonders stilvoll galt die Beizjagd mit abgerichteten Falken.
In der Literatur war der Falke entsprechend ein Symbol der Männlichkeit.
Im Innern der Burg bildeten, nicht nur bei den Damen, Spiele einen beliebten Zeitvertreib, vor allem Würfel- und Brettspiele mit oft kostbaren, mit höfischen Szenen ausgeschmückten Spielsteinen. Besonders geschätzt wurden Tricktrack (ein

---

[1] Synonym: anderes Wort mit gleicher Bedeutung

Würfelbrettspiel), Dame und Schach, zumal das letztere, das seit dem beginnenden 11. Jahrhundert bezeichnenderweise nur auf Burgen bezeugt ist, ganz dem höfischen Betrieb entsprach. Man kannte aber auch andere Spiele. Eine Miniatur vom Ende des 12. Jahrhunderts zeigt zwei Knaben beim Marionettenspiel mit kämpfenden Rittern.

Beliebt waren später anscheinend auch Gesellschaftsspiele wie das Blindekuhspiel, das Quintaine-Spiel, bei dem Dame und Herr mit erhobenem Fuß versuchen mußten, sich gegenseitig umzustoßen, oder „La main chaude", bei dem ein Herr den Kopf in den Schoß einer Dame legte und erraten mußte, wer ihn schlug.

Ritterliches Leben war kostspielig. Den Großteil der Einnahmen verschlangen schon der Unterhalt der Burg und Aufwendungen für Pferde und Ausrüstung, das übrige wurde für Reisen, Kleidung und Zeitvertreib, aber auch für fromme Stiftungen ausgegeben. Als sich im späteren Mittelalter die Einnahmen verringerten, verarmten viele Ritter, wie überhaupt die Bedeutung und damit auch das Ansehen des Rittertums sanken. Militärisch waren die Ritterheere den infanteristischen[2] Söldnerheeren[3] oft nicht mehr gewachsen, während die Fürsten sich in der Verwaltung zunehmend auf bürgerliche „Beamte" statt auf Ritter und Vasallen[4] stützten. Denn längst hatte ein neuer Lebenskreis der Zeit seinen Stempel aufgedrückt: die mittelalterliche Stadt.

Ritterkämpfe als höfisches Marionettenspiel

Höfische Spiele: Tricktracksteine aus Frankreich (11./12. Jh.)

---
[2] infanteristisch: zu Fuß
[3] Söldner: bezahlter Soldat
[4] Vasall: Gefolgsmann

Leben und Alltag einer Burgfrau

von Hans Max von Aufsess

Eine Fülle von Aufgaben oblag der Burgfrau. Die Hauswirtschaft war zu besorgen, die Kinder zu erziehen und zu betreuen. In der damaligen Zeit waren zehn bis sechszehn Kinder nicht Außergewöhnliches. Oft stammten sie von mehreren Frauen, die immer wieder im Geburtsbett weggestorben waren. Die Burgfrau war
5 ärztliche Helferin für alle Krankheiten der Familie und des Gesindes. Von allen diesen Aufgaben findet man noch Vermerke in den sorgsam geführten Rechnungsbüchern.

Die stille Liebe der Burgfrau zum Burggärtlein voller seltener Blumen und zu dressierten Singvögeln soll dabei nicht unerwähnt bleiben. Züchtete der Burgherr den
10 Falken für die Jagd, so hatten Burgfrau und Burgfräulein ihr Ergötzen an gelehrigen Staren, Elstern und Dohlen. Ein Absatz des bayerischen Volksrechtes sieht Strafen für den vor, der „eines der Vöglein aus dem Wald, die durch den menschlichen Eifer gezähmt sich daran gewöhnt haben, durch die Burgen und Höfe der Edelen zu fliegen und zu singen", tötet oder stiehlt.

Weinlese, Ausschnitt aus einem Wandteppich um 1500

Ein ritterliches Brettspiel

Unbekannter Verfasser

Zur Zeit der Ritter gab es noch keine Zeitungen und Zeitschriften. Die wenigen Bücher, die es gab, waren noch mit der Hand geschrieben und wurden wie kostbare Schätze behandelt. Außerdem konnten die meisten Ritter nicht lesen. Auch die Spielkarten waren noch nicht erfunden. Um sich die Zeit an langen Winterabenden zu vertreiben, waren Brettspiele sehr beliebt. Viele kennen wir heute noch: Mühle, Dame und das königliche Schachspiel.

Hier siehst du ein altes, fast schon vergessenes Ritterspiel, das du ganz einfach selbst basteln kannst.

So wird gespielt: Zu Beginn stehen die zwei Verteidiger auf beliebigen roten Punkten der Burg. Auf den blauen Punkten stehen die 24 Angreifer. Sie haben gewonnen, wenn es ihnen gelingt, alle 9 Punkte der Burg zu besetzen. Dabei dürfen sie aber nur auf den blauen Linien ziehen und nur vorwärts. Die Verteidiger dürfen in alle Richtungen ziehen und durch Überspringen die Angreifer schlagen. (Wie beim Dame-Spiel.) Sie haben gewonnen, wenn die Angreifer die Burg nicht besetzen können, weil sie weniger als neun Figuren haben.

Die beiden Verteidiger kannst du dir gut aus Kastanien mit aufgesteckten Fähnchen machen. Die Angreifer sind aus Eichelhütchen mit farbigen Klebstreifen. Das Spielfeld mußt du vergrößert auf Pappe übertragen.

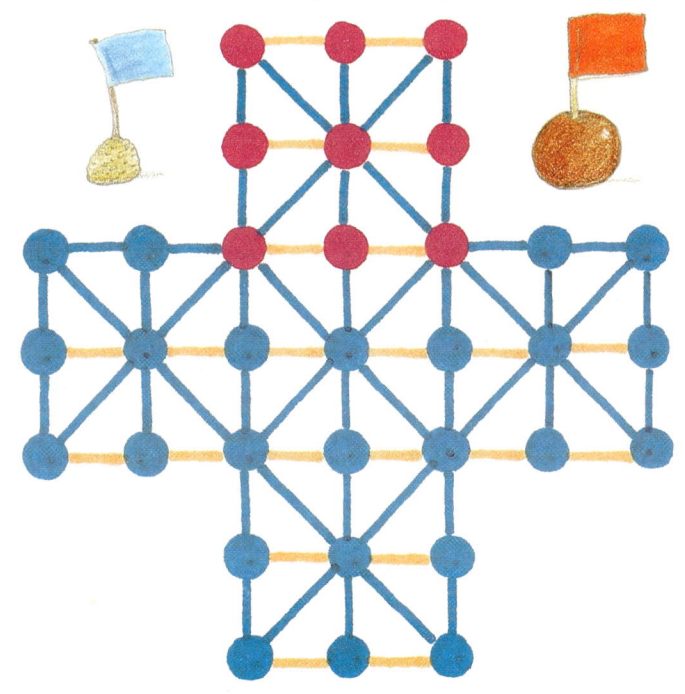

Schelm von Bergen

von Heinrich Heine

Im Schloß zu Düsseldorf am Rhein
Wird Mummenschanz[1] gehalten;
Da flimmern die Kerzen, da rauscht die Musik,
Da tanzen die bunten Gestalten.

Da tanzt die schöne Herzogin,
Sie lacht laut auf beständig;
ihr Tänzer ist ein schlanker Fant[2],
Gar höfisch und behendig.

Er trägt eine Maske von schwarzem Samt,
Daraus gar freudig blicket
Ein Auge wie ein blanker Dolch,
Halb aus der Scheide gezücket.

Es jubelt die Fastnachtsgeckenschar,
Wenn jene vorüberwalzen.
Der Drickes und die Marizzebill
Grüßen mit Schnarren und Schnalzen.

Und die Trompeten schmettern drein,
Der närrische Brummbaß brummet,
Bis endlich der Tanz ein Ende nimmt
Und die Musik verstummet.

„Durchlauchtigste Frau, gebt Urlaub mir,
Ich muß nach Hause gehen –"
Die Herzogin lacht: „Ich lass' dich nicht fort,
Bevor ich dein Antlitz gesehen."

„Durchlauchtigste Frau, gebt Urlaub mir,
Mein Anblick bringt Schrecken und Grauen –"
Die Herzogin lacht: „Ich fürchte mich nicht,
Ich will dein Antlitz schauen."

---

[1] Mummenschanz: Maskenfest
[2] Fant: junger Mensch

„Durchlauchtigste Frau, gebt Urlaub mir,
Der Nacht und dem Tode gehör ich –"
Die Herzogin lacht: „Ich lasse dich nicht,
Dein Antlitz zu schauen begehr ich."

Wohl sträubt sich der Mann mit finsterm Wort,
Das Weib nicht zähmen kunnt er;
Sie riß zuletzt ihm mit Gewalt
Die Maske vom Antlitz herunter.

„Das ist der Scharfrichter von Bergen!" so schreit
Entsetzt die Menge im Saale
Und weichet scheusam – die Herzogin
Stürzt fort zu ihrem Gemahle.

Der Herzog ist klug, er tilgte die Schmach[3]
Der Gattin auf der Stelle.
Er zog sein blankes Schwert und sprach:
„Knie vor mir nieder, Geselle!

Mit diesem Schwertschlag mach ich dich
Jetzt ehrlich und ritterzünftig,
Und weil du ein Schelm, so nenne dich
Herr Schelm von Bergen künftig."

So ward der Henker ein Edelmann
Und Ahnherr der Schelme von Bergen,
Ein stolzes Geschlecht, es blühte am Rhein,
Jetzt schläft es in steinernen Särgen.

---

[3] er tilgte die Schmach: er löschte die Schande

Das Riesenspielzeug

von Adelbert von Chamisso

Burg Niedeck ist im Elsaß der Sage wohlbekannt,
Die Höhe, wo vor Zeiten die Burg der Riesen stand;
Sie selbst ist nun verfallen, die Stätte wüst und leer,
Du fragest nach den Riesen, du findest sie nicht mehr.

Einst kam das Riesenfräulein aus jener Burg hervor,
Erging sich sonder Wartung[1] und spielend vor dem Tor
Und stieg hinab den Abhang bis in das Tal hinein,
Neugierig zu erkunden, wie's unten möchte sein.

Mit wen'gen raschen Schritten durchkreuzte sie den Wald,
Erreichte gegen Haslach das Land der Menschen bald,
Und Städte dort und Dörfer und das bestellte Feld
Erschienen ihren Augen gar eine fremde Welt.

Wie jetzt zu ihren Füßen sie spähend niederschaut,
Bemerkt sie einen Bauer, der seinen Acker baut;
Es kriecht das kleine Wesen einher so sonderbar,
Es glitzert in der Sonne der Pflug so blank und klar.

„Ei artig Spielding!" ruft sie, „das nehm' ich mit nach Haus!"
Sie knieet nieder, spreitet[2] behend ihr Tüchlein aus
Und fegt mit den Händen, was sich da alles regt,
Zu Haufen in das Tüchlein, das sie zusammenschlägt,

Und eilt mit freud'gen Sprüngen, man weiß, wie Kinder sind,
Zur Burg hinan und suchet den Vater auf geschwind:
„Ei, Vater, lieber Vater, ein Spielding wunderschön!
So Allerliebstes sah ich noch nie auf unsern Höhn."

Der Alte saß am Tische und trank den kühlen Wein,
Er schaut sie an behaglich, er fragt das Töchterlein:
„Was Zappeliges bringst du in deinem Tuch herbei?
Du hüpfest ja vor Freuden; laß sehen, was es sei!"

---

[1] sonder Wartung: ohne Beaufsichtigung
[2] spreitet: spreizt

Sie spreitet aus das Tüchlein und fängt behutsam an
Den Bauer aufzustellen, den Pflug und das Gespann;
Wie alles auf dem Tische sie zierlich aufgebaut,
So klatscht sie in die Hände und springt und jubelt laut.

Der Alte wird gar ernsthaft und wiegt sein Haupt und spricht:
„Was hast du angerichtet? Das ist kein Spielzeug nicht!
Wo du es hergenommen, da trag es wieder hin!
Der Bauer ist kein Spielzeug, was kommt dir in den Sinn?

Sollst gleich und ohne Murren erfüllen mein Gebot;
Denn wäre nicht der Bauer, so hättest du kein Brot!
Es sprießt der Stamm der Riesen aus Bauernmark hervor,
Der Bauer ist kein Spielzeug, da sei uns Gott davor!"

Burg Niedeck ist im Elsaß der Sage wohlbekannt,
Die Höhe, wo vor Zeiten die Burg der Riesen stand;
Sie selbst ist nun verfallen, die Stätte wüst und leer,
Und fragst du nach den Riesen, du findest sie nicht mehr.

Miteinander reden

Aber wie

von Manfred Mai

Ich hab doch nichts
gesagt
sagst du
und du hast recht
kein Wort
hast du gesagt –
aber wie

Das Ferngespräch

von Eugen Roth

Ein Mensch spricht fern, geraume Zeit,
mit ausgesuchter Höflichkeit,
legt endlich dann, mit vielen süßen
Empfehlungen und besten Grüßen,
den Hörer wieder auf die Gabel –
doch tut er nochmal auf den Schnabel
(nach all dem freundlichen Gestammel),
um dumpf zu murmeln: Blöder Hammel!
Der drüben öffnet auch den Mund
zu der Bemerkung: Falscher Hund!
So einfach wird oft auf der Welt
die Wahrheit wieder hergestellt.

Sprechen Sie noch?

von Sigismund von Radecki

Ein junger Advokat[1] hat sich ein wundervolles Arbeitszimmer eingerichtet. Zur Krönung des Ganzen hat er sich gestern ein Luxustelephon gekauft mit Elfenbeinmuschel, das vorläufig eindrucksvoll auf dem Schreibtisch steht.
Man meldet einen Klienten.[2] Den ersten!
Der junge Advokat läßt ihn zuerst einmal – aus Grundsatz – eine Viertelstunde warten. Um auf den Klienten noch stärkeren Eindruck zu machen, nimmt er den Hörer ab und simuliert[3] bei Eintritt des Mannes ein wichtiges Telephongespräch:
„Mein lieber Generaldirektor, wir verlieren ja nur Zeit miteinander ... Ja, wenn Sie durchaus wollen ... Aber nicht unter zwanzigtausend Mark ... Also schön, abgemacht ... Guten Tag!"
Er setzt den Hörer wieder auf. Der Klient scheint tatsächlich sehr befangen zu sein. Fast verwirrt.
„Sie wünschen, mein Herr?"
„Ich ... ich bin der Monteur ... ich möchte das Telephon anschließen."

---

[1] Advokat: Rechtsanwalt
[2] Klient: Kunde, Auftraggeber
[3] simulieren: vortäuschen, vorgeben

Vergebliche Worte

von Paul Flora

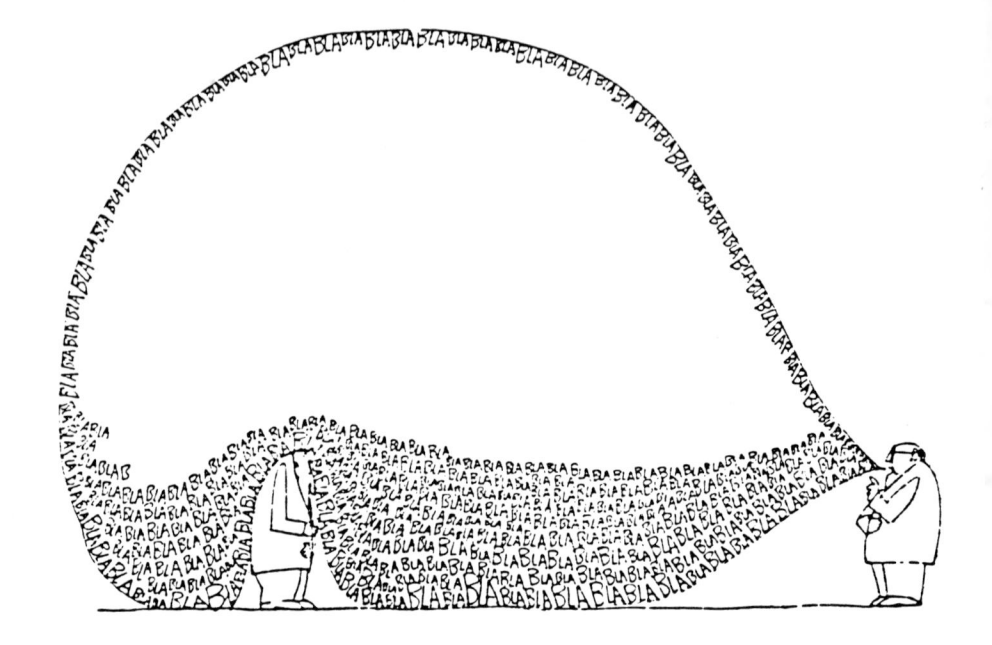

Im Hutladen

von Karl Valentin

VERKÄUFERIN: Guten Tag. Sie wünschen?
KARL VALENTIN: Einen Hut.
VERKÄUFERIN: Was soll das für ein Hut sein?
KARL VALENTIN: Einer zum Aufsetzen.
5 VERKÄUFERIN: Ja, anziehen können Sie niemals einen Hut, den muß man immer aufsetzen.
KARL VALENTIN: Nein, immer nicht – in der Kirche zum Beispiel kann ich den Hut nicht aufsetzen.
VERKÄUFERIN: In der Kirche nicht – aber Sie gehen doch nicht immer in die Kirche.
10
KARL VALENTIN: Nein, nur da und hie.
VERKÄUFERIN: Sie meinen nur hie und da!
KARL VALENTIN: Ja, ich will einen Hut zum Auf- und Absetzen.

VERKÄUFERIN: Jeden Hut können Sie auf- und absetzen! Wollen Sie einen weichen oder einen steifen Hut?
KARL VALENTIN: Nein – einen grauen.
VERKÄUFERIN: Ich meine, was für eine Fasson?[1]
KARL VALENTIN: Eine farblose Fasson.
VERKÄUFERIN: Sie meinen, eine schicke Fasson – wir haben allerlei schicke Fassonen in allen Farben.
KARL VALENTIN: In allen Farben? – Dann hellgelb!
VERKÄUFERIN: Aber hellgelbe Hüte gibt es nur im Karneval – einen hellgelben Herrenhut können Sie doch nicht tragen.
KARL VALENTIN: Ich will ihn ja nicht tragen, sondern aufsetzen.
VERKÄUFERIN: Mit einem hellgelben Hut werden Sie ja ausgelacht.
KARL VALENTIN: Aber Strohhüte sind doch hellgelb.
VERKÄUFERIN: Ach, Sie wollen einen Strohhut?
KARL VALENTIN: Nein, ein Strohhut ist mir zu feuergefährlich!
VERKÄUFERIN: Asbesthüte gibt es leider noch nicht! – Schöne weiche Filzhüte hätten wir.
KARL VALENTIN: Die weichen Filzhüte haben den Nachteil, daß man sie nicht hört, wenn sie einem vom Kopf auf den Boden fallen.
VERKÄUFERIN: Na, dann müssen Sie sich eben einen Stahlhelm kaufen, den hört man fallen.
KARL VALENTIN: Als Zivilist darf ich keinen Stahlhelm tragen.
VERKÄUFERIN: Nun müssen Sie sich aber bald entschließen, was Sie für einen Hut wollen.
KARL VALENTIN: Einen neuen Hut.
VERKÄUFERIN: Ja, wir haben nur neue.
KARL VALENTIN: Ich will ja einen neuen.
VERKÄUFERIN: Ja, aber was für einen?
KARL VALENTIN: Einen Herrenhut!
VERKÄUFERIN: Damenhüte führen wir nicht!
KARL VALENTIN: Ich will auch keinen Damenhut!
VERKÄUFERIN: Sie sind sehr schwer zu bedienen, ich zeige Ihnen einmal mehrere Hüte!
KARL VALENTIN: Was heißt mehrere, ich will doch nur einen. Ich habe ja auch nur einen Kopf.
VERKÄUFERIN: Nein, zur Auswahl zeige ich Ihnen mehrere.
KARL VALENTIN: Ich will keine Auswahl haben, sondern einen Hut, der mir paßt!
VERKÄUFERIN: Natürlich muß ein Hut passen, wenn Sie mir Ihre Kopfweite sagen, dann werde ich schon einen passenden finden.

---

[1] Fasson: Art, Muster

KARL VALENTIN: Meine Kopfweite ist bei weitem nicht so weit, wie Sie denken! Ich habe Kopfweite 55 – will aber Hutnummer 60 haben.

55 VERKÄUFERIN: Dann ist Ihnen ja der Hut zu groß.

KARL VALENTIN: Aber er sitzt gut! Habe ich aber einen um fünf Nummern kleineren, der fällt mir runter.

VERKÄUFERIN: Das hat auch keinen Sinn; wenn man Kopfweite 55 hat, dann muß auch die Hutnummer 55 sein! Das war schon von jeher so.

60 KARL VALENTIN: Von jeher? – Das ist ja eben das Traurige, daß die Geschäftsleute an den alten Sitten und Gebräuchen hängen und nicht mit der Zeit gehen.

VERKÄUFERIN: Was hat denn die Hutweite mit der neuen Zeit zu tun?

KARL VALENTIN: Erlauben Sie mir: die Köpfe der Menschen bleiben doch nicht dieselben, die ändern sich doch fortwährend!

65 VERKÄUFERIN: Innen – aber außen doch nicht! Wir kommen da zu weit.

KARL VALENTIN: Ja, Sie wollten doch die Weite wissen!

VERKÄUFERIN: Aber nicht von der neuen Zeit, sondern von Ihrem Kopf.

KARL VALENTIN: Ich habe Ihnen nur erklären wollen, daß die Menschen in der sogenannten guten alten Zeit andere Köpfe hatten als heute.

70 VERKÄUFERIN: Das ist Quatsch – natürlich hatte jeder Mensch, solange die Menschheit besteht, seinen eigenen Kopf, aber wir reden doch nicht von der Eigenart, sondern von der Größe Ihres Kopfes. – Also, lassen Sie sich von mir belehren, nehmen Sie diesen Hut hier, Größe 55, der Hut kostet fünfzehn Mark, ist schön und gut und ist auch modern.

75 KARL VALENTIN: Natürlich lasse ich mich von Ihnen belehren, denn Sie sind Fachmann. Also, der Hut ist modern, sagen Sie.

VERKÄUFERIN: Ja, was heißt heute modern! Es gibt Herren, sogenannte Sonderlinge, die laufen Sommer und Winter ohne Hut im Freien herum und behaupten, das sei das Modernste!

80 KARL VALENTIN: So, keinen Hut tragen ist das Modernste? Dann kaufe ich mir auch keinen. Auf Wiedersehen!

Ein dreister Kunde

von Carlo Manzoni

Signor Veneranda trat in einen Kurzwarenladen und verlangte von der Verkäuferin, die ihm entgegenkam, ein Taschentuch.
„Was für ein Taschentuch möchten Sie haben?" erkundigte sich die Verkäuferin, nahm einige Schachteln von den Regalen und zeigte verschiedene Arten von Taschentüchern.
„Irgendein Taschentuch", sagte Signor Veneranda.
Er nahm ein Taschentuch aus der Schachtel, faltete es auseinander, putzte sich die Nase und gab es der Verkäuferin zurück.
„Aber . . .", stammelte die Verkäuferin verlegen.
„Was heißt aber?" fragte Signor Veneranda.
„Sie haben es benutzt", sagte die Verkäuferin und nahm das Taschentuch vorsichtig zwischen zwei Finger. „Sie haben das Taschentuch benutzt, um sich die Nase zu putzen!"
„Was hätte ich mir denn mit dem Taschentuch putzen sollen? Vielleicht die Ohren?" fragte Signor Veneranda verwundert. „Was putzen Sie sich mit Taschentüchern?"
„Die Nase", stotterte die Verkäuferin. „Aber jetzt müssen Sie das Taschentuch auch kaufen."
„Warum sollte ich Taschentücher kaufen? Ich brauche keine", sagte Signor Veneranda.
„Wieso nicht? Sie haben doch ein Taschentuch verlangt", sagte die Verkäuferin.
„Gewiß, aber nur, um mir die Nase zu putzen", sagte Signor Veneranda.
„Was machen Sie denn mit Taschentüchern?"
„Ich verkaufe sie", sagte die Verkäuferin.
„Ausgezeichnet", erwiderte Signor Veneranda. „Man sieht, daß Sie es nicht nötig haben, sich die Nase zu putzen. Aber entschuldigen Sie die indiskrete[1] Frage: Wenn Sie Taschentücher verkaufen und sich doch einmal die Nase putzen müssen, womit machen Sie es dann?"
„Ich . . . ich . . .", stammelte die Verkäuferin, die nicht mehr wußte, was sie sagen sollte. „Wollen Sie es mir nicht verraten? Dann eben nicht", sagte Signor Veneranda. „Übrigens will ich es nicht unbedingt wissen. Putzen Sie sich nur die Nase, womit Sie wollen. Auf Wiedersehen!"
Und Signor Veneranda kehrte der Verkäuferin den Rücken und verließ den Laden.

---

[1] indiskret: hier: neugierig, aufdringlich

BARRIERE

　　　　　　　　worte
　　　　　　　　worte
　　　　　　　　worte
　　　　　　　　worte
　　　　　　　　worte
　　　　　　　　worte
　　　　　　　　worte
　　　　　　　　worte
　　　　　　　　worte
　　　　　　　　worte
　　　　　　　　worte
　　　　　　　　worte
　　　　　ich　　worte　　　　du
　　　ich　　ich　worte　du　　　du
　　　ich　　　ich　worte　du　　du
　　　ich　　　ich　worte　du　　du
　　ich　　　　ich　worte　du　　　du
　　ich　　　　ich　worte　du　　　　du
　ich　　　　　ich　worte　du　　　　　du
　ich　　　　　ich　worte　du　　　　　　du
ich　　　　　　ich　worte　du　　　　　　　du

Vaclav Havel

Ein Tisch ist ein Tisch

von Peter Bichsel

Ich will von einem alten Mann erzählen, von einem Mann, der kein Wort mehr sagt, ein müdes Gesicht hat, zu müd zum Lächeln und zu müd, um böse zu sein. Er wohnt in einer kleinen Stadt, am Ende der Straße oder nahe der Kreuzung. Es lohnt sich fast nicht, ihn zu beschreiben, kaum etwas unterscheidet ihn von andern. Er trägt einen grauen Hut, graue Hosen, einen grauen Rock und im Winter einen langen grauen Mantel, und er hat einen dünnen Hals, dessen Haut trocken und runzelig ist, die weißen Hemdkragen sind ihm viel zu weit.
Im obersten Stock des Hauses hat er sein Zimmer, vielleicht war er verheiratet und hatte Kinder, vielleicht wohnte er früher in einer andern Stadt. Bestimmt war er einmal ein Kind, aber das war zu einer Zeit, wo die Kinder wie Erwachsene angezogen waren. Man sieht sie so im Fotoalbum der Großmutter. In seinem Zimmer sind zwei Stühle, ein Tisch, ein Teppich, ein Bett und ein Schrank. Auf einem kleinen Tisch steht ein Wecker, daneben liegen alte Zeitungen und das Fotoalbum, an der Wand hängen ein Spiegel und ein Bild.
Der alte Mann machte morgens einen Spaziergang und nachmittags einen Spaziergang, sprach ein paar Worte mit seinem Nachbarn, und abends saß er an seinem Tisch.
Das änderte sich nie, auch sonntags war das so. Und wenn der Mann am Tisch saß, hörte er den Wecker ticken, immer den Wecker ticken.
Dann gab es einmal einen besonderen Tag, einen Tag mit Sonne, nicht zu heiß, nicht zu kalt, mit Vogelgezwitscher, mit freundlichen Leuten, mit Kindern, die spielten – und das Besondere war, daß das alles dem Mann plötzlich gefiel.
Er lächelte.
„Jetzt wird sich alles ändern", dachte er. Er öffnete den obersten Hemdknopf, nahm den Hut in die Hand, beschleunigte seinen Gang, wippte sogar beim Gehen in den Knien und freute sich. Er kam in seine Straße, nickte den Kindern zu, ging vor sein Haus, stieg die Treppe hoch, nahm die Schlüssel aus der Tasche und schloß sein Zimmer auf.
Aber im Zimmer war alles gleich, ein Tisch, zwei Stühle, ein Bett. Und wie er sich hinsetzte, hörte er wieder das Ticken, und alle Freude war vorbei, denn nichts hatte sich geändert.
Und den Mann überkam eine große Wut.
Er sah im Spiegel sein Gesicht rot anlaufen, sah, wie er die Augen zukniff; dann verkrampfte er seine Hände zu Fäusten, hob sie und schlug mit ihnen auf die Tischplatte, erst nur einen Schlag, dann noch einen, und dann begann er auf den Tisch zu trommeln und schrie dazu immer wieder:
„Es muß sich ändern, es muß sich ändern!"

Und er hörte den Wecker nicht mehr. Dann begannen seine Hände zu schmerzen, seine Stimme versagte, dann hörte er den Wecker wieder, und nichts änderte sich.

„Immer derselbe Tisch", sagte der Mann, „dieselben Stühle, das Bett, das Bild. Und dem Tisch sage ich Tisch, dem Bild sage ich Bild, das Bett heißt Bett, und den Stuhl nennt man Stuhl. Warum denn eigentlich?" Die Franzosen sagen dem Bett „li", dem Tisch „tabl", nennen das Bild „tablo" und den Stuhl „schäs", und sie verstehen sich. Und die Chinesen verstehen sich auch.

„Weshalb heißt das Bett nicht Bild", dachte der Mann und lächelte, dann lachte er, lachte, bis die Nachbarn an die Wand klopften und „Ruhe" riefen.

„Jetzt ändert es sich", rief er, und er sagte von nun an dem Bett „Bild".

„Ich bin müde, ich will ins Bild", sagte er, und morgens blieb er oft lange im Bild liegen und überlegte, wie er nun dem Stuhl sagen wolle, und er nannte den Stuhl „Wecker".

Er stand also auf, zog sich an, setzte sich auf den Wecker und stützte die Arme auf den Tisch. Aber der Tisch hieß jetzt nicht mehr Tisch, er hieß jetzt Teppich. Am Morgen verließ also der Mann das Bild, zog sich an, setzte sich an den Teppich auf den Wecker und überlegte, wem er wie sagen könnte.

Dem Bett sagte er Bild.
Dem Tisch sagte er Teppich.
Dem Stuhl sagte er Wecker.
Der Zeitung sagte er Bett.
Dem Spiegel sagte er Stuhl.
Dem Wecker sagte er Fotoalbum.
Dem Schrank sagte er Zeitung.
Dem Teppich sagte er Schrank.
Dem Bild sagte er Tisch.
Und dem Fotoalbum sagte er Spiegel.

Also:
Am Morgen blieb der alte Mann lange im Bild liegen, um neun läutete das Fotoalbum, der Mann stand auf und stellte sich auf den Schrank, damit er nicht an den Füßen fror, dann nahm er seine Kleider aus der Zeitung, zog sich an, schaute in den Stuhl an der Wand, setzte sich dann auf den Wecker an den Teppich und blätterte den Spiegel durch, bis er den Tisch seiner Mutter fand.

Der Mann fand das lustig, und er übte den ganzen Tag und prägte sich die neuen Wörter ein. Jetzt wurde alles umbenannt: Er war jetzt kein Mann mehr, sondern ein Fuß, und der Fuß war ein Morgen und der Morgen ein Mann.

Jetzt könnt ihr die Geschichte selbst weiterschreiben. Und dann könnt ihr, so wie es der Mann machte, auch die anderen Wörter austauschen:

    läuten heißt stellen,   stehen heißt frieren,
    frieren heißt schauen,   stellen heißt blättern.
    liegen heißt läuten,

So daß es dann heißt:
Am Mann blieb der alte Fuß lange im Bild läuten, um neun stellte das Fotoalbum, der Fuß fror auf und blätterte sich auf den Schrank, damit er nicht an die Morgen schaute.

Der alte Mann kaufte sich blaue Schulhefte und schrieb sie mit den neuen Wörtern voll, und er hatte viel zu tun damit, und man sah ihn nur noch selten auf der Straße.

Dann lernte er für alle Dinge die neuen Bezeichnungen und vergaß dabei mehr und mehr die richtigen. Er hatte jetzt eine neue Sprache, die ihm ganz allein gehörte.

Hie und da träumte er schon in der neuen Sprache, und dann übersetzte er die Lieder aus seiner Schulzeit in seine Sprache, und er sang sie leise vor sich hin.

Aber bald fiel ihm auch das Übersetzen schwer, er hatte seine alte Sprache fast vergessen, und er mußte die richtigen Wörter in seinen blauen Heften suchen. Und es machte ihm Angst, mit den Leuten zu sprechen. Er mußte lange nachdenken, wie die Leute zu den Dingen sagen.

Seinem Bild sagen die Leute Bett.
Seinem Teppich sagen die Leute Tisch.
Seinem Wecker sagen die Leute Stuhl.
Seinem Bett sagen die Leute Zeitung.
Seinem Stuhl sagen die Leute Spiegel.
Seinem Fotoalbum sagen die Leute Wecker.
Seiner Zeitung sagen die Leute Schrank.
Seinem Schrank sagen die Leute Teppich.
Seinem Tisch sagen die Leute Bild.
Seinem Spiegel sagen die Leute Fotoalbum.

Und es kam so weit, daß der Mann lachen mußte, wenn er die Leute reden hörte.
Er mußte lachen, wenn er hörte, wie jemand sagte:
„Gehen Sie morgen auch zum Fußballspiel?" Oder wenn jemand sagte: „Jetzt regnet es schon zwei Monate lang." Oder wenn jemand sagte: „Ich habe einen Onkel in Amerika."
Er mußte lachen, weil er all das nicht verstand.

Aber eine lustige Geschichte ist das nicht. Sie hat traurig angefangen und hört traurig auf.

Der alte Mann im grauen Mantel konnte die Leute nicht mehr verstehen, das war nicht so schlimm.

Viel schlimmer war, sie konnten ihn nicht mehr verstehen.
Und deshalb sagte er nichts mehr.
Er schwieg,
sprach nur noch mit sich selbst,
grüßte nicht einmal mehr.

Anekdoten und Schwänke

Der Barbierjunge von Segringen

von Johann Peter Hebel

Man muß Gott nicht versuchen, aber auch die Menschen nicht. Denn im vorigen Spätjahr kam in dem Wirtshaus zu Segringen ein Fremder von der Armee an, der einen starken Bart hatte und fast[1] wunderlich aussah, also daß ihm nicht recht zu trauen war. Der sagt zum Wirt, ehe er etwas zu essen oder zu trinken fordert:
„Habt ihr keinen Barbier im Ort, der mich rasieren kann?" Der Wirt sagt ja und holt den Barbier. Zu dem sagt der Fremde: „Ihr sollt mir den Bart abnehmen, aber ich habe eine kitzlige Haut. Wenn Ihr mich nicht ins Gesicht schneidet, so zahle ich Euch vier Kronentaler. Wenn Ihr mich aber schneidet, so stech ich Euch tot. Ihr wäret nicht der erste." Wie der erschrockene Mann das hörte (denn der fremde Herr machte ein Gesicht, als wenn es nicht vexiert[2] wäre, und das spitzige kalte Eisen lag auf dem Tisch), so springt er fort und schickt den Gesellen. Zu dem sagt der Herr das nämliche. Wie der Gesell das nämliche hört, springt er ebenfalls fort und schickt den Lehrjungen. Der Lehrjunge läßt sich blenden von dem Geld und denkt: „Ich wag's. Geratet es und ich schneide ihn nicht, so kann ich mir für vier Kronentaler einen neuen Rock auf die Kirchweih kaufen und einen Schnepper[3]. Geratet's nicht, so weiß ich, was ich tue" – und rasiert den Herrn. Der Herr hält ruhig still, weiß nicht, in welcher entsetzlichen Todesgefahr er ist, und der verwegene Lehrjunge spaziert ihm auch ganz kaltblütig mit dem Messer im Gesicht und um die Nase herum, als wenn's nur um einen Sechser oder im Fall eines Schnittes um ein Stücklein Zunder oder Fließpapier darauf zu tun wäre und nicht um vier Kronentaler und um ein Leben, und bringt ihm glücklich den Bart aus dem Gesicht ohne Schnitt und ohne Blut und dachte doch, als er fertig war: „Gottlob!" Als aber der Herr aufgestanden war und sich im Spiegel beschaut und abgetrocknet hatte und gibt dem Jungen die vier Kronentaler, sagt er zu ihm: „Aber junger Mensch, wer hat dir den Mut gegeben, mich zu rasieren, so doch dein Herr und

---

[1] fast: hier: ziemlich
[2] vexiert: vorgetäuscht
[3] Schnepper: medizinisches Instrument zum Aderlassen

der Gesell sind fortgesprungen? Denn wenn du mich geschnitten hättest, so hätt' ich dich erstochen." Der Lehrling aber bedankte sich lächelnd für das schöne Stück Geld und sagte: „Gnädiger Herr, Ihr hättet mich nicht erstochen, sondern wenn Ihr gezuckt hättet, und ich hätt' Euch ins Gesicht geschnitten, so wär' ich Euch zuvorgekommen, hätt' Euch augenblicklich die Gurgel abgehauen und wäre auf und davon gesprungen." Als aber der fremde Herr das hörte und an die Gefahr dachte, in der er gesessen war, ward er erst blaß vor Schrecken und Todesangst, schenkte dem Burschen noch einen Kronentaler extra und hat seitdem zu keinem Barbier mehr gesagt: „Ich steche dich tot, wenn du mich schneidest."

Kalendergeschichten
Unbekannter Verfasser

Kurze Geschichten, wie z. B. „Der Barbierjunge von Segringen" von Johann Peter Hebel, standen früher oft in Kalendern. Solche Kalender erschienen zu Beginn eines neuen Jahres als kleine Büchlein oder illustrierte Hefte. Sie enthielten außer den Spalten mit den Wochentagen, den Monaten, den Festen, Feiern und den Namen der Heiligen für einen jeden Tag auch Wetterregeln, astronomische Berechnungen, Hinweise für die Feld- und Gartenarbeit, kurze Anweisungen, wie man Krankheiten heilen kann, Texte zur Tierpflege, Berichte über geschichtliche Ereignisse wie Schlachten, Unwetter, Erdbeben, astrologische Spekulationen – und eben auch Kalendergeschichten.

Ein Kalender, der es zu besonderer Berühmtheit gebracht hat, ist der „Rheinländische Hausfreund", der in den Jahren 1807–1819 von Johann Peter Hebel herausgegeben wurde.

Im Jahre 1806 hat Hebel, heutigen Planern und Herausgebern von Zeitschriften vergleichbar, in zwei Gutachten fast modern anmutende Forderungen gestellt und Vorschläge zur Gestaltung des „Rheinländischen Hausfreundes" gemacht.

Hebel kam es besonders darauf an, daß der Kalender übersichtlich und trotzdem abwechslungsreich war. Er sollte auf gutem Papier gedruckt sein, auf dem die wichtigsten Textstellen durch rote Farbe hervorgehoben werden sollten. Weiterhin hielt es Hebel für notwendig, eine große Schrift zu verwenden, damit Kinder und ältere Leute die Texte besser lesen konnten. Die Bebilderung sollte die Texte erläutern und anregend sein. Einen angemessenen Preis und einen ansprechenden Namen für den Kalender hielt Hebel ebenfalls für wichtig. Hebel machte sich auch darüber Gedanken, was den Leser oder die Leserin besonders interessieren könnte. Er kam zu dem Ergebnis, daß der Kalender vor allem Informationen über interessante politische Ereignisse, Mord- und Diebsgeschichten, Berichte über witzige Einfälle und andere unterhaltsame Geschichten enthalten müsse. Im Rheinländischen Hausfreund für das Jahr 1813 schrieb Hebel: „Der geneigte Leser liest fürs Leben gern Geschichten von Räuberbanden, grausamen Mordtaten und blutigen Hinrichtungen, wenn ein halbes Dutzend auf einmal abgetan werden."

30 Meist waren die Geschichten und Berichte in Hebels Kalender recht kurz und überschaubar. Ihre Sprache war volkstümlich und allgemein verständlich, so daß jeder von den Texten angesprochen wurde. Und wer nicht lesen konnte – und damals konnten das viele nicht –, dem wurde eben aus dem Kalender vorgelesen. Oft mischte sich dabei der Vorleser oder die Vorleserin mit Kommentaren in die Ge-
35 schichten ein und sprach den oder die Zuhörer direkt an.

Die Kalendergeschichten erfreuten sich nicht zuletzt deshalb großer Beliebtheit, weil hier oft von Menschen aus dem alltäglichen Leben, von einfachen Leuten, von Handwerkern, Kindern, Marktfrauen, Dienern, Soldaten und manchmal auch von Dieben und Vagabunden die Rede war. Im Mittelpunkt standen die „kleinen"
40 Helden, die pfiffigen, aufbegehrenden oder vorbildlich handelnden Leute – und das machte die Geschichten spannend und interessant; und wenn einmal, wie in Hebels Kalender, von Gaunergesellen – dem Roten Dieter und dem Zundelfrieder – erzählt wurde, so wurden deren Streiche doch nie als wirklich böse hingestellt.

Die Sache mit dem Bauholz

zusammengestellt von Rudolf Schäfer

Die Begebenheit, von der hier berichtet wird, spielt im Jahr 1806. Damals hatte das französische Heer unter Kaiser Napoleon die preußische Hauptstadt Berlin besetzt.

Vor geraumer Zeit kam jemand unaufgefordert zu einem französischen Kommandanten in den preußischen Staaten und wollte ihm verraten, wo man eine Quantität[1] Bauholz verborgen habe. Der brave Kommandant wies ihn ab und sagte: „Lassen Sie Ihrem guten Könige dieses Holz, damit er einst Galgen bauen könne, um solche niederträchtigen Verräter, wie Sie sind, daran aufzuhängen."

So erzählt Johann Peter Hebel die Geschichte:

Schlechter Lohn

Als im letzten Krieg der Franzos nach Berlin kam, in die Residenzstadt des Königs von Preußen, da wurde unter anderm viel königliches Eigentum weggenommen und fortgeführt oder verkauft. Denn der Krieg bringt nichts, er holt. Was noch so gut verborgen war, wurde entdeckt und manches davon zu Beute gemacht, doch nicht alles. Ein großer Vorrat von königlichem Bauholz blieb lange unverraten und unversehrt. Doch kam zuletzt noch ein Spitzbube von des Königs eigenen Untertanen, dachte: „Da ist ein gutes Trinkgeld zu verdienen", und zeigte dem französischen Kommandanten mit schmunzliger Miene und spitzbübischen Augen an, was für ein schönes Quantum von eichenen und tannenen Baumstämmen noch da und da beisammen liege, woraus manch Tausend Gulden zu lösen wäre. Aber der brave Kommandant gab schlechten Dank für die Verräterei und sagte: „Laßt Ihr die schönen Baumstämme nur liegen, wo sie sind. Man muß dem Feind nicht sein Notwendigstes nehmen. Denn wenn Euer König wieder ins Land kommt, so braucht er Holz zu neuen Galgen für so ehrliche Untertanen, wie Ihr einer seid."
Das muß der Rheinländische Hausfreund loben und wollte gern aus seinem eigenen Wald ein paar Stämmlein hergeben, wenn's fehlen sollte.

---

[1] eine Quantität: eine bestimmte Menge

Anekdoten und Schwänke

Sonderbarer Rechtsfall in England

von Heinrich von Kleist

Man weiß, daß in England jeder Beklagte zwölf Geschworene von seinem Stande zu Richtern hat, deren Ausspruch einstimmig sein muß und die, damit die Entscheidung sich nicht zu sehr in die Länge verziehe, ohne Essen und Trinken so lange eingeschlossen bleiben, bis sie eines Sinnes sind.

Zwei Gentlemen, die einige Meilen von London lebten, hatten in Gegenwart von Zeugen einen sehr lebhaften Streit miteinander; der eine drohte dem andern und setzte hinzu, daß, ehe 24 Stunden vergingen, ihn sein Betragen reuen solle. Gegen Abend wurde dieser Edelmann erschossen gefunden; der Verdacht fiel natürlich auf den, der die Drohungen gegen ihn ausgestoßen hatte. Man brachte ihn zu gefänglicher Haft, das Gericht wurde gehalten, es fanden sich noch mehrere Beweise, und elf Beisitzer verdammten ihn zum Tode; allein der zwölfte bestand hartnäckig darauf, nicht einzuwilligen, weil er ihn für unschuldig hielte.

Seine Kollegen baten ihn, Gründe anzuführen, warum er dies glaubte; allein er ließ sich nicht darauf ein und beharrte bei seiner Meinung. Es war schon spät in der Nacht, und der Hunger plagte die Richter heftig; einer stand endlich auf und meinte, daß es besser sei, einen Schuldigen loszusprechen als elf Unschuldige verhungern zu lassen; man fertigte also die Begnadigung aus, führte aber auch zugleich die Umstände an, die das Gericht dazu gezwungen hätten. Das ganze Publikum war wider den einzigen Starrkopf; die Sache kam sogar vor den König, der ihn zu sprechen verlangte. Der Edelmann erschien, und nachdem er sich vom König das Wort hatte geben lassen, daß seine Aufrichtigkeit nicht von nachteiligen Folgen für ihn sein sollte, so erzählte er dem Monarchen, daß, als er im Dunkeln von der Jagd gekommen, und sein Gewehr losgeschossen, es unglücklicherweise diesen Edelmann, der hinter einem Busche gestanden, getötet habe. Da ich, fuhr er fort, weder Zeugen meiner Tat noch meiner Unschuld hatte, so beschloß ich, Stillschweigen zu beobachten; aber als ich hörte, daß man einen Unschuldigen anklagte, so wandte ich alles an, um einer von den Geschworenen zu werden: Fest entschlossen, eher zu verhungern, als den Beklagten umkommen zu lassen. Der König hielt sein Wort, und der Edelmann bekam seine Begnadigung.

Von Ärzten

von Ludwig Aurbacher

Ein Quacksalber, wie es deren viele gibt, wollte einem Hufschmied vom Fieber helfen. Es wurde aber täglich schlimmer, so daß der Mann ganz von Kräften kam. Da fiel dem Kranken ein, er wolle einmal wieder nach Herzenslust Sauerkraut essen. – Und er aß und wurde besser. Als dies der Quacksalber erfuhr, schüttelte er den Kopf, mußte es aber doch gut sein lassen; und er trug in sein Arzneibuch ein, wie er denn zu tun pflegte, und schrieb: „Sauerkraut gut für's Fieber." Nicht lange drauf geschah, daß ein Schneider das Fieber bekam. Dem verordnete der Quacksalber sogleich Sauerkraut. Und der Schneider starb. Der Quacksalber schüttelte den Kopf, mußte den Schneider aber tot sein lassen. Und er schrieb in sein Rezeptbuch: „Sauerkraut gut für Hufschmiede, aber nicht für Schneider."

Das Testament

von Jeremias Gotthelf

Schon manchen haben einige bei dem Tode eines Menschen wohl angewandte Minuten wohlhabend gemacht. Die Erben sind oft nicht gleich bei der Hand, und wer sich nicht fürchtet, aus dem noch nicht erkalteten Hosensack die Schlüssel zu nehmen, kann bis zu ihrer Ankunft viel auf die Seite schaffen. Fatal ist's, wenn der Verstorbene so plötzlich von hinnen gerufen wird, daß er für die, welche zunächst um ihn sind, nicht testamentlich sorgen konnte, und das geschieht oft; denn solche Leute testieren nicht gerne, sie hoffen noch der Tage viel.
Aber auch da wußten sich einmal schlaue Leute wohl zu helfen: sie schleppten den Gestorbenen in eine alte Rumpelkammer, und in das noch nicht erkaltete Bett legten sie einen vertrauten Knecht, setzten ihm die Nachtkappe des Gestorbenen auf und liefen nach Schreiber und Zeugen.
Schreiber und Zeugen setzten sich an den Tisch am Fenster, rüsteten das Schreibzeug und probierten, ob guter Wein in den weißen Kannen sei. Unterdessen ächzet und stöhnet es im dunkeln Hintergrunde hinter dem dicken Vorhang, und eine schwache Stimme fragt, ob der Schreiber nicht bald fertig sei – es gehe nicht mehr

lange mit ihm. Der Schreiber nimmt hastig das Glas vom Munde und dagegen die Feder und läßt diese flüchtig übers Papier gleiten, aber immer halblinks schauend, wo das Glas steht.

Da diktiert leise und hustend die Stimme hinter dem Umhange das Testament, und der Schreiber schreibt, und freudig hören die Anwesenden, wie sie Erben würden von vielem Gut und Geld. Aber blasser Schrecken fährt über ihre Gesichter, und faustdicke Flüche quellen ihnen im Halse, als die Stimme spricht: „Meinem getreuen Knecht aber, der mir so viele Jahre treu gedient hat, vermache ich 8000 Pfund." Der Schalk im Bette hatte sich selbst nicht vergessen und bestimmte sich selbst seinen Lohn für die gut gespielte Rolle.

Er war aber noch bescheiden, er hätte sich gut zum Haupterben machen können, und was hätten die andern sagen wollen?

Eine Nachtgeschichte

von Wilhelm Busch

Vor einiger Zeit kehrte spätabends im „Goldenen Löwen" zu Kassel ein elegant, aber nachlässig gekleideter Fremder ein, der augenscheinlich eine längere Fußtour gemacht hatte. Aus seinen schmerzlichen Zügen sprach eine stille Verzweiflung, ein heimlicher Kummer mußte seine Seele belasten. Er aß nur äußerst wenig und ließ sich bald sein Schlafzimmer anweisen.

Es mochte wohl eine Viertelstunde später und nahezu Mitternacht sein, als der Kellner an Nr. 6, dem Zimmer des Fremden, vorüberkam. Ein lautes, herzzerreißendes Ächzen und Stöhnen drang daraus hervor. Dem erschrockenen Kellner erstarrte das Blut in den Adern. Irgend etwas Entsetzliches mußte da vorgehen. Schleunige Hilfe tat not; er stürzte also zur Polizei.

Unterdessen hat die Regierungsrätin v. Z., welche in Nr. 7 schläft, dieselbe schreckliche Entdeckung gemacht und bereits das ganze Wirtshaus in Alarm gebracht, bis der Kellner mit der Polizei zurückkommt. Man dringt nun sofort in das Zimmer des Fremden. Aber leider kam die Hilfe zu spät: denn der hatte bereits in Ermangelung eines anderen Instrumentes mit eigener Hand unter Schmerzen und Wehklagen seine – engen Stiefel ausgezogen.

Der Geburtstag

von Rudolf Schäfer

Robert Louis Stevenson (1850–1894), der gefeierte Verfasser der Schatzinsel, war sehr kinderlieb. Einmal besuchte er einen Freund, der eine kleine Tochter von ungefähr elf Jahren hatte. Der Schriftsteller und sie wurden bald große Freunde; und eines Tages vertraute sie ihm an, daß eine ihrer größten Sorgen die Tatsache sei, daß sie am 29. Februar geboren sei und sich infolgedessen in den ganzen elf Jahren nur zweier Geburtstage habe erfreuen können. Der Dichter bekundete sein Mitgefühl nicht nur mit Worten, sondern auch mit der Tat. Er dachte einige Augenblicke nach, ging dann zum Schreibtisch und setzte folgendes Dokument auf: „Da ich, Robert Louis Stevenson, in gesunder geistiger und körperlicher Verfassung, ein Alter erreicht habe, in dem ich für Geburtstage keine Verwendung mehr habe, schenke und vermache ich meinen Geburtstag, den 13. November, Fräulein Adelaide Ide, als ihren eigenen von diesem Jahre an, solange sie ihn haben will. – Robert L. Stevenson."

Einmal im Rampenlicht

Das Fenster-Theater

von Ilse Aichinger

Die Frau lehnte am Fenster und sah hinüber. Der Wind trieb in leichten Stößen vom Fluß herauf und brachte nichts Neues. Die Frau hatte den starren Blick neugieriger Leute, die unersättlich sind. Es hatte ihr noch niemand den Gefallen getan, vor ihrem Haus niedergefahren zu werden. Außerdem wohnte sie im vorletzten
5 Stock, die Straße lag zu tief unten. Der Lärm rauschte nur mehr leicht herauf. Alles lag zu tief unten. Als sie sich eben vom Fenster abwenden wollte, bemerkte sie, daß der Alte gegenüber Licht angedreht hatte. Da es noch ganz hell war, blieb dieses Licht für sich und machte den merkwürdigen Eindruck, den aufflammende Straßenlaternen unter der Sonne machen. Als hätte einer an seinen Fenstern die
10 Kerzen angesteckt, noch ehe die Prozession die Kirche verlassen hatte. Die Frau blieb am Fenster.
  Der Alte öffnete und nickte herüber. Meint er mich? dachte die Frau. Die Wohnung über ihr stand leer, und unterhalb lag eine Werkstatt, die um diese Zeit schon geschlossen war. Sie bewegte leicht den Kopf. Der Alte nickte wieder. Er griff sich
15 an die Stirne, entdeckte, daß er keinen Hut aufhatte, und verschwand im Innern des Zimmers.
  Gleich darauf kam er in Hut und Mantel wieder. Er zog den Hut und lächelte. Dann nahm er ein weißes Tuch aus der Tasche und begann zu winken. Erst leicht und dann immer eifriger. Er hing über die Brüstung, daß man Angst bekam, er
20 würde vornüberfallen. Die Frau trat einen Schritt zurück, aber das schien ihn nur zu bestärken. Er ließ das Tuch fallen, löste seinen Schal vom Hals – einen großen bunten Schal – und ließ ihn aus dem Fenster wehen. Dazu lächelte er. Und als sie noch einen weiteren Schritt zurücktrat, warf er den Hut mit einer heftigen Bewegung ab und wand den Schal wie einen Turban um seinen Kopf. Dann kreuzte er
25 die Arme über der Brust und verneigte sich. Sooft er aufsah, kniff er das linke Auge zu, als herrsche zwischen ihnen ein geheimes Einverständnis. Das bereitete ihr so lange Vergnügen, bis sie plötzlich nur mehr seine Beine in dünnen, geflickten Samthosen in die Luft ragen sah. Er stand auf dem Kopf. Als sein Gesicht gerötet, erhitzt und freundlich wieder auftauchte, hatte sie schon die Polizei verständigt.
30 Und während er, in ein Leintuch gehüllt, abwechselnd an beiden Fenstern erschien, unterschied sie schon drei Gassen weiter über dem Geklingel der Straßenbahnen

und dem gedämpften Lärm der Stadt das Hupen des Überfallautos. Denn ihre Erklärung hatte nicht sehr klar und ihre Stimme erregt geklungen. Der alte Mann lachte jetzt, so daß sich sein Gesicht in tiefe Falten legte, streifte dann mit einer vagen Gebärde darüber, wurde ernst, schien das Lachen eine Sekunde lang in der hohlen Hand zu halten und warf es dann hinüber. Erst als der Wagen schon um die Ecke bog, gelang es der Frau, sich von seinem Anblick loszureißen.

Sie kam atemlos unten an. Eine Menschenmenge hatte sich um den Polizeiwagen gesammelt. Die Polizisten waren abgesprungen, und die Menge kam hinter ihnen und der Frau her. Sobald man die Leute zu verscheuchen suchte, erklärten sie einstimmig, in diesem Hause zu wohnen. Einige davon kamen bis zum letzten Stock mit. Von den Stufen beobachteten sie, wie die Männer, nachdem ihr Klopfen vergeblich blieb und die Glocke allem Anschein nach nicht funktionierte, die Tür aufbrachen. Sie arbeiteten schnell und mit einer Sicherheit, von der jeder Einbrecher lernen konnte. Auch in dem Vorraum, dessen Fenster auf den Hof sahen, zögerten sie nicht eine Sekunde. Zwei von ihnen zogen die Stiefel aus und schlichen um die Ecke. Es war inzwischen finster geworden. Sie stießen an einen Kleiderständer, gewahrten den Lichtschein am Ende des schmalen Ganges und gingen ihm nach. Die Frau schlich hinter ihnen her.

Als die Tür aufflog, stand der alte Mann mit dem Rücken zu ihnen gewandt noch immer am Fenster. Er hielt ein großes weißes Kissen auf dem Kopf, das er immer wieder abnahm, als bedeutete er jemandem, daß er schlafen wolle. Den Teppich, den er vom Boden genommen hatte, trug er um die Schultern. Da er schwerhörig war, wandte er sich auch nicht um, als die Männer schon knapp hinter ihm standen und die Frau über ihn hinweg in ihr eigenes finsteres Fenster sah.

Die Werkstatt unterhalb war, wie sie angenommen hatte, geschlossen. Aber in die Wohnung oberhalb mußte eine neue Partei eingezogen sein. An eines der erleuchteten Fenster war ein Gitterbett geschoben, in dem aufrecht ein kleiner Knabe stand. Auch er trug sein Kissen auf dem Kopf und die Bettdecke um die Schultern. Er sprang und winkte herüber und krähte vor Jubel. Er lachte, strich mit der Hand über das Gesicht, wurde ernst und schien das Lachen eine Sekunde lang in der hohlen Hand zu halten. Dann warf er es mit aller Kraft den Wachleuten ins Gesicht.

Einmal im Rampenlicht

Der Zahnarzt

von Johann Peter Hebel

Zwei Tagediebe, die schon lange in der Welt miteinander herumzogen, weil sie zum Arbeiten zu träg oder zu ungeschickt waren, kamen doch zuletzt in große Not, weil sie wenig Geld mehr übrig hatten und nicht geschwind wußten, wo nehmen. Da gerieten sie auf folgenden Einfall: Sie bettelten vor einigen Haustüren Brot zusammen, das sie nicht zur Stillung des Hungers genießen, sondern zum Betrug mißbrauchen wollten. Sie kneteten nämlich und drehten aus demselben lauter kleine Kügelein oder Pillen und bestreuten sie mit Wurmmehl aus altem, zerfressenem Holz, damit sie völlig aussahen wie die gelben Arzneipillen. Hierauf kauften sie für ein paar Batzen[1] einige Bogen rotgefärbtes Papier bei dem Buchbinder: denn eine schöne Farbe muß gewöhnlich bei jedem Betrug mithelfen. Das Papier zerschnitten sie alsdann und wickelten die Pillen darein, je sechs bis acht Stück in ein Päcklein. Nun ging der eine voraus in einen Flecken, wo eben Jahrmarkt war, und in den roten Löwen, wo er viele Gäste anzutreffen hoffte. Er forderte ein Glas Wein, trank aber nicht, sondern saß ganz wehmütig in einem Winkel, hielt die Hand an den Backen, winselte halblaut für sich und kehrte sich unruhig bald so her, bald so hin. Die ehrlichen Landleute und Bürger, die im Wirtshaus waren, bildeten sich wohl ein, daß der arme Mensch ganz entsetzlich Zahnweh haben müsse. Aber was war zu tun? Man bedauerte ihn, man tröstete ihn, daß es schon wieder vergehen werde, trank sein Gläslein fort und machte seine Marktaffären[2] aus. Indessen kam der andere Tagdieb auch nach. Da stellten sich die beiden Schelme, als ob noch keiner den andern in seinem Leben gesehen hätte. Keiner sah den andern an, bis der zweite durch das Winseln des erstern, der im Winkel saß, aufmerksam zu werden schien. „Guter Freund", sprach er, „Ihr scheint wohl Zahnschmerzen zu haben?" und ging mit großen und langsamen Schritten auf ihn zu. „Ich bin der Doktor Schnauzius Rapunzius von Trafalgar", fuhr er fort. Denn solche fremde volltönige Namen müssen auch zum Betrug behilflich sein wie die Farben. „Und wenn Ihr meine Zahnpillen gebrauchen wollt", fuhr er fort, „so soll es mir eine schlechte Kunst sein, Euch mit einer, höchstens zweien, von Euren Leiden zu befreien."

„Das wolle Gott", erwiderte der andere Halunk. Hierauf zog der saubere Doktor Rapunzius eines von seinen roten Päcklein aus der Tasche und verordnete dem Patienten, ein Kügelein daraus auf den bösen Zahn zu legen und herzhaft darauf zu beißen. Jetzt streckten die Gäste an den anderen Tischen die Köpfe herüber, und einer um den andern kam herbei, um die Wunderkur mit anzusehen. Nun könnt ihr euch vorstellen, was geschah. Auf diese erste Probe wollte zwar der Pa-

---

[1] Batzen: frühere Münze
[2] Marktaffären: Angelegenheiten, die auf dem Markt geregelt werden

tient wenig rühmen, vielmehr tat er einen entsetzlichen Schrei. Das gefiel dem Doktor. Der Schmerz, sagte er, sei jetzt gebrochen und gab ihm geschwind die zweite Pille zu gleichem Gebrauch. Da war nun plötzlich aller Schmerz verschwunden. Der Patient sprang vor Freuden auf, wischte den Angstschweiß von der Stirne weg, obgleich keiner daran war, und tat, als ob er seinem Retter zum Danke etwas Namhaftes in die Hand drückte.
Der Streich war schlau angelegt und tat seine Wirkung. Denn jeder Anwesende wollte nun auch von diesen vortrefflichen Pillen haben. Der Doktor bot das Päcklein für 24 Kreuzer, und in wenigen Minuten waren alle verkauft. Natürlich gingen jetzt die zwei Schelme wieder einer nach dem andern weiter, lachten, als sie wieder zusammenkamen, über die Einfalt dieser Leute und ließen sich's wohl sein von ihrem Geld.
Das war teures Brot. So wenig für 24 Kreuzer bekam man noch in keiner Hungersnot. Aber der Geldverlust war nicht einmal das Schlimmste. Denn die Weichbrotkügelchen wurden natürlicherweise mit der Zeit steinhart. Wenn nun so ein armer Betrogener nach Jahr und Tag Zahnweh bekam und im guten Vertrauen mit dem kranken Zahn einmal und zweimal drauf biß, da denke man an den entsetzlichen Schmerz, den er, statt geheilt zu werden, sich selbst für 24 Kreuzer aus der eigenen Tasche machte. Daraus ist also zu lernen, wie leicht man kann betrogen werden, wenn man den Vorspiegelungen jedes dahergelaufenen Landstreichers traut, den man zum erstenmal in seinem Leben sieht und vorher nie und nachher nimmer; und mancher, der dieses liest, wird vielleicht denken: „So einfältig bin ich zu meinem eigenen Schaden auch schon gewesen."
Merke: Wer so etwas kann, weiß an anderen Orten Geld zu verdienen, läuft nicht auf den Dörfern und Jahrmärkten herum mit Löchern im Strumpf oder mit einer weißen Schnalle am rechten Schuh und am linken mit einer gelben.

Die Wunderpillen

von Emil Schibli nach einer Kalendergeschichte von Johann Peter Hebel

Inhalt

1. Ein Ansager tritt auf, 2. Zwei Walzbrüder[1] hecken einen Streich aus, 3. Im Trödlerladen, 4. Im „Goldenen Schwan", 5. Der Ansager tritt nochmals auf.

Personen

Erster Walzbruder, Zweiter Walzbruder, Eine Marktfrau, Verkäufer in einem Trödlerladen, Vreni, Bedienung im „Goldenen Schwan", Einer, der Zahnweh hat, Dr. Schnauzius, früherer Walzbruder, ein Gast, Dr. Ehrlich, Ortsarzt, Der Wirt, Bauern, Einige Geprellte, Ein Handwerker, Übrige.

Kleine Musik zum Beginn (Schallplatte, Musik-Cassette . . .)
Hierauf tritt vor den Vorhang

DER ANSAGER: Haushoch verehrtes Publikum!
Wir zeigen euch ein Possenspiel,
nicht überklug, doch auch nicht dumm,
denn Spaß, nicht Weisheit ist sein Ziel.
Spaß dauert kurz, sonst wär's kein Spaß;
Dafür bekommt ihr volles Maß!
Gebt acht, damit euch nichts entrinnt!
Gong! – Vorhang auf! – Das Spiel beginnt!

Erste Szene

Ein Bürgersteig. Ein Walzbruder sitzt am Wege. Ein zweiter Walzbruder, sein Kumpan, erscheint auf der Bildfläche. Ab und zu gehen Leute vorüber, die zum Markt im Städtchen wollen. Zuletzt kommt ein Polizist.

ERSTER WALZBRUDER: Hast du was?

ZWEITER WALZBRUDER *kehrt alle Taschen um:*
Wahrhaftig! Hier, ein Stückchen trocken Brot.

ERSTER WALZBRUDER *seufzend:*
O je! Möcht' wissen, wann mein Magen zum letztenmal sein' Lieblingsspeis' gesehen hat?

ZWEITER WALZBRUDER: Ja, geschenkt bekommst du die nicht.

ERSTER WALZBRUDER: Wie meinst du das? Was soll ich denn machen?

ZWEITER WALZBRUDER: Weiß auch nicht . . . Doch, ich weiß es! Man müßte die Leute irgendwie übers Ohr hauen können, ich meine: Man müßte, statt zu jammern, ihnen das Geld durch eine List aus der Tasche ziehen.

---

[1] Walzbruder – Handwerksgeselle auf Wanderschaft

ERSTER WALZBRUDER: Ist bald gesagt, doch schwer getan, wenn man nicht hexen kann!
ZWEITER WALZBRUDER *hat unterdessen mit aufgestütztem Kopfe dagesessen und angestrengt nachgedacht. Haut dem Gefährten kräftig auf die Schulter:* Du, ich hab's! Das wird gemacht! Schon heute nacht
sitzt du bei Braten und bei Wein!
Das wäre fein! –
ERSTER WALZBRUDER: Armer Kerl! Der Hunger hat ihm den Verstand verdreht.
ZWEITER WALZBRUDER *hartnäckig:*
Es muß! Es geht!
Zu einer vorübergehenden Marktfrau, die ihren Gemüsekarren vor sich herstößt: Ist heute Markt im Städtchen, Frau?
FRAU *unfreundlich:*
Ja.
ZWEITER WALZBRUDER *legt salutierend zwei Finger der rechten Hand an die Hutkrempe:*
Danke Euch für diesen ausführlichen Bescheid.
FRAU: Hab' keine Zeit zum Schwatzen, muß mich beeilen.
ZWEITER WALZBRUDER: Wünsch' euch gute Geschäfte. *Sie ist inzwischen verschwunden. Zweiter Walzbruder wendet sich wieder seinem Gefährten zu.* Hör zu. Du siehst ein, daß wir ehrlicherweise zu nichts kommen. Nicht wahr, das siehst du doch ein?
ERSTER WALZBRUDER: Seh' ich ein, natürlich. Aber was soll uns das helfen?
ZWEITER WALZBRUDER: Daß wir's zur Abwechslung mal wieder mit einem Gaunertrick versuchen wollen. Setzen wir unsere Karte darauf, daß es mehr Dumme als Kluge gibt. Was würdest du dazu sagen, wenn dir endlich wieder einmal ein paar Taler im Beutel klimperten?
ERSTER WALZBRUDER: Nun faselst du wieder.
ZWEITER WALZBRUDER: Hör zu, sag' ich dir! Wir betteln jetzt auf Biegen und Brechen ein paar Pfennige zusammen. Damit kaufen wir uns Brot und einige Bogen buntes Seidenpapier.
ERSTER WALZBRUDER *verblüfft:*
Seidenpapier?
ZWEITER WALZBRUDER *ärgerlich:*
Sag mal, kannst du nicht einen Augenblick den Mund halten? . . . Alsdann brauchen wir etwas Puderzucker.
ERSTER WALZBRUDER: Puderzucker?
ZWEITER WALZBRUDER: Ganz richtig: Puderzucker.
ERSTER WALZBRUDER: Aber wozu denn?

ZWEITER WALZBRUDER: Das wüßtest du längst, wenn du mir nicht immer dreinreden würdest ... Wir fabrizieren Zahnpillen und verkaufen sie im Gasthaus zum „Goldenen Schwan".

ERSTER WALZBRUDER: Zahnpillen?

ZWEITER WALZBRUDER: Ja, Zahnpillen! ... Du gehst nach Marktschluß, wenn die Bauern einen trinken kommen, in den „Schwan", bestellst dir ein Glas Bier und hast furchtbare Zahnschmerzen. Verstanden?

ERSTER WALZBRUDER *schüttelt den Kopf:*
Leider nein. Die Sache ist mir absolut nicht klar.

ZWEITER WALZBRUDER *schlägt die Hände zusammen:*
Du meine Güte! Kann man wirklich so dumm sein? Du hast kein Zahnweh. Einverstanden. Aber du sollst so tun, als ob du welches hättest! Damit die Leute auf dich aufmerksam werden. Das ist doch unser Haupttrick, Menschenskind!

ERSTER WALZBRUDER *kapiert und strahlt übers ganze Gesicht:*
Ach so! Sooo meinst du das!

ZWEITER WALZBRUDER: Natürlich! Ist doch klar!

ZWEITER WALZBRUDER: Am besten, wir machen gleich 'ne Probe. Also, paß auf! Ich geb dir eine Pille –. So, und jetzt beiß drauf und laß einen fürchterlichen Schrei hören. *Erster Walzbruder tut, was sein Kollege wünscht.*

Großartig! – Und jetzt hast du kein Zahnweh mehr und machst ein seliges Gesicht. *Erster Walzbruder tut es; sein Gefährte ist entzückt.*

Der beste Schauspieler könnt's nicht besser machen! Warum tust du denn zuerst immer so, als ob du nicht auf drei zählen könntest? Nur um mich zu ärgern, du Lümmel!

Vorhang / Musik

Zweite Szene

Ein Ladentisch voller Gerümpel. An der Wand hängen alte Kleider, Werkzeuge, Vogelkäfige, alles mögliche, was an Altwaren aufzutreiben ist. Hinter dem Ladentisch steht ein grauhaarig-langbärtiges Männchen: der Trödler. Er macht sich mit seinen Waren zu schaffen, schlurft geschäftig in ausgetretenen Pantoffeln hin und her, trällert, streicht sich den Bart. Die Ladenglocke klingelt, herein treten unsere Walzbrüder.

ZWEITER WALZBRUDER: Morgen.

ERSTER WALZBRUDER: Morgen.

VERKÄUFER: Schön guten Tag. Womit kann ich den Herren dienen?

ZWEITER WALZBRUDER: Können Sie eine gute Taschenuhr brauchen?

VERKÄUFER: Zeigen Sie die Uhr mal her. Wollen Sie sie verkaufen oder verpfänden?

ZWEITER WALZBRUDER: Verpfänden.

ERSTER WALZBRUDER: Jawohl!

VERKÄUFER: Dafür kann ich Ihnen einen Taler geben.
ZWEITER WALZBRUDER: Hören Sie, guter Mann! Sie sollen mir für die Uhr einen dunklen Anzug leihen. Dazu einen passenden Hut. Außerdem eine Perücke und einen falschen Bart. Mein Freund hier braucht nur einen Bart. Daß ich's nicht vergesse: Einen kleinen Handkoffer sollte ich auch noch haben. Wenn möglich aus Leder. Dafür lassen wir Ihnen unsre beiden Reisetaschen zurück.
VERKÄUFER *mißtrauisch:* Wozu diese Maskerade?
ZWEITER WALZBRUDER: Das will ich Ihnen gleich sagen. Wissen Sie: Wir sind nämlich eine Wette eingegangen, mein Freund und ich.
ERSTER WALZBRUDER: Jawohl. Eine Wette – eine tolle Wette! *krümmt sich vor Lachen. Die beiden andern werden davon angesteckt und lachen mit. Dann, nachdem sie sich beruhigt haben:*
ZWEITER WALZBRUDER: Ein guter Bekannter soll von uns aufgesucht werden. Merkt er nicht, wer wir sind, so haben wir die Wette gewonnen.
ERSTER WALZBRUDER *lacht erneut:*
Jawohl! Und wenn wir die Wette nicht gewinnen, so verlieren wir sie.
VERKÄUFER: Sie sind mir ja zwei lustige Spaßvögel. Na gut, ich werde Ihnen helfen. *Er geht daran, die beiden in gewünschter Weise zu verwandeln. Nachdem er damit fertig ist, holt er einen Spiegel herbei.* Bitte sehr, meine Herren. Erkennen Sie sich noch wieder?
ZWEITER WALZBRUDER *betrachtet sich im Spiegel:*
Ausgezeichnet, Herr Kaufmann! Vielen Dank! In einer Stunde bekommen Sie alles zurück. Wiedersehn!
ERSTER WALZBRUDER *lüftet den Hut und verbeugt sich:* Wiedersehn!

Vorhang

Dritte Szene

Gaststube im „Goldenen Schwan". An den Tischen sitzen Bauersleute vom Markt, Handwerker aus dem Städtchen. Man diskutiert, ißt, trinkt, spielt Karten; an einem Tisch wird gesungen. Die Bedienung geht ab und zu. Dann tritt unser Zahnweh-Walzbruder ein, sieht sich um, setzt sich an einen der Tische im Vordergrund.

125 WALZBRUDER *zu den Gästen am Tisch:*
　　Ist's erlaubt?
　EINE BÄUERIN: Bitteschön.
　VRENI, DIE BEDIENUNG: Was darf ich bringen?
　WALZBRUDER *mit schmerzverzerrtem Gesicht:*
130　　Ein Glas Rotwein.
　VRENI: Was zu essen gefällig?
　WALZBRUDER: Nein, essen kann ich nichts. Ich hab' ein furchtbares Zahnweh. *Hält sich die Backe.* Ah, verflucht nochmal!
　BAUER *am Tisch:*
135　　Ja, das weiß ich auch, was das ist. Die Hölle kann nichts Schlimmres sein!
　WALZBRUDER *stöhnt laut:*
　BAUER *an einem Nebentisch:*
　　Fehlt dir was?
　WALZBRUDER: Zahnweh hab' ich. Ah! – Oh! – Eieieih!
140　BAUER *von vorhin:*
　　Weißt was. Sauf dir einen an; das ist immer noch das beste.
　Dr. Schnauzius erscheint, eine Reisetasche in der Hand, und setzt sich in der Nähe des Patienten.
　VRENI: Was darf ich bringen?
145　DR. SCHNAUZIUS: Einen Weißwein. *Wird aufmerksam, sieht zu dem Jammernden hinüber, steht auf und tritt herzu. Legt dem Patienten die Hand auf die Schulter.* Lieber Mann, habt Ihr Schmerzen? Ich bin einer, der Euch helfen kann. Wo fehlt's?
　WALZBRUDER: Zahnweh hab' ich.
150　DR. SCHNAUZIUS: Nicht halb so schlimm.
　WALZBRUDER: Schlimm genug für mich. Ah – oh – au!
　Dr. Schnauzius ist inzwischen zu seinem Tisch gegangen, hat seine Tasche geöffnet, ihr einen der Seidenpapierbeutel entnommen, mit dem er jetzt zurückkommt. Die Leute in der Gaststube sind gespannt, was nun gespielt werden
155　　*soll.*
　DR. SCHNAUZIUS: Legt diese Pille auf den faulen Zahn.
　　Seht so – und Euch wird wohlgetan.
　　Nun tut noch einen tiefen Schnauf,
　　und jetzt beißt tapfer drauf!
160　*Walzbruder tut es und stößt einen lauten Schrei aus.*
　DR. SCHNAUZIUS *befriedigt:*
　　Der Bösewicht hat was gerochen.
　　Paßt auf: Schon ist der Schmerz gebrochen!
　　Hab' ich nicht recht? Spürt Ihr noch was?
165　　Fort ist die Qual, ich kenne das!

WALZBRUDER *erstaunt und erlöst:*
    Wunderbar! Meine Schmerzen sind wie weggeblasen! Wie soll ich Euch danken, Herr Professor?
DR. SCHNAUZIUS *geschmeichelt:*
    Bitte, bitte, nichts zu danken!
    Ich bin da für jeden Kranken,
    wo und wer er immer sei,
    arm und reich, 's ist einerlei;
    steigt auf den Tisch und hält folgende Rede:
    Sehr verehrte Herren und Damen!
    Hab' die Ehre. Heiße Schnauzius mit Namen,
    bin wohlbekannt in allen Städten,
    man schätzt dort meine Apothekerkunst.
    Und wenn Sie gerne auch von meinen
    Pillen hätten, benützen Sie die seltne Gunst
    des Zufalls, der mich hergeführt;
    zeigt auf den Walzbruder.
    Von dieses Mannes Schmerz berührt,
    bin ich bereit, euch meinen Pillenvorrat abzugeben ...
    Zwar helfen sie euch nicht zum ewigen Leben,
    nein, soviel kann auch Doktor Schnauzius nicht.
    Doch gegen mancherlei Gebresten
    sind Schnauzius-Pillen anerkannt die besten.
    Sie helfen gegen Hexenschuß und Gicht,
    mildern der Gallenblase stechend Zucken,
    beseitigen auf kranker Haut das Jucken,
    besänftigen den Schmerz der Nieren ...
    Kriecht einer selbst auf allen vieren,
    die Pillen heilen ihn in kurzer Frist,
    und er vergißt, was Krankheit ist ...
    Genug! Ihr habt die rasche Wirkung vorhin selbst gesehn.
    Will jemand einen Beutel sich erstehn?
EIN BAUER: Was kost' das Zeug?
DR. SCHNAUZIUS: Weil Ihr es seid: Einen Silbertaler. Sie kosten sonst bedeutend
    mehr.
DER BAUER: Gebt her!
Die Leute beginnen zu kaufen; erst zögernd, dann, nachdem einer angebissen hat, hemmungsloser, zuletzt reißen sie sich fast um die hübschen, farbigen Beutel.
DR. SCHNAUZIUS *macht zu jedem Beutel, den er verkauft, eine kurze Bemerkung:*
    Hier, meine Dame ... Danke, mein Herr! ... Noch jemand? ... Bitte schön!
    ... Nicht drängeln, meine Herrschaften ... Danke, schönes Fräulein! ... Nur

Einmal im Rampenlicht

Ruhe, wenn ich bitten darf; 's kommt jeder dran! . . . Zwei Beutel wollen Sie? Das nenne ich vernünftig . . . Noch jemand, bitte? . . . Beeilen Sie sich, meine Herrschaften, wenn Sie noch zu einem Beutel kommen wollen, der Vorrat geht zu Ende! . . . Schluß! Ausverkauft!
Walzbruder hat unterdessen seine Zeche bezahlt und sich still davongemacht.
DR. SCHNAUZIUS *folgt ihm, stiehlt sich aber nicht davon, sondern zieht schwungvoll den Hut, bevor er verschwindet:*
Adieu allerseits!
Dr. Ehrlich tritt ein.
DR. EHRLICH: Grüß Gott zusammen!
DIE GÄSTE AUS DEM ORT: Grüß Gott, Herr Doktor!
VRENI *nachdem der Doktor sich an einen leeren Tisch gesetzt hat:*
Was darf ich bringen, Herr Doktor?
DR. EHRLICH: Einen Schoppen Roten.
EIN GAST *kommt auf den Arzt zu und gibt ihm die Hand.*
Eben war ein Kollege von Euch da, Doktor, ein Pillendreher aus Mostindien oder weiß ich woher. Er hat den Leuten seine Wunderpillen angepriesen und reißenden Absatz dafür gefunden.
DR. EHRLICH: So so . . . Kann ich mal eine von den Pillen sehen?
Ein Bauer am selben Tisch gibt dem Doktor seinen Beutel.
DR. EHRLICH *nimmt eine Pille heraus, sieht sie an, schneidet sie mit einem Taschenmesser entzwei, lacht schallend:*
Na, da seid ihr ja wieder einmal schön aufgesessen!
nachdem er sich beruhigt hat
Und darf man fragen, was der Zauber gekostet hat?
BAUER *kleinlaut:*
Einen Silbertaler.
DR. EHRLICH: Was! Einen Silbertaler habt ihr für den Dreck bezahlt! Wenn ich für eine selbstgemachte Arznei zehn Pfennig verlange, heißt ihr mich hinter meinem Rücken einen Leuteschinder. Kommt jedoch so ein Schwindler daher und knöpft euch einen Taler ab, dann tut ihr, als wenn er euch was schenkte!
EIN ANDERER BAUER: Mit Verlaub, Herr Doktor. Ihr mögt vielleicht recht haben; aber wir haben doch selbst gesehen, wie der Mann einen, der Zahnweh hatte, auf der Stelle mit einer Pille kurierte. So etwas ist doch einen Taler wert oder nicht?
DR. EHRLICH *höhnisch:*
Gewiß. Und wer war der Mann mit dem Zahnweh? Habt Ihr ihn gekannt?
DRITTER BAUER: N-nein, 's war ein Fremder.
DR. EHRLICH: Natürlich! Hab' ich mir gleich gedacht. Na, dann ist doch alles klar. Der Patient hat mit dem Doktor unter derselben Decke gesteckt!

VIERTER BAUER *kratzt sich hinterm Ohr:*
: Verflucht nochmal! Daran haben wir freilich nicht gedacht.
DR. EHRLICH: Ich will Hans heißen und zahle jedem hier in der Gaststube einen blanken Gulden, wenn eure Pillen nicht aus gewöhnlichem Brotteig gemacht und in Puderzucker gedreht sind . . . Heh, Wirt!
WIRT *kommt herbei:*
: Jawohl, Herr Doktor!
DR. EHRLICH: Habt Ihr Puderzucker?
WIRT: Hab' ich, jawohl!
DR. EHRLICH: Seid so gut und bringt mir einen Löffel voll.
WIRT *ab:*
: Gern, Herr Doktor!
DR. EHRLICH *zu den Gästen:*
: Ja, so ist es nun einmal: Die Welt will betrogen sein!
WIRT *kommt zurück:*
: So, Herr Doktor! Da wär das Gewünschte.
DR. EHRLICH: Danke. Jetzt brauch' ich noch ein Stück Brot.
Man bringt es.
Jetzt paßt auf! Der Teufel soll mich holen, wenn ich euch die Wunderpillen nicht ebenso gut drehe, wie euer Schelm! Seht her! Wenn euch euer Vorrat ausgeht, könnt ihr sie selber machen, 's kommt billiger; *beginnt aus dem weichen Brot Kügelchen zu kneten, feuchtet sie an und dreht sie im Zucker.* Und? – was sagt ihr jetzt! Gleichen meine und eure Pillen sich nicht wie ein Ei dem andern?
EINIGE GEPRELLTE. So ein Gauner! . . . Man muß ihn suchen, er kann noch nicht weit sein! . . . Ins Zuchthaus mit dem Galgenvogel!
DR. EHRLICH *erhebt sich:*
: Den werdet ihr nicht so leicht erwischen. Und im übrigen gehört euch was. Durch Schaden wird man klug, sagt man. Ich glaub's zwar nicht. Grüß Gott und – gute Kur!

Ein Mensch vor dem Gericht der Tiere

von Helen Gori

Im Gerichtssaal sind fast alle Tiere versammelt. Der angeklagte Mensch wird vom Schwein hereingeführt.

GERICHTSPRÄSIDENT (LÖWE): Darf ich Sie um Ihre Personalien bitten?
MENSCH: Mensch, geborener Affe, auf die Welt gekommen vor etwa 40 000 Jahren, wohnhaft überall auf der Erde.
LÖWE: Der Schreiber wird uns jetzt die Anklageschrift verlesen.
SCHREIBER (TINTENFISCH): Mensch, Sie sind angeklagt, eine unermeßlich große Zahl von unschuldigen Tieren umgebracht, gefressen, gequält, geschlachtet, hingerichtet, gejagt, erschossen und überfahren zu haben. Wegen Ihrer untierischen Quälereien und Massenmorden stehen Sie vor dem Gericht der Tiere.
LÖWE: Bekennen Sie sich schuldig?
MENSCH: Nicht schuldig.
LÖWE: Dann schreiten wir zur Einvernahme der Zeugen. Herr Staatsanwalt, darf ich bitten?
STAATSANWALT (FUCHS): Mein erster Zeuge ist der Igel.
IGEL *weinerlich:* Ich wollte eigentlich gar nicht zu dieser Gerichtsverhandlung kommen. Gerade in der heutigen Nacht ist mein lieber Mann, der unvergeßliche Kasimir, von einem Eisenteufel überfahren worden. Und ein Mensch saß darin und kümmerte sich überhaupt nicht um ihn.
LÖWE: Wir werden Sie in der Gerichtsverhandlung schonen, wenn es möglich ist; *zu Fuchs und Katze, Verteidiger:* Haben Sie noch Fragen an unseren Igel?
FUCHS/KATZE: Nein.
LÖWE: Wer ist Ihr nächster Zeuge, Herr Staatsanwalt?
FUCHS: Der Frosch.
FROSCH: Es ist doch wirklich eine Schweinerei . . .
SCHWEIN: Ich protestiere, mein Name darf nicht so mißbraucht werden!
FROSCH: Entschuldigung, ich wollte niemanden beleidigen. Es ist doch wirklich eine Menscherei, wie die Menschen unsere Weiher und kleinen Seen verschmutzen! In diesem Waschmittelschaum kann doch niemand mehr leben! Aber noch schlimmer ist, daß jedes Frühjahr Millionen von Fröschen überfahren werden von diesen merkwürdigen Blechbüchsen, in denen Menschen sitzen.
FUCHS: Das ist ja schrecklich! Und was passiert sonst noch mit Deinen Freunden und Verwandten?
FROSCH: Ach ja, die schlimmste Quälerei habe ich doch beinahe vergessen. Diese gemeinen Hunde . . .
HUND: Also, ich bin mit diesem Wort wohl kaum gemeint . . .

FROSCH: Oh, Entschuldigung, diese gemeinen Menschen reißen uns Fröschen bei lebendigem Leib die Beine aus und braten sie, um sie dann als sogenannte Delikatesse zu verspeisen. Wir armen Frösche müssen in einem stundenlangen Todeskampf zugrunde gehen. Ich bin dafür, daß man auch einmal einem Menschen alle seine Beine ausreißt ...

LÖWE: Den Strafantrag stellt später der Staatsanwalt, dazu haben Sie nichts zu sagen! Sind noch Fragen an den Zeugen Frosch?

VERTEIDIGER (KATZE): Haben Sie auch schon die kleinen Zäune gesehen, die von den Menschen nur darum gemacht wurden, damit die Frösche nicht überfahren werden?

FROSCH: Ja schon, aber die sind doch nur da, weil die Menschen uns lieber essen als überfahren!

FUCHS: Meine nächste Zeugin ist die Schnecke.

SCHWEIN: Die Schnecke ist leider noch nicht da, ich glaube, sie hat sich ein wenig verspätet.

FUCHS: Gut, dann rufe ich zuerst die Schlange in den Zeugenstand.

SCHLANGE: Daß ich jetzt noch lebe und zu Ihnen sprechen kann, und daß ich nicht schon in Form eines Geldbeutels oder einer Damenhandtasche vor Ihnen stehe, habe ich nur meiner Intelligenz und meinem feinen Tastsinn zu verdanken, sonst hätten mich die Menschen schon lange umgebracht ...

KATZE: Aber Sie waren doch einst sehr gut befreundet mit den Menschen, wenn man so an die Eva im Paradies denkt ...

SCHLANGE: Das war nur ein raffinierter Trick von mir, sonst hätten die Menschen auch aus dem Paradies einen Schweinestall gemacht!

SCHWEIN: Ich protestiere ...

SCHLANGE: Ja natürlich, ich entschuldige mich in aller Form, ich meine natürlich einen Menschenstall!

FUCHS: Ich bitte das Huhn in den Zeugenstand.

HUHN: Ja, ich warte schon lange darauf, endlich einmal auszupacken! Ich lebe unter unhühnlichen Verhältnissen in einer Geflügelbatterie. Meine ungeborenen Kinder werden mir weggenommen und von den Menschen als Eier gegessen. Mit fünf andern Hühnern bin ich in einem kleinen Käfig eingesperrt. Ich hoffe nur, möglichst bald als Brathuhn gegessen zu werden, damit diese Qual endlich ein Ende hat.

KATZE: Aber wer bringt Dir jeden Tag das Futter?

HUHN: Die Menschen natürlich, aber die füttern mich nicht aus reiner Nächstenliebe, sondern weil sie nicht gern zu Skeletten abgemagerte Hühner essen!

FUCHS: Mein nächster Zeuge ist der Blaubock.

Niemand erscheint, die Tiere werden unruhig.

LÖWE: Ich glaube, Herr Staatsanwalt, es ist Ihrer Aufmerksamkeit entgangen, daß der Blaubock von den Menschen ausgerottet wurde.

Entrüstungssturm, die Tiere sprechen durcheinander.

FUCHS: Ja, das ist traurig, und wenn wir dieser Morderei nicht bald einen Riegel vorschieben, sind alle meine Zeugen von diesem untierischen Monstrum Mensch ausgerottet!
Mein nächster Zeuge ist der Leopard.

LEOPARD: Ich finde auch, daß man etwas dagegen unternehmen muß, das sieht ja jedes Tier, daß es nicht mehr so weitergehen kann. Wenn ich an meine Verwandten denke, die umgebracht wurden ohne Grund! Mäntel hat man aus ihnen gemacht und Bettvorleger. Die Menschen bringen doch einfach alles um, was ihnen über den Weg läuft, sogar sich selber. Man sollte diesen Menschen einmal das Fell über die Ohren ziehen, dann hätten wir Ruhe!

KATZE: Wovon leben Sie eigentlich, Leopard? Wie ernähren Sie sich?

LEOPARD: Also, äh, ich muß doch auch etwas essen! Gras ist für mich unverdaulich, deshalb muß ich leider ab und zu, nur so ganz selten, so ein kleines Tier . . .

KATZE: Aha, da haben wir es, Sie jagen also auch!

LEOPARD: Aber nicht zu meinem persönlichen Vergnügen, nur weil ich Hunger habe.

Endlich kommt die Schnecke „angesaust", sie ist ganz außer Atem.

SCHNECKE: Entschuldigung, daß ich mich verspätet habe, aber der Weg war so weit, und ich bin nicht so schnell . . .

FUCHS: Beruhigen Sie sich, Sie sind ja jetzt da. Nun erzählen Sie doch im Zeugenstand einmal, was Ihnen der Mensch alles zuleide tut.

KATZE: Ich erhebe Einspruch, das ist Beeinflussung der Zeugin!

LÖWE: Jawohl, das stimmt, formulieren Sie Ihre Fragen bitte anders.

FUCHS: Also, was tut Ihnen der Mensch alles zuliebe?

SCHNECKE: Was zuliebe, gar nichts tut er mir zuliebe. Giftkörner streut er im Garten, so daß wir arme Schnecken unter schrecklichen Bauchkrämpfen sterben müssen! Meine Mutter wurde von einem kleinen Knaben zerstampft, mein Vater von einem Metallmonster überfahren und zwei meiner Brüder wurden von einem Menschen eingesammelt, dann hat man sie umgebracht, und mit Knoblauch und Kräuterbutter wurden sie von einer sogenannten Dame gefressen!

SCHWEIN: Und das geht nicht nur den Schnecken so! Meine 300 Kinder, die ich auf die Welt gebracht habe, sind gefressen worden!

LÖWE: Sei endlich still, Du bist nicht als Zeuge geladen.

FUCHS: Aber wahr ist es, was unser liebes Schwein sagt. Ich möchte jetzt nur noch den Affen in den Zeugenstand bitten, dann habe ich die wichtigsten Tatsachen zusammen.

AFFE: Ich wollte schon am Anfang protestieren! Was bildet sich eigentlich dieser Mensch da ein? Er hat gesagt, er stamme von den Affen ab. Das ist die gemeinste Lüge, die ich je gehört habe. Ich bin doch nicht der Stammvater dieses Monstrums! „Homo sapiens", weiser Mensch, nennt sich dieses Ungeheuer. Es ist für mich das schlimmste Schimpfwort, wenn meine Kollegen zu mir sagen: „Du blöder Mensch!"

FUCHS: Nun möchten wir aber doch wissen, warum du auf die Menschen so wütend bist.

AFFE: Weil wir Affen gequält werden! Hunderte sind schon draufgegangen bei wissenschaftlichen Versuchen, bei grausamen Experimenten mit Kriegswaffen zum Beispiel! Dann werden Tausende von Affen abgeschossen und als Köder gebraucht, um Ozelots zu fangen!

KATZE: Aber die Affen im Zoo haben doch ein schönes Leben.

AFFE: Ja, das muß ich zugeben. Und sie amüsieren sich köstlich, wenn sie die dummen Gesichter der Menschen hinter den Gittern anschauen können. Aber das ist ja nur die eine Seite! Fünf von sechs Affen kommen beim Transport in die zoologischen Gärten und Tierhandlungen um.

LÖWE: Ich danke dem Herrn Staatsanwalt für die Zeugeneinvernahme, nun ist der Verteidiger an der Reihe.

KATZE will etwas sagen, wird ausgepfiffen:

LÖWE: Ich bitte um Ruhe. Wir wollen einen fairen Prozeß! Wir sind doch keine Menschen!

KATZE: Mein erster Zeuge ist der Hund.

HUND: Nun, ich kann mich eigentlich nicht beklagen. Ich werde anständig gefüttert, gut behandelt ...

FUCHS: Ich bin dagegen, daß man diese Zeugenaussage ins Protokoll aufnimmt. Der Hund als bester Freund des Menschen ist ein Verräter, ein Mensch im Hundepelz sozusagen!

LÖWE: Dieser Einspruch ist abgewiesen, jedes Tier hat das Recht, sich zu äußern.

HUND: Also, ich werde gut behandelt, die Kinder lieben mich, mein Meister geht mit mir spazieren, ich bin zufrieden. Ich glaube nicht, daß die Menschen so schlimm sind, wie Ihr jetzt alle glaubt, vielleicht sind sie manchmal ein wenig gedankenlos.

IGEL: Also für mich ist es kein Unterschied, ob ich aus Grausamkeit oder aus Gedankenlosigkeit überfahren werde.

KATZE: Sei jetzt ruhig. Mein nächster Zeuge ist der Bandwurm.

BANDWURM: Ich appelliere an die Solidarität und an die Freundschaft aller Tiere. Wenn ihr dem Menschen etwas antut, trefft ihr auch mich, und ich muß doch auch existieren können ...

FROSCH: Also, ich sehe nicht ein, warum wir wegen dieses Schmarotzers auf eine gerechte Strafe verzichten sollten!

LÖWE: Ich bitte um Ruhe. Sie sind jetzt nicht gefragt. Fahren Sie bitte fort.

BANDWURM: Mir kann es ja egal sein, wenn Ihr die Menschen umbringt, aber in diesem Fall muß sich ein anderes Tier als Opfer zur Verfügung stellen.

Entrüstungssturm

KATZE: Ihr seht, daß die Sache nicht so einfach ist, wie Ihr Euch vorgestellt habt. Die Menschen sind doch Tiere wie wir, und alle sind voneinander abhängig. Ich rufe die Maus in den Zeugenstand.

MAUS *hat sich schon seit geraumer Zeit hinter den andern Tieren versteckt, will jetzt davonrennen.*

KATZE: Halt, lauf jetzt nicht weg. Hopp, in den Zeugenstand!

MAUS ängstlich: Da habe ich aber die Katze im Sack gekauft. Ich konnte doch nicht wissen, daß Sie der Verteidiger sind. Ich fühle mich gar nicht wohl in der Höhle des Löwen.

KATZE: Aber es passiert Dir doch gar nichts, wenn Du jetzt nichts Falsches sagst.

MAUS: Also, alle Menschen sind sehr lieb . . .

FUCHS: Ich erhebe Einspruch, das ist Beeinflussung eines Zeugen!

LÖWE: Stattgegeben. Stellen Sie Ihre Frage bitte korrekt!

KATZE: Gut, liebes Mäuschen, wie stehst Du zu den Menschen?

MAUS: Ich kann mich eigentlich nicht beklagen. Natürlich wird ab und zu eine Maus gefangen, aber wir haben die Fallen schon längst durchschaut. Aber wenn es keine Menschen gäbe, hätten wir keine Häuser, und darauf sind wir doch angewiesen, auch auf den Käse im Keller und auf die Konfitüre.

FUCHS: Aber Du könntest ja auch auf dem Feld leben . . .

MAUS: Was meinen Sie eigentlich? Ich bin doch keine Feldmaus, ich brauche ein anständiges Haus.

KATZE: Dann bitte ich den Leoparden und den Affen, meinen letzten Zeugen, den Hai, hereinzutragen.

Wie die beiden den Hai im Planschbecken hereinbringen, erschrecken die Tiere und laufen kopflos davon.

LÖWE: Sofort kommen alle wieder hierher, wir wollen einen ordentlichen Prozeß in aller Freundschaft.

HAI *gähnt*: Keine Angst, ich habe heute schon drei Schiffbrüchige gefressen . . .

SCHWEIN: Da haben wir aber Schwein gehabt!

HAI: Ich bin dagegen, daß man den Menschen etwas antut. Ich sage das nicht aus Nächstenliebe, sondern weil ich nicht auf einen abwechslungsreichen Speisezettel verzichten möchte. Immer nur Fische ist doch langweilig!

SCHLANGE *zischt*: Egoist!

HAI: Halt Dein freches Maul! Ich verlange von Dir ja auch nicht, auf Deine Delikatessen zu verzichten! Mit Dir werde ich noch ein Hühnchen rupfen!

HUHN *schreit*: Hilfe!

LÖWE: So, hört jetzt auf mit diesen Streitereien. Ein Prozeß ist eine ernste Angelegenheit. Was soll denn der Angeklagte von uns denken? Wir kommen jetzt zu den Schlußplädoyers[1].

---

[1] Plädoyer: Zusammenfassender Schlußvortrag des Verteidigers und des Staatsanwalts

Kinder dieser Erde

Ein Dorf in Thailand

von Ruth und Neil Thomson

Phaiporn ist ein elfjähriges Mädchen, das in Pa Bong, einem kleinen Dorf in Thailand, lebt.

Meiner Mutter gehört ein Stück Land in der Nähe des Dorfes – die meisten Leute in unserem Dorf sind Bauern und bauen hauptsächlich Reis und Gemüse an. Einige Frauen verkaufen ihr Gemüse auf dem Markt.
Von Juni bis September, der Zeit, in der der Reis angebaut wird, gibt es auf den Reisfeldern eine Menge Arbeit. In der übrigen Zeit ist nicht so viel zu tun, deshalb hat jede Familie noch eine andere Arbeit, um zusätzlich Geld zu verdienen.
Die Menschen meines Dorfes sind im ganzen Land als Korbflechter bekannt. Die Körbe werden aus Bambus gemacht, der rund um unser Dorf wächst. Deshalb heißt unser Dorf auch Pa Bong, das heißt Bambushain.
Vater sagt, Bambus sei besonders gut für die Herstellung von allen möglichen Gegenständen, weil er stark und leicht ist und sehr gerade wächst. Ich weiß, daß man ihn auch für Leitern und Zäune braucht.
Der Bambus wird in langen Rohren geschnitten, danach wird er zunächst in kurze Stücke gesägt und dann in Streifen geteilt. Die Korbmacher wässern die Streifen, damit sie biegsam werden und sich leichter flechten lassen.
Meine Tante ist im Korbflechten wirklich sehr flink – sie schafft drei oder vier Körbe pro Tag. Sie zeigt mir, wie es gemacht wird, aber bei mir geht es noch sehr langsam. In meinem Dorf werden Körbe in jeder gewünschten Größe und Form hergestellt. Von einem Korb-Großhändler im Dorf bekommt meine Familie Aufträge. Wenn wir einen Auftrag über 100 oder mehr Körbe bekommen, helfen alle Familien auf unserem Grundstück mit.

Manchmal helfe ich meiner Mutter oder meinen Tanten, ihre Körbe zum Großhändler zu tragen: Bevor er sie verkauft, räuchert er sie, damit sie härter und widerstandsfähiger gegen Insekten werden.

Ich sehe ihm gern zu, wenn er die Körbe auf einer Plattform unter einem riesigen umgestülpten Korb eng aufeinanderstapelt. Darunter macht er ein Feuer aus Erdnußschalen und läßt die Körbe dann einen Tag lang im Rauch.

Jede Woche kommt ein Händler aus Chiang Mai und holt die Körbe ab. Es ist erstaunlich, wieviel Körbe auf einen einzigen Lastwagen passen! Der Händler verkauft einige Körbe an ein Geschäft in Chiang Mai und schickt den Rest nach Bangkok. Er erzählte mir, daß einige unserer Körbe sogar ins Ausland verkauft werden.

Phairind und ich gehen in die Dorfschule. Morgens um sieben verlassen wir das Haus. Unser Schulweg dauert nur zehn Minuten.

Wir tragen immer eine Schuluniform – die meisten Kinder in Thailand haben solche Uniformen. In unseren Taschen tragen wir unsere Schulsachen.

Auf dem Weg zur Schule kommen wir an einigen Geschäften vorbei. Phairind will immer stehenbleiben, aber wir haben keine Zeit – wir dürfen nicht zu spät kommen. In einem Geschäft werden Fernsehgeräte und Fahrräder verkauft, in einem anderen Süßigkeiten, Plätzchen und Zeitschriften, einen Friseur gibt es und natürlich den Markt.

Zu Schulbeginn stellen wir uns alle draußen auf dem Schulhof auf. Während die Flagge Thailands gehißt wird, spielt die Schulkapelle die Nationalhymne, und alle stehen wir sehr gerade und still. Danach beten wir.

In der Schule müssen wir wirklich hart arbeiten. Zusätzlich zum Unterricht in den Klassen lernen wir, wie man Gemüse anbaut und wie man Bienen und Vieh hält. Wir müssen auch abwechselnd das Mittagessen kochen. Die Lehrer kaufen die Lebensmittel ganz früh am Morgen auf dem Markt. Sie zeigen uns, wie die Sachen geschnitten und gekocht werden – aber wir machen die ganze harte Arbeit!

Eines meiner liebsten Fächer in der Schule ist die stille Stunde, in der wir meditieren.[1] Wir sitzen alle im Schneidersitz, sehr still, mit Blick auf eine Buddhastatue und schließen die Augen. Wir konzentrieren uns sehr, um unseren Kopf ruhig und leer zu machen.

Die Meditation ist ein sehr wichtiger Teil unserer Religion, des Buddhismus. Wir folgen den Lehren eines heiligen Mannes namens Buddha, der die Menschen lehrte, weise und gut zu leben.

Neben unserer Schule befindet sich ein Buddhatempel, er heißt „Wat". Er ist immer geöffnet. Die Menschen bringen der Buddhastatue Blumen, oder sie entzünden Kerzen und Weihrauch und zeigen damit ihre Verehrung für Buddha und seine Lehren.

---

[1] meditieren: nachdenken, sich in etwas hineinversenken

Okolo in Nigeria

von Peter Buckley

Als Okolo das nächste Mal mit zum Markt von Ibagwa durfte, fand er heraus, daß das Schuljahr immer im Januar beginnt. Er wußte nicht, was Januar bedeutet, fragte und hörte zum erstenmal von den Monaten. Es war Mitte Dezember. Auf dem ganzen Heimweg war er unruhig, weil bis zum Schulbeginn nur noch wenig Zeit blieb.

Ein paar Tage später, als Okolo gerade mit dem Abendessen fertig war, kam Azuka[1] eilig herein. „Schnell, Okolo, geh zu deinem Vater!"

Neben dem Vater saß ein magerer alter Mann. „Komm mit", sagte Onuora zu seinem Sohn, und die beiden Männer und Okolo gingen zum Hause des Häuptlings. Dort hatten sich schon alle Dorfältesten versammelt und warteten auf sie. Der Häuptling ließ zum Zeichen des Willkommens Kolanüsse[2] herumreichen. Die Männer brachen die Nüsse entzwei, teilten sie und aßen. Der Häuptling ergriff das Wort.

„Okolo Edeogu, du wirst der erste aus unserem Dorfe sein, der eine Schule besucht. Dein Vater hat uns sein Wort gegeben, daß du niemals unsere Sitten vergessen wirst. Wir haben sein Versprechen gehört und wollen ihm glauben."

Okolo hatte noch nie an einem Ältestenrat teilgenommen; er wußte nicht, was er tun oder sagen sollte.

Während er über die Worte des Häuptlings nachdachte, redeten die Männer lebhaft miteinander. Alle schienen sich zu freuen, bis auf den mageren Alten. Stumm saß er da, mit verkniffenem Mund. Der Häuptling sprach weiter.

„Zuerst meinten viele Männer hier, es ist nicht gut, wenn du uns verläßt. Sie sagen, wir brauchen dich, wenn du erwachsen bist, und das ist wahr. Sie fürchten, wenn du fortgehst und eine Schule besuchst, verlieren wir dich für immer. Du würdest stolz werden, meinen sie, und dich für etwas Besseres halten. Du würdest ein weiches Bett haben wollen; der Boden, auf dem wir schlafen, würde dir zu hart sein. Du würdest nicht mehr unsere Speisen essen und nicht mehr mit uns sprechen wollen. Sie sagen, sie kennen solche Männer, die unsere Lehmhäuser und unsere Dächer aus Bambus und Palmblättern verachten. Früher sind diese Männer meilenweit gelaufen, um ihrer Mutter das Wasser zu holen. Jetzt nennen sie uns schmutzig, weil wir in unseren Hütten kein fließendes Wasser haben."

Das verstand Okolo nicht. Wasser gab es in den Flüssen, oder es fiel aus den Wolken herab – er konnte sich kein Haus vorstellen, durch das ein Bach floß.

„Das sind schlechte Männer, Okolo. Sie gehen fort, sie lernen viel, und dann vergessen sie, woher sie kamen. Sie denken nicht mehr an ihre Brüder, sie denken nur

---

[1] Okolos Mutter
[2] Kolanüsse: Samen des Kolastrauches

an sich selbst. Ich kenne deinen Vater, Okolo. Er ist gut. Er hat uns versprochen, daß du uns nicht vergessen wirst. Manche Männer hier sagen, eine Schule ist nicht nötig. Ich habe sie überzeugt, daß wir Leute brauchen, die mehr wissen als wir. Nur ein Mann, der etwas gelernt hat, kann uns helfen, das Wasser vom Fluß in unser Dorf zu leiten, damit wir nicht so weite Wege machen müssen, wenn wir durstig sind oder uns waschen wollen. Wissen ist böse, wenn es die Menschen entzweit. Einer der Ältesten fürchtet immer noch, daß du hochmütig werden könntest. Er meint, du solltest bei uns bleiben; aber bevor er sein letztes Wort sagt, möchte er dir einige Fragen stellen."

Okolo wandte den Kopf, um zu sehen, wer dieser Älteste war. Der magere Alte, der vorhin neben Onuora gesessen hatte, hob langsam den rechten Arm, zeigte auf Okolo und fragte ihn mit strenger Stimme: „Wenn ein Mann an dein Haus kommt und durstig ist, was tust du?"

„Ich gebe ihm zu trinken."

„Und wenn er hungrig ist?"

„Ich gebe ihm zu essen."

Bei jeder Antwort erhob sich Beifallsgemurmel in der Versammlung.

„Ein gebildeter Mann ist reich, Okolo", rief der dünne Alte mit hoher Stimme.

„Er kann mehr geben als ein unwissender Mann. Ebenso wie du dem Durstigen vor deiner Tür Wasser gibst und dem Hungrigen zu essen, mußt du eines Tages, wenn du etwas gelernt hast, jenen helfen, die nie etwas lernen konnten."

Onuora stand auf. Er sah in die Runde und sagte feierlich: „Okolo wird sich sein Leben lang nach diesen Worten richten." Dann setzte er sich wieder.
„Bist du jetzt mit uns einverstanden?" fragte der Häuptling den Alten.
„Noch nicht! Eine Frage noch."
Okolo wußte, daß nach der Sitte des Ibo-Volkes jeder Mann das Recht hat, in der Versammlung zu sprechen und Fragen zu stellen. Er wünschte, es würde schnellgehen, denn er war schon sehr müde.
Die Stimme war jetzt milder als vorhin; fast schien der Alte Okolo um einen Gefallen zu bitten, als er sagte: „Ich war von Anfang an dagegen, daß du eine Schule besuchst. Ich habe versucht, die anderen von dem Plan abzubringen. Jetzt hast du gewonnen. Ich werde nicht mehr leben, wenn du ein erwachsener Mann bist. Ich werde nie erfahren, ob du uns enttäuschst. Bevor du jedoch gehst, sage mir, was ein Mann in unserem Dorf tut, wenn er ein Haus braucht. Sprich, Okolo Edeogu."
Okolo wußte Bescheid. Erst in der letzten Woche hatte sein Vater einem Nachbarn beim Hausbau geholfen.
„Ogbuagu kam eines Abends zu meinem Vater und sagte: ‚Die Wände meines Hauses sind eingestürzt.' Mein Vater sagte: ‚Das tut mir leid. Ich komme zu dir.' Am nächsten Morgen ging mein Vater zu Ogbuagu und half ihm, ein neues Haus zu bauen."
Und Okolo erzählte, wie die beiden Männer tagelang miteinander gearbeitet hatten. Zuerst schafften sie lehmige Erde herbei und feuchteten sie an. Dann errichteten sie daraus niedrige, gerade Wälle, stampften sie mit den Füßen fest und hämmerten mit den Fäusten dagegen, bis sie hart wurden. Immer wieder schichteten sie frischen Lehm auf, und so wuchsen langsam glatte, harte Wände in die Höhe. Am vierten Tag waren sie hoch genug. Da machten die Männer ein Gerüst aus Bambusstangen für das Dach, und am fünften Tag deckten sie das Dach mit Palmblättern.
„Dann war das Haus fertig", sagte Okolo, „und Ogbuagu schlachtete seine fette Ziege. Er lud meinen Vater zu einem Festmahl ein. Sie tranken Palmwein, erzählten sich lustige Geschichten und brachten sich gegenseitig zum Lachen."
Der magere Alte lächelte und fragte, was denn Ogbuagu tun würde, wenn einmal Onuora ein neues Haus brauchte.
„Er kommt und hilft meinem Vater ebenso", antwortete Okolo.
„Ja, Okolo. Ich sehe, du kennst unsere Sitten. Jeder hilft dem anderen, wenn er in Not ist. Nur so kann man leben. Ich bin einverstanden, daß du eine Schule besuchst. Wenn du nie vergißt, was du uns heute erzählt hast, wird unser Dorf wachsen und gedeihen."

Langsam stand der Alte auf und wandte sich an den Häuptling. „Ich werde ein Drittel meiner Orangenernte verkaufen und einen Teil des Schulgeldes bezahlen." Bevor Okolo an jenem Abend schlafen ging, berichtete er seiner Mutter, wie alle Männer ihm ihre Hilfe angeboten hatten. Onuora hörte zu. Er war stolz auf Okolos Verhalten in der Versammlung und sagte zu Azuka: „Okolo ist gut. Jeder hat es gesehen, und jeder hat ihm eine Gabe versprochen, selbst diejenigen, die sehr wenig haben." Okolo ging ins Haus.

Seine Mutter und sein Vater standen zusammen auf dem kleinen Hof. Hoch über den Dächern des Dorfes konnten sie die dunklen Umrisse der großen Bäume gegen den hellen Sternenhimmel sehen. Der trockene Harmattan-Wind[3] aus dem Norden blies durch den Wald, daß die Farne und Blätter erschauerten und die Zweige sich bogen.

Azuka kreuzte die Arme vor der Brust, als ob sie fröre. Okolo würde fortgehen – auf einmal hatte sie Angst. Er würde den Schutz des Waldes verlassen.

„Ist es wirklich gut für ihn?" fragte sie leise.

„Ja", antwortete Onuora, „ganz sicher ist es gut."

Vom Denken kamerunischer Kinder

aus Briefen kamerunischer Kinder

„Im Juni, wenn die Schule schließt, werde ich den Hügel hinunterwandern zu meinem Dorf, sehr glücklich, mein Zuhause wiederzusehen. Es ist umringt von jungen Baumwollpflanzen, Korn und Hirse. Es hat ein Strohdach, das es frisch und kühl hält . . . ich werde froh sein, wieder einmal in dem Haus zu schlafen, in dem ich geboren wurde.

Mein Vater ruft mich: ‚Geh in die Hütte und hol den Stock und die Kürbisflasche, die an der Decke hängen', sagt er, ‚dann gehst du hinter dem großen Bruder her. Du wirst das Vieh hüten.' Ich bin stolz darauf, daß ich mich um die Tiere kümmern darf. Mit der Kürbisflasche in der Hand und dem Stock auf der Schulter laufe ich zu meinem Bruder und übernehme seine Arbeit. Das Vieh trinkt an der Wasserstelle. Ich schneide mir von einer wilden Hirsepflanze ein Stück ab und schnitze eine Flöte. Während die Ziegen das junge Gras abnagen, setze ich mich zu den anderen kleinen Hirten, die ebenfalls damit beschäftigt sind, sich Flöten zu machen. Wir blasen die Flöten gemeinsam und machen schöne Töne. Dann schicken wir die kleinsten Kinder in das Dorf zurück: ‚Du, Oumarou, bringst uns etwas Hirsemehl, und du, Djiabrilla, bringst uns getrockneten Fisch.' Wir kochen und trinken Wasser aus der Kürbisflasche. Am Abend, auf dem Nachhauseweg, singen wir."

---

[3] Harmattan-Wind: trocken-heißer, staubreicher Wind in Westafrika

„Ich werde Kühe, Schafe und Ziegen züchten, aber ich werde kein Getreide anpflanzen. Mit der Milch, die meine Kühe geben, kann ich genug verdienen, um mir Hirse zu kaufen. Von dem Fleisch einer Ziege oder eines Hammels, die wir monatlich schlachten, werden wir uns gut ernähren. Kleidung wird kein Problem sein. Ich werde einen sechsjährigen Bullen zum Markt bringen und ihn verkaufen. Mit dem Geld werde ich schöne Kleider kaufen. Mein Sohn wird die Schafe hüten, meine Tochter wird nach den Ziegen sehen, und ich treibe die Kühe auf die Weiden. Dort werde ich vielleicht Regen und Stürme ertragen müssen, aber die köstliche fette Milch wird mich diese Unbequemlichkeiten bald vergessen lassen. Wenn ich alt bin, werde ich bezahlte Hirten anstellen und mich im Schatten auf meiner Matte ausstrecken, ein Glas Kaffee neben mir. ‚Bouba hat mehr als hundert Stück Vieh; er ist einer der Reichsten unter uns', werden die Dorfbewohner sagen. Wenn ich 80 Jahre alt bin, werde ich einige meiner Tiere verkaufen und das Geld für eine Pilgerfahrt nach Mekka verwenden."

Du schiltst gern über andere Kinder, kennst du die deinigen?

Wer schon nicht hören kann, sollte wenigstens den Mund halten.

Spruchweisheiten aus Kamerun

Straßenkinder – Treibgut der brasilianischen Gesellschaft

Unbekannter Verfasser

S ie haben kein Dach über dem Kopf.
T raurigkeit kennzeichnet ihre Gesichter.
R echt oft sind sie der Willkür der Polizei ausgesetzt.
A us Not leisten sie bis zu 12 Stunden Schwerstarbeit.
S ie kennen keine Liebe und Geborgenheit.
S ie wurden von Vater und Mutter verlassen.
E in Teil der Mädchen verdingt sich als Prostituierte.
N ur wenige können regelmäßig eine Schule besuchen.
K rankheiten schwächen ihre Körper.
I n der Regel sind sie unterernährt.
N otleidend sind 7 Millionen Jungen und Mädchen.
D rogenmißbrauch ist keine Seltenheit.
E lendsviertel sind ihr Zuhause.
R esigniert und apathisch leben sie vor sich hin.

I n den Städten suchen sie im Müll nach Essensresten.
N achts schlafen sie unter Brücken oder im Rinnstein.

B ettelnde Kinder bestimmen das Großstadtbild.
R astlos ziehen sie durch die Straßen.
A lleingelassene Kinder schließen sich zu Banden zusammen.
S ehr viele bringt man in staatliche Erziehungsheime.
I hr Schrei nach Gerechtigkeit wird nicht gehört.
L esen und Schreiben lernten sie nie.
I hre Hoffnung auf ein besseres Leben ist sehr gering.
E ine Ausbildung können sie nicht machen.
N ur wenige haben eine Zukunft.

Nececita Muchacha

von Reinhardt Jung

„Nececita Muchacha" steht auf einem kleinen Stück Karton im Fenster eines Hauses in *Miraflores* in *Lima*:[1] „Hausmädchen gesucht". Aus *Puno* in den *Anden*[2] kommt ein Bauer, seine neunjährige Tochter an der Hand, nach *Lima*. Er geht direkt nach *Miraflores* und klopft an jene Türen, wo das kleine Pappschild angeheftet ist. Der arme Bauer wird so lange suchen, bis er einen Haushalt findet, in dem er mit der *Señora*[3] handelseinig wird. Er wird mit seinem Daumenabdruck einen Vertrag unterschreiben, in dem er der *Señora* die Vormundschaft über seine Tochter überträgt. Die *Señora* wird ihm dann ein kleines Handgeld geben, eine Anzahlung auf den Lohn der Tochter. Der Vater wird das Kind ermahnen, brav zu sein und der *Señora* zu gehorchen, und er wird schweren Herzens zurückgehen in sein Indiodorf in den *Anden*, wo sie Hunger haben. Die Kleine wird wenigstens nicht hungern. In dem Haus in *Miraflores* wird das graue Pappschild von der Tür genommen, und es beginnt das Leid einer kleinen Sklavin, einer *Muchacha*, eines Kindes, das nun keine Rechte mehr hat, nur noch Pflichten, das der Willkür der *Señora* ausgeliefert ist – in einer Stadt, in der es weder Freunde noch Bekannte hat und deren Sprache es nicht spricht.

Der Streik der Dienstmädchen

von Gudrun Pausewang

Das war ein Gelächter und Geschnatter im Bus! Noch nie vorher hatten sich so viele Dienstmädchen Santa Monicas an einem Platz versammelt. Hier, in diesem abgestellten Bus, waren sie unter sich, nur Mädchen und Frauen, und alle waren sie Dienstmädchen, Kindermädchen oder Köchinnen. Freundinnen winkten einander zu, Neue und Alte machten sich miteinander bekannt, Köpfe reckten sich und schauten nach Nachzüglern aus.
Susana, die vorn auf dem Fahrersitz kniete und sich auf die Lehne stützte wie auf ein Rednerpult, zog an der Glocke, die über dem Rückspiegel hing, und sprach in die erwartungsvolle Stille hinein: „Guten Abend, liebe Kameradinnen ..."
Es gab Gekicher.
„Ist was?" fragte Susana.
„So hat uns noch niemand angeredet", sagte Yolanda und prustete los.

---

[1] Lima: Hauptstadt von Peru
[2] Anden: Gebirge an der Westseite Südamerikas
[3] Señora: Frau, Dame

„Still!" riefen die anderen. „Red weiter!"

„Die meisten kennen mich ja schon", sagte Susana. „Ich heiße Susana Saavedra und arbeite beim neuen Arzt. Ich bin der Meinung, hier muß sich einiges ändern, und als ich mit einigen von euch gestern abend auf der Plaza darüber sprach, beschlossen wir, uns deswegen heute abend alle hier zu versammeln." Applaus unterbrach sie. Ungeduldig hob sie die Hand und zog wieder an der Glocke.

„Wir wollen keine Zeit verlieren", fuhr sie fort. „Manche von euch dürfen nicht so lange ausbleiben. Also, es geht erst einmal um Marta, das wißt ihr ja schon. Ihr habt inzwischen alle erfahren, wie sie von ihrer Señora behandelt worden ist. Das können wir uns nicht gefallen lassen. Denn heute ist es Marta, morgen kann es jede andere sein. Marta hat fast zweieinhalb Jahre ohne Lohn für ihre Señora gearbeitet, und als sie jetzt um Lohn bat – ich sage ‚bat‘, nicht ‚forderte‘ – ist sie vor die Tür gesetzt worden."

„Pfui!" riefen ein paar Stimmen.

„Geizkragen Natalia!" schrie Luz.

„Ich werde meine beiden Brüder auf sie hetzen", rief Ermengilda. „Sie werden den Gonzales in der Nacht die Scheiben einwerfen!"

„Nein", sagte Susana. „Das führt zu nichts. Wenn wir so vorgehen, erreichen wir nur, daß die Reichen zu Doña Natalia halten. Wir müssen aber gerade das Gegenteil erreichen: daß sie allein dasteht. Daß sie den Zorn der Reichen auf sich zieht."

Die Zuhörerinnen starrten sie verblüfft an.

„Das erreichst du nie", sagte Marina. „Die Reichen halten immer zusammen, wenn es gegen uns geht."

„Das werden wir noch sehen", sagte Susana. „Wenn *wir* zusammenhalten, sind wir stärker. Die brauchen uns nämlich. Da müssen wir ansetzen."

Alle horchten gespannt auf.

„Wir werden streiken", sagte Susana.

Im Bus wurde es totenstill.

„Wie meinst du das?" fragte Marina vorsichtig.

„Das heißt", erklärte Susana, „ab einer bestimmten Uhrzeit, zum Beispiel ab fünf Uhr morgens, arbeiten wir nicht mehr – nichts, keinen kleinen Finger rühren wir mehr! Kein Dienstmädchen, keine Köchin in Santa Monica arbeitet mehr!"

„Ja, aber wer soll denn dann die Arbeit tun?" fragte Ermengilda verblüfft.

„Die Señoras", antwortete Susana, „wenn sie ihre Familien und sich selber nicht verhungern oder im Schmutz ersticken lassen wollen. Sie müssen so lange die Hausarbeit allein erledigen, bis Doña Natalia der Marta ihren Lohn ausgezahlt hat, mindestens für das ganze letzte Jahr, und bis sie Marta, wenn die das überhaupt will, wieder in Dienst genommen hat. Wenn Marta nicht zu ihr zurück will, muß sich eine andere Señora finden, die sie aufnimmt. So lange werden wir streiken."

Einen Augenblick schwiegen die Zuhörerinnen überwältigt, dann brach ein Tumult los. Alle redeten, riefen, schrien durcheinander.

„Aber das ist doch gar nicht durchführbar", sagte die alte Perpetua, als sich der Lärm gelegt hatte. „Mindestens die Hälfte der Mädchen wird sich einschüchtern lassen. Wer von euch hat denn schon so einen Haufen Mut, wie ihr ihn zu so was braucht? Vor euren Herrschaften schmelzt ihr doch hin wie Butter. Nicht ich, denn mich respektieren sie, weil sie so eine Köchin wie mich nicht so schnell finden werden, und ich bin schon über zwanzig Jahre in diesem Haus. Aber die Jungen, die sich jederzeit ersetzen oder austauschen lassen, die werden es nie wagen, ihrer Señora ins Gesicht zu sagen: Ab jetzt arbeite ich nicht mehr, basta! Sie sind ja froh, daß sie überhaupt eine Stelle gefunden haben, und werden sie nicht leichtfertig aufs Spiel setzen."

„Ja", sagte Susana, „damit steht und fällt der Plan. Wenn nicht jede einzelne von uns standhaft bleibt, ist alles verloren, und es geht euch dreckiger als je zuvor. Die ganze Stadt wird sich über uns lustig machen. Aber wenn wir gemeinsam alles durchstehen, ohne uns bestechen oder erpressen oder einschüchtern zu lassen, dann können wir für *alle* bessere Bedingungen herausholen. Denn wenn unsere Señoras erst so einen Streik erlebt haben, werden sie ihn nicht gern ein zweites Mal riskieren."

„Wenn ich morgen früh zu meiner Señora ginge", sagte Josefina nachdenklich, „und ihr sagen würde, ich arbeite ab sofort nicht mehr, bis Marta zu ihrem Lohn gekommen ist, dann würde sie mich auf der Stelle hinauswerfen."

„Mich auch!" riefen viele Stimmen. „Und was dann?"

„Darauf müssen wir gefaßt sein", antwortete Susana. „Ihr werdet hinausgeworfen, nehmt eure Sachen und geht. Damit werden die meisten Señoras nicht rechnen. Sie werden erwarten, daß ihr klein beigebt und keinen Ton mehr von Martas Lohn erwähnt. Wer hinausgeworfen ist, kommt in unseren Garten."

„Meinst du den Doktorsgarten?" fragte Rita.

„Ja, den meine ich", antwortete Susana. „Ich habe mit Alfredo gesprochen. Er hat gesagt, er habe nichts einzuwenden gegen ein Rudel Mädchen in seinem Garten. Darin sind ja auch nur ein paar Mangobäume und Blumenbüsche und ein Rasen, der seit langem nicht mehr gemäht worden ist. Da gibt es nichts, was Schaden nehmen könnte."

„Hast du ihm etwa verraten, was wir vorhaben?" fragte Rita erschrocken. „Denn schließlich ist er einer von denen, auch wenn du ihn nicht mit ‚Don' anzureden brauchst."

„Wo denkst du hin!" rief Susana. „Ich hab ihm gesagt, wir wollten ein bißchen feiern. Es könnte allerdings etwas länger dauern."

„Wenn der wüßte!" rief Luz.

„Ich könnte es ihm ohne weiteres sagen", antwortete Susana.

„Er würde nichts verraten. Er hat ja selber immer gesagt: Ihr laßt euch viel zuviel gefallen. Aber ich werde ihn erst morgen einweihen. Also wer rausfliegt, kommt zu uns in den Garten. Dort haben wir Ruhe, vor allem vor der Polizei, denn Alfredo ist selber einer von den Reichen."

„Eben", sagte Lucrecia. „Das ist es, was mir an der Sache nicht gefällt. Warum sind wir auf seine Hilfe angewiesen? Warum bleiben wir nicht unter uns? Schließlich wird doch irgendwo am Fluß entlang ein Stück Land sein, das unseresgleichen gehört und auf dem wir uns ebensogut versammeln können."

„So ein Stück Land gibt es sicher", antwortete Susana. „Aber dort sind wir nicht so geschützt. Dort kann uns die Polizei jederzeit auseinandertreiben."

„Das stimmt", sagte Rita. „Ganz allein schaffen wir's unmöglich. Wir können froh sein, daß uns einer von denen Schutz bietet. Man muß die Dinge sehen, wie sie sind."

„Laßt uns weiterplanen", sagte Susana ungeduldig. „Also bleiben wir bei Alfredos Garten. Er ist groß, und im Gärtnerhaus ist auch ein Klo, das wir benutzen können. Wir machen uns ein Feuer und kochen uns was, damit wir nicht verhungern, so lange der Streik dauert. Ich schlage vor, wir fangen übermorgen früh mit dem Streik an, denn einen Tag brauchen wir noch, um Vorräte zusammenzutragen. Wir müssen genug zu essen haben für alle, die hier in der Stadt keine Verwandten haben, bei denen sie essen können.

„Unsinn, das alles", knurrte die alte Perpetua. „Das geht nicht so einfach, wie ihr grünen Dinger euch das denkt. Sonst wäre ja die ganze Welt voll von solchen Streiks oder wie ihr das nennt."

„Ist sie auch", warf Susana ein. „Das hat Alfredo schon oft gesagt. Er hat mich schon manchmal auf solche Streikversammlungen mitgenommen. Ich weiß, worauf es da ankommt. Zuerst hab ich nicht alles begriffen, aber bald ist es mir klargeworden. Und es ist wirklich so: Jedes Jahr wird mehr gestreikt, und in manchen Ländern haben sich die Armen schon so viele Rechte erstreikt, daß es ihnen fast so gutgeht wie bei uns den Reichen."

„Das erzähle, wem du willst", knurrte Perpetua. „Und noch eins will ich dir zu bedenken geben: Durch euch lassen sich die Señoras nicht erpressen. Sie lassen euch gehen und nehmen andere. Die aus den Dörfern lauern ja nur darauf, daß Stellen frei werden. Und wenn nicht genug Mädchen hier in der Stadt aufzutreiben wären, die gerade eine Stellung suchen, so würden die Señoras aufs Land hinausfahren und sich dort Mädchen holen."

„Da hast du recht", sagte Susana. „Wir müssen alle Möglichkeiten bedenken. Es könnte passieren, was du sagst. Aber erstens vergißt du, daß die Mädchen vom Land erst angelernt werden müssen. Zweitens werden wir die Mädchen, die Stellung suchen, so lange zurückhalten müssen, bis der Streik zu Ende ist. Wenn es sein muß, auch mit Gewalt."

„Ich weiß nicht", sagte Yolanda und schüttelte den Kopf. „Das geht doch alles schief. Sie werden die Polizei auf uns hetzen, wenn wir uns versammeln. Die Polizei wird auch vor dem Doktorsgarten keinen Respekt haben. Sie wird uns auseinanderjagen und mit Gewalt zu unseren Señoras zurückführen." „Sie können uns zwar zu unseren Señoras zurücktreiben", antwortete Susana, „aber sie können uns nicht zwingen zu arbeiten."

„Das stimmt", rief jemand.

„Und wenn sie erst begriffen haben, daß sie uns nicht zur Arbeit zwingen können", fuhr Susana fort, „werden sie über Doña Natala herfallen und sie dazu bringen wollen, Marta auszuzahlen. Wenn sie so weit sind, haben wir gewonnen."

„Ta ta ta", sagte Perpetua. „Euch geht die Fantasie durch. Ich halte mich da jedenfalls raus. Mir geht's gut, ich kann nicht klagen. Also warum sollte ich ein Risiko auf mich nehmen?"

„So kann man's auch machen", rief Susana. „Nur schön an sich selber denken. Die anderen können ja ruhig krepieren!"

„Na hör mal!" rief Perpetua erbost. Was ist denn das für ein Ton? Ich bin sechzig, mit solcher Musik darfst du mir nicht kommen!"

„Es gibt eine Grenze", sagte Susana, „da hört bei mir der Respekt vor dem Alter auf. *Mir* geht es auch gut, sogar noch wesentlich besser als dir, Perpetua. Weil du ausgenutzt wirst und es gar nicht merkst. Aber ich riskiere trotzdem eine Menge, vor allem deswegen, weil ich die ganze Sache angestiftet habe. Alle Señoras werden Gift und Galle nach mir spucken. Aber ich meine, es ist die Sache wert. Wir werden nicht nur sehen, daß Marta zu ihrem Recht kommt, sondern auch noch für die anderen allerlei herausholen. Vor allem werden wir verlangen, daß die Neuen vom Land nach spätestens einem halben Jahr Lohn bekommen."

„Jawohl, jawohl!" riefen die Mädchen, die vom Land in die Stadt gekommen waren, und klatschten.

„Und wir werden auf mehr Ausgang bestehen", sagte Susana.

„Jetzt habt ihr nur jede Woche einen halben Tag, und manche haben gar nicht frei. Wir verlangen einen ganzen Tag pro Woche!"

„Einen ganzen Tag", seufzte Nana selig und dachte an ihren Freund, den Ladengehilfen.

„Darin sind euch die Dienstmädchen von Andagoya weit voraus", sagte Susana. „Sie haben sich schon einen vollen Tag pro Woche erkämpft. Ich hab' ihn auch. Aber da sind noch andere Dinge.

Zum Beispiel der Urlaub und das Alter . . ."

„Was meinst du mit dem Alter?" fragte Perpetua mißtrauisch.

„Was wird mit dir geschehen, wenn du nicht mehr arbeiten kannst?" fragte Susana. „Werden dir deine Herrschaften dann das Gnadenbrot geben? Werden sie dich behalten und dich verköstigen, auch wenn du nicht mehr arbeiten kannst?"

„Wo gibt es denn so was?" grunzte Perpetua ärgerlich.

„Siehst du", sagte Susana. *„Das* meine ich. Man muß eine Rente bekommen, wenn man alt ist."

„Also *ich* mache mit", sagte Rita entschlossen.

„Ich auch", rief Marina.

„Ich auch, ich auch!" riefen viele Stimmen durcheinander.

„Versprecht das!" rief Susana. „Versprecht das bei der Ehre eurer Mutter und der Jungfrau Maria!"

„Wir versprechen es!" tönte es im Bus. Nur die alte Perpetua saß grimmig in ihrer Ecke, und außer ihr gab es noch einige, die nicht mitschrien.

„Und wer soll die ganze Sache leiten?" fragte sie. „Etwa du?"

Für einen Augenblick wurde Susana unsicher.

„Wenn ihr was gegen mich habt", sagte sie, „übernehme ich die Führung natürlich *nicht.*"

„Du! Du!" riefen viele Stimmen.

„*Du* hast doch die Idee gehabt!" sagte Flor. „Und du hast von uns allen den höchsten Lohn und kannst lesen und schreiben!"

Kalaha

von Johannes Bernhauser und Karl Heinz Stockheim

Kalaha ist ein mehrere tausend Jahre altes Spiel aus der Wüste. Man vermutet, daß der Name eine Abkürzung des Wortes Kalahari ist. So heißt die große Wüstensteppe im südlichen Afrika. Man spielte mit Steinen, Dornen oder Bohnen. Heute ist das Spiel in vielen Teilen Afrikas verbreitet.

Die Spielregeln

Kalaha wird von zwei Spielern gespielt. Jeder Spieler gräbt sechs Vertiefungen in die Erde, die sich gegenüberliegen; außerdem eine weitere, etwas größere Mulde, rechts von den eigenen Spielmulden. Dies ist die Zählschale. In jede der sechs kleinen Mulden werden drei Kugeln (Steine, Bohnen, Perlen, Körner, Muscheln) gelegt.
Ziel des Spieles ist es, möglichst viele Kugeln in der eigenen Zählschale anzusammeln.
Abwechselnd nimmt nun jeder Spieler alle Kugeln aus einem seiner Felder und legt je eine Kugel, entgegen dem Uhrzeigersinn, in die folgenden Felder. Dabei werden auch die Zählschale und die Felder des Gegenspielers nicht ausgelassen. Wenn die letzte Kugel in die eigene Zählschale fällt, darf man noch einen Umlauf machen.
Landet die letzte Kugel jedoch in einer eigenen, bereits leeren Spielschale, so nimmt man diese Kugel und alle Kugeln der gegenüberliegenden Spielschale des Gegners und legt sie als Sonderbeute in die eigene Zählschale. Das Spiel ist beendet, wenn alle 6 Spielschalen eines Spielers leer sind und der andere Partner mit seinem nächsten Zug keine Kugeln mehr in die gegnerischen Spielschalen bringen kann.
Die noch übrigen Kugeln aus den Spielschalen des Gegners werden zu den Kugeln des Gegners gezählt. Wer die meisten Kugeln in seiner Zählschale hat, ist Sieger.

Im Blickpunkt: Sport

Ein Denkmal für einen Postboten

von Ossi Brucker

Als der griechische König Georg im Jahr 1896 die ersten modernen Olympischen Spiele in Athen eröffnete und die Sportler aus Amerika einen Sieg nach dem anderen feierten, waren die Griechen darüber etwas verstimmt. Der Schlußtag kam und damit auch der Marathonlauf, der über die gleiche Strecke führte, die angeblich der griechische Soldat Pheidippidos im Jahre 490 v. Chr. ohne Rast zurückgelegt hatte, um den Bürgern von Athen die freudige Nachricht vom Sieg über die Perser zu bringen. 25 Läufer aus 12 Nationen meldeten sich, und 21 Griechen, darunter auch der 24jährige Spyridon Louis (auch Spiridon Loues geschrieben), der in seinem Heimatdorf Marousi als Postbote wirkte.

Bei den ersten Olympischen Spielen der modernen Zeit waren die einzelnen Sportwettbewerbe nicht so organisiert, wie dies heute der Fall ist. So kam es, daß sich auch Spyridon Louis in letzter Minute zum Marathonlauf meldete und angenommen wurde. Alle trainierten zuvor, doch Louis wußte nichts vom Training, er wollte auch davon nichts wissen, sondern bereitete sich durch Fasten und Beten vor. Am Vorabend des Marathonlaufes ging er in eine Kapelle, kniete vor dem Altar nieder und betete. Dasselbe „Training" führte er auch in der folgenden Nacht durch und hatte dann das Gefühl, den Sieg könne ihm keiner nehmen. Da standen sie nun am Start, die Läufer aus aller Herren Ländern und belächelten den naiven Burschen, der sich vorgenommen hatte, den Marathonlauf zu gewinnen ... ohne Training, ohne Lauftechnik, an den Füßen gewöhnliche Sandalen und mit einer langen Hose bekleidet!

Im Stadion des entfernten Athen brütete die Mittagshitze. 70 000 Zuschauer sitzen auf den Rängen des wiederaufgebauten Stadions. Aber auch an den Bergwänden außerhalb des Stadions hängen die Menschen wie Trauben ins Gestein geklammert und warten, warten am Freitag, dem 10. April, bis 14 Uhr.

Um 14 Uhr fällt in dem Dorf Marathon der Startschuß. Niemand weiß, wie lange der erste Läufer brauchen wird, um die klassische Strecke zurückzulegen. Die grie-

chische Hochsommersonne brannte auf die staubigen und schattenlosen Straßen, die Luft flimmerte vor Hitze. Steine, Steine, nur Steine, die das Sonnenlicht zurückwarfen. Es war eine mörderische Strecke.
Die Männer, die da laufen, wissen, was sie vor sich haben, und teilen ihre Kräfte ein. Das Tempo ist nicht gerade schnell, aber immer noch schneller als das von Spyridon Louis, der nur trippelt. Er trippelt und trippelt, krempelt sich nach einem halben Kilometer in aller Seelenruhe die Hemdsärmel hoch ...
Schon nach wenigen Kilometern mußte er sich erst mal ausruhen! Entsetzt waren die Zuschauer, als sie sahen, daß Louis in die nächste Wirtschaft ging und dort in aller Ruhe ein Glas Wein trank. Unter den Schimpfworten der Umstehenden lief er schließlich in der Hitze weiter. Er war die Sonne gewöhnt, aber die ausländischen Teilnehmer hatten darunter sehr zu leiden. Weit lag Louis zurück und murmelte vor sich hin: „Die Sonne entscheidet das Marathon, die Sonne entscheidet diesen Lauf!"
Zehn Kilometer hat er hinter sich, da sieht er das erste Menschenknäuel, das einen zusammengebrochenen Läufer, es war der Amerikaner Arthur Blake, umringt. Es sollte nicht der letzte sein, denn mit der sengenden Hitze und den Staubwolken wurden die Läufer der anderen Nationen nicht fertig. Spyridon Louis läuft weiter, immer wieder sieht er zusammengebrochene Marathon-Konkurrenten. Als ihm seine Landsleute zuriefen, daß nur noch zwei Läufer vor ihm seien, legte er noch einmal eine kleine Pause ein.
Je näher er Athen kam, desto dichter wurden die Zuschauerspaliere. Ein Radfahrer, der den Läufern vorausgeeilt war, berichtete im Stadion von dem unsportlichen Verhalten ihres Landsmannes. Tiefste Niedergeschlagenheit breitete sich aus, niemand glaubte mehr an den Sieg eines griechischen Läufers. Doch plötzlich, bei Kilometer 37, sahen die zahlreichen Zuschauer nicht nur den zusammengebrochenen Flack, sondern auch den in Zivilkleidung laufenden Postboten Louis. Louis lief weiter wie bisher, nicht zu schnell, aber immer gleichmäßig. Er lief Schritt für Schritt, Kilometer für Kilometer, überholte auch noch den letzten Konkurrenten und erreichte schließlich das Stadion, wo die begeisterte Menschenmenge bis zur Laufbahn vordrang. Das riesige Oval[1] glich einem Hexenkessel. Die Frauen begannen Schmuck nach ihm zu werfen, den er beschämt aufhob. Vor Rührung weinend, schlossen die Prinzen Konstantin und Georg ihren Landsmann in die Arme und trugen den Sieger zum König auf den Marmorthron.
Spyridon Louis, der Postbote aus Marousi, wurde als Nationalheld gefeiert. Er erhielt Geschenke, man baute ihm ein Haus, und Gastwirte, Schneider und Barbiere hielten ihre Verpflichtung ein, die sie vor dem Start gegeben hatten, falls der Sieger ein Grieche sein wird, ihm lebenslänglich zu Diensten zu sein. Aber nicht nur das, Louis wurde nach seinem Tode (27. März 1940) außerdem ein Denkmal gesetzt, das heute noch an diesen großen Läufer erinnert.

---

[1] Oval: hier: Form des Stadions

Lilli Henoch, eine Wegbereiterin des Frauensports

„Weiblicher Nurmi" aus Berlin – Erinnerungen an große Leichtathletinnen einer vergangenen Epoche

Nur mit der Stoppuhr in der Hand pflegte Paavo Nurmi zu laufen, seit ihn Joseph Guillemot bei den Olympischen Spielen 1920 über 5000 m im Endspurt überrascht hatte.

Der schweigsame Finne, der lieber seine Beine reden ließ, gewann neun olympische Goldmedaillen. Lilli Henoch gewann keine, nicht einmal Silber oder Bronze; sie stand nicht einmal in der deutschen Olympiamannschaft. Das hinderte einen begeisterten Sportjournalisten nicht, die Berliner Leichtathletin nach den Deutschen Meisterschaften 1924 in Stettin den „weiblichen Nurmi" zu nennen. Lilli Henoch siegte im Weitsprung, Kugelstoßen und Diskuswerfen, und den vierten Titel sicherte sie sich mit der 4×100-Meter-Staffel des Berliner Sport-Clubs (BSC). Es war jene Zeit, in der der Frauensport noch in den Kinderschuhen steckte. Und doch waren die Fortschritte schon unverkennbar.

In einem Bericht über die ersten zaghaften Versuche des Frauensports in Berlin hieß es: „Von den Siegerinnen verzeichnen wir hier nur die Vornamen. Getreu unserem Grundsatz, jeden Menschen solange für anständig zu halten, bis uns das Gegenteil bewiesen wird, nehmen wir an, daß wir es trotz des zweifelhaften Unternehmens mit anständigen Damen zu tun haben, deren Familien es unmöglich angenehm sein kann, wenn ihre Namen in dem Bericht öffentlich genannt werden. So registrieren wir denn nur, daß ein Fräulein Hedwig und ein Fräulein Clara Erste wurden."

Lilli Hennoch beim Diskuswerfen

Auch in den zwanziger Jahren war nicht etwa von Lilli Henoch die Rede. Statt des Vornamens war noch das Frl. für Fräulein en vogue[1]. Nur gelegentlich tauchte in den Berichten Frau Soundso auf. Das aber war schon verdeckte Kritik. Drückte man allenthalben noch ein Auge zu, wenn sich die „Fräuleins" mit dem neumodischen Gehopse, das sie Sport oder auch Turnen nannten, anfreundeten, so war dies bei den verheirateten Damen schon als Vorwurf gemeint.

Lilli Henoch kümmerte das alles nicht. Sie gehörte zu jenen Vorreitern, die Neuland erkunden und ihren Weg gehen.

Ekkehard zur Megede

---

[1] en vogue: beliebt, modern

Die anderen

von Volker W. Degener

Mein Sohn klopfte mir auf den Bauch.
„Ab heute trainiere ich für die Bundesliga", sagte er. Ich hatte es mir gerade bequem gemacht in meinem Feierabendsessel. Bernie ließ seinen Fußball von meinem Brustkorb bis zu den ausgestreckten Füßen rollen, lief einmal um mich herum und stoppte den Ball mit dem linken Fuß.
„Ich brauche nur noch einen vernünftigen Trainer."
„Mit zehn Jahren brauchst du noch keinen Trainer", warf ich ein, denn ich ahnte Schlimmes. „Mit zehn bestimmt noch nicht."
„Man soll so früh wie möglich anfangen. Systematische Aufbauarbeit", sagte er, und diesmal kullerte der Ball von mir herunter und quer durchs Wohnzimmer. Bernie sah mit seiner blauen Turnhose, dem grünen Pulli und den roten Socken abenteuerlich aus. Da war sowas von Entschlossenheit in seinem Gesicht, daß ich mir unmöglich vorstellen konnte, ihn bald wieder loszuwerden. Stöhnend erhob ich mich. „Also, wo geht's zum Stadion?"
Er sauste mit seinen Tennisschuhen hin und her, machte Lockerungsübungen, während ich mich maulend umzog.
„Kinder kommen immer zur falschen Zeit", brummte ich und meinte das auch so.
Auf dem Spielplatz neben der Schule war nichts los. Bernie ließ sich davon aber nicht beeindrucken. Unterwegs hatten wir den Ball schon ein paarmal hin und her gekickt, und jetzt ging's auf dem verstaubten Rasenrest weiter. Viel Spaß machte mir das eigentlich nicht, in dem grüngestrichenen Drahtkäfig. Außerdem fiel mir als Trainer verdammt wenig ein.
Bis Andreas und Robbi auftauchten. Da hatten wir schon mal acht Fußballbeine zusammen, zwei Minimannschaften. Vier Holzstücke, die wir mit einem Stein in den Boden rammten, ergaben zwei kleine Tore.
„Optimal. Die beiden tricksen wir doch aus!" strahlte Bernie übers ganze Gesicht. „Nach Strich und Faden machen wir die fertig."
Aber Andreas und Robbi verstanden sich prächtig. Sie hatten sogar Puste für richtige Sololäufe. Vater und Sohn kassierten gleich ein Tor, und dann noch eins. Wir pfiffen schon aus dem letzten Loch, als wir 0:3 zurücklagen und Bernie endlich den Anschlußtreffer schaffte.
„Pause!" riefen Andreas und Robbi gleichzeitig.
Da tauchten drei fremde Gesichter hinter dem Maschendraht auf. Andreas nahm sofort den Ball unter den Arm.
„Können wir mitspielen?" fragte der kleinste von den Dreien, die so um die zwölf waren.

Alle trugen dieselben verwaschenen roten T-Shirts, die mindestens eine Nummer zu groß waren. Meine Leute verhielten sich ganz eigenartig. Andreas ließ den Ball nicht mehr los, Robbi drehte ihnen den Rücken zu und Bernie wurde blaß.

„Die sind aus der Papageiensiedlung!" zischte er durch die Zähne. Seine Augen waren plötzlich so hilflos, wie ich das gar nicht bei ihm sehen mochte. Scheinbar kapierte ich nicht schnell genug, was er meinte.

„Mensch, das sind die drei Schlimmsten der ganzen Schule! Schlägertypen aus der fünften Klasse. Mit denen kann man sich auf nichts einlassen. Die machen uns alle!"

Da stand ich zwischen diesen sechs fußballbegeisterten Jungen und wußte nicht weiter. Asoziale Wörter breiteten sich in meinem Kopf aus. Schließlich schnappte ich mir kurzentschlossen den Ball.

„Okay", sagte ich laut und möglichst unbekümmert, „versuchen wir's also."

Die drei sausten durch die Maschendrahttür, schlenkerten zum Warmmachen mit Armen und Beinen, legten kurze Sprints hin und stellten sich dann mit ziemlich finsteren Mienen vor einem der Tore auf.

„Also, wer ist der Kapitän?" fragte ich den größten.

„Ich."

„Gut, dann laßt uns ein faires Spielchen machen. Ihr drei seid älter als meine Mitspieler, aber dafür haben wir einen mehr. – Ihr habt Anstoß."

Der Kapitän schmunzelte mitleidig, als ich ihm den Ball zuwarf und mich vor unser Tor zurückzog.

Bernie mochte gar nicht an den Ball heran. Er schob ihn einfach nur weiter. Sogar Andreas und Robbi beschränkten sich auf ein hastiges Abspielen. Sie vermieden jeden Zweikampf, und ich hatte Mühe, die scharfen Schüsse der Spieler mit den roten Hemden abzuwehren. Meine Mannschaft war noch stocksteif.

„Los, lauft euch frei. Besser zuspielen. Ganz direkt spielen, das könnt Ihr doch!"

Sie sahen mich stumm an. Ich rannte, kommandierte, hielt und schoß. Meine langen Pässe kamen selten an. Alles klebte an mir, und einen Moment lang dachte ich daran, daß ich mich jetzt noch mehr plagte als schon bei meiner Arbeit. Ich gab bestimmt ein irres Bild ab. Besonders in dem Moment, als die drei Rothemden mich regelrecht ausspielten und das erste Tor machten.

„Laß uns lieber aufhören", flüsterte Bernie, als wir den Ball aus der Weißdornhecke holten. „Wenn wir bei denen ein Tor schießen, gibt's Stunk."

„Ach Quatsch!"

„Da kannst du Gift drauf nehmen!"

So gut es ging, legte ich noch einen Zahn zu. Nach einem wahnwitzigen Slalomlauf brachte ich den Ball mit letzter Kraft vor Robbis Füße. Er kickte ihn glatt in den Kasten. Ich machte einen Luftsprung. So einen Bundesligasprung, nur nicht so hoch. Meine Leute freuten sich allerdings nur mäßig. Sie ließen ihre Gegner nicht aus den Augen. Andreas tippte auf seine Armbanduhr.

„Ich muß weg, muß pünktlich zuhause sein."

„Ach komm, noch 'ne Viertelstunde", sagte einer von der anderen Mannschaft. „So genau kommt das doch nicht."

Sie legten sofort wieder los. Andreas blieb gar nichts anderes übrig als weiterzuspielen.

Als Bernie einmal beim Fummeln umkippte, zog ihn der Gegenspieler gleich vom Boden hoch. Er sprach uns sogar einen Strafstoß zu. Der brachte allerdings nichts ein. Meine Jungs hatten einfach Blei in den Beinen. Nach zwei mit Glück abgewehrten Angriffen sauste mir der Ball schließlich durch die Beine. Schmunzelnd schlugen sich die roten Wiesel auf die Schultern. Mir tropfte der Schweiß in die Augen. Aber aufgeben wollte ich auf keinen Fall.

Es war bestimmt nur Zufall, daß Bernie nach ein paar Minuten einen Abpraller voll erwischte, ihm die entscheidende Richtung gab und der Ball seelenruhig ins verlassene Tor kullerte. Auch diesmal blickte er zuerst auf seine Gegner, die ihren Fehler sofort mit einem Gegenzug wettmachen wollten. Er freute sich viel weniger, als ich das an ihm kannte.

„Ich hau jetzt ab!" verkündete Andreas unwiderruflich.

Er zischte auch gleich davon. Na ja, auf unserer Seite waren alle irgendwie froh, daß die Sache zu Ende war.

„Wie ist das", fragte der Kapitän der anderen Seite, „seid ihr am nächsten Samstag wieder hier?"

„Klar!" verkündete ich, bevor sich jemand was anderes einfallen lassen konnte. „Okay, gleiche Zeit wie heute."

Er kam extra auf mich zu und gab mir die Hand. Jetzt hatte er ein ganz offenes Gesicht. Auch meinen Mitspielern schüttelte er die Hand. Robbi sah auf seine Finger. Als ob ihm einer vielleicht geklaut worden wäre.

„Ganz bestimmt", sagte ich. „Bis jetzt steht's ja unentschieden."

Ich fühlte mich kaputt und stark zugleich. Da war etwas in Bewegung geraten. Nicht nur mein Bauch.

Auf dem Rückweg wollte ich Bernie eigentlich etwas über Aggressionen und ihre Ursachen erklären, über Ungerechtigkeit und Wut. Dazu wären ungeheuer viel Worte nötig gewesen, bei mir jedenfalls. Als ich in Bernies rotes Gesicht unter der verschwitzten Mähne sah, ersparte ich mir dann jede Erklärung.

„Das hätte ich nicht gedacht. Ging doch prima", begann er nämlich und tickte den Ball ein paarmal auf.

„Wirklich? – Und wie war das mit dem todsicheren Stunk?"

„Ja, schon kapiert. Ist doch klar, daß wir am nächsten Samstag wieder mitmachen. Und am übernächsten auch."

FUSSBALL, KONKRET

von Michael Zeller

für helge

Fußball
Ausball
ballrund
Rundschlag
schlagsicher
sichern
Sicherheits-Fußball
Verteidigung
Fußtritt
Antritt
trittfest
Fußball-Fest
Fest-Spiel
Abspiel Zuspiel Rückspiel

Spielmacher
Spielzeug
Zugzwang
Erfolgszwang
Zwang
Training
Erfolgstrainer
Trainingslager
Lagerkoller
kollern
rollen
trudeln
treiben
hochtreiben
Prämie

12jährige Sandra hat Spaß am Gewichtheben
Ungewöhnliche Sportart für Mädchen findet sie ganz normal

Hamburg. (ap) Konzentriert steht das Mädchen vor der Stahlstange mit den Gewichten an beiden Enden. Dann bückt es sich, umfaßt die Stange mit beiden Händen, zieht sie vor sich hoch und reißt sie mit ausgestreckten Armen hoch über den Kopf. „Gut gemacht, Sandra", lobt der Trainer.

Ein Strahlen geht über das Gesicht der Zwölfjährigen.

Sandra Wittkopf ist Hamburgs einzige Gewichtheberin. Bereits seit zwei Jahren trainiert sie diese für Mädchen ungewöhnliche Sportart zweimal wöchentlich im Hamburger Sportclub Hansa-Germania von 1881.

Das Mädchen, das nur 38 Kilo wiegt, kann inzwischen ein 60-Kilo-Gewicht stoßen und reißen. Im vergangenen Jahr war die Zwölfjährige norddeutsche Meisterin. „Sandra darf aber noch nicht so schwer heben. Wir müssen sie immer bremsen, damit sie sich nicht übernimmt", sagt der Trainer stolz.

Sandra findet Gewichtheben toll. „Es macht mir Spaß, meine Kraft an Gewichten zu messen, damit zu kämpfen, zu zeigen, daß ich stark bin . . . Außerdem ist Gewichtheben ja ein Mehrkampf", sagt die blonde Schülerin. „Ich muß auch Dreisprung machen und Ballwerfen." Sandra geht auch gerne schwimmen, läuft Schlittschuh oder liest.

Daß es Menschen gibt, die gewichthebende Mädchen für ungewöhnlich halten, verwundert die junge Sportlerin immer wieder. Die Jungen ihres Sportclubs haben sie akzeptiert. Auch mit ihren Klassenkameradinnen hat das zierliche Mädchen keine Probleme. „Die staunen immer, finden mich aber ganz normal." Nur die Mitschüler und Wettkampfpartner seien oft neidisch.

Sandra betreibt den Sport zusammen mit ihrem 13jährigen Bruder. „Wir haben früher mal beim Gewichtheben zugesehen und uns gestritten, ob die Gewichte aus Gummi oder Eisen sind", erzählt sie. Dann hätten sie einfach angefangen.

Westfalenpost

Gewichtheben

aus einem Lexikon

Gewichtheben: Sportart aus der Gruppe der Schwerathletik, bei der ein Gewicht ein- oder beidarmig vom Boden zur Hochstrecke gebracht werden muß. – Gewichtheben wird in der Regel in der Halle ausgetragen auf einer harten Holzunterlage von 4×4 m Seitenlänge *(Heberboden),* die auch zu einem Podest leicht erhöht sein kann. Zur Kampfplatzausstattung gehören ferner drei akustische und/oder optische Anzeigegeräte (auch verschiedenfarbige Flaggen sind möglich), mit deren Hilfe die drei Kampfrichter signalisieren, ob ein Versuch gültig war oder nicht, sowie ein Zeitnahmegerät.

Sportgerät ist die *Scheibenhantel* (Hantel), bestehend aus einer Metallstange (Länge 2,20 m, Durchmesser 28 mm, Gewicht 20 kg) und zwei Feststellvorrichtungen (Gewicht je 2,5 kg), mit denen mehrere verschieden schwere Scheiben (größter Durchmesser 45 cm, höchstes Einzelgewicht 50 kg, niedrigstes Einzelgewicht 1,25 kg) auf der Stange befestigt werden können. Die Gewichtheberkleidung besteht aus einem Trikot und festen Schuhen (Heberschuhe) mit einer Sohlenstärke bis zu 4 cm. Zusätzlich können ein bis zu 10 cm breiter Gürtel und Bandagen u.ä. um Hand- und Kniegelenke getragen werden.

Regeln (Auswahl): Gewichtheben wird heute wettkampfmäßig nur als beidarmiges Gewichtheben betrieben, und zwar seit 1973 als **olympischer Zweikampf,** bestehend aus den Disziplinen Reißen und Stoßen (von 1928 bis 1972 gab es den **olympischen Dreikampf,** der zusätzlich das Drücken enthielt). Es werden Einzel- und Mannschaftswertungen ausgetragen. Um die Chancengleichheit im Gewichtheben zu gewährleisten, sind die Heber in Gewichtsklassen eingeteilt.

Technik: In beiden Disziplinen können zum Fassen der Hantel verschiedene Griffarten verwendet werden: *offener Griff* (Daumen und Finger einer Hand befinden sich auf derselben Seite der Stange), *einfacher Griff* (der Daumen liegt auf der den Fingern gegenüberliegenden Seite) und *Klammergriff* (Haltung wie beim einfachen Griff, jedoch wird der Daumen von Zeige- und Mittelfinger gegen die Stange geklemmt), der die größte Haltekraft der Hände besitzt. Beim **Reißen** muß die Hantel in einem Zug vom Boden über den Kopf gebracht werden: Der Heber faßt die Hantel in etwas mehr als Schulterbreite und bringt sie durch Strecken der Beine und des Oberkörpers in die Höhe. Hat die Aufwärtsbewegung der Hantel ihre maximale Geschwindigkeit erreicht, bringt der Heber seinen Körperschwerpunkt durch einen Ausfallschritt oder durch Hocksitz unter die Hantel, wobei er gleichzeitig die Arme streckt, und richtet sich dann zur Hochstrecke auf. Der Bewegungsfluß beim Reißen darf nicht unterbrochen werden. – Beim **Stoßen** verläuft die Bewegung in zwei Phasen: Der Griff an der Stange ist etwa schulterbreit, und das Gewicht wird, unterstützt durch Ausfallschritt oder Hocksitz, bis in Brust- oder Schulterhöhe gebracht. Dort erfolgt das *Umsetzen* des Gewichts, d.h. der Heber bringt das dort ruhende Gewicht in einer zweiten Bewegungsphase, der eigentlichen Stoßbewegung, durch die Kraft seiner Arme und unterstützt durch einen Ausfallschritt zur Hochstrecke.

Gewichtheben. Reißen mit Ausfall (oben) und Stoßen mit Hocke (unten)

Geschichte und Ursprung des Skateboards

von Ben Davidson/Fritz Klein

Vor etwa 5000 Jahren wurde das Rad erfunden. Seitdem hat der Reiz dieses elementaren[1] mechanischen Gegenstandes nichts von seiner Faszination[2] verloren. Heute ist die Welt ohne Räder unvorstellbar.
Ich weiß nicht, wie lange der Mensch gebraucht hat, um zu erkennen, daß das Rad Hunderte von verschiedenen Möglichkeiten bietet, sich die Zeit zu vertreiben.
So kam eines Tages einer auf die Idee, ein Paar Rollschuhe entzweizuhauen und die Rollen paarweise unter ein Brett zu nageln. Und siehe da: Ein neues Spielzeug war erfunden.
Es ist unmöglich, den Anfang des Skateboardings zeitlich zu fixieren.
Eins ist jedoch sicher: Um 1962 wurde plötzlich aus einer gelegentlichen Spielerei nicht nur ein Steckenpferd oder Hobby, sondern eine Sportart mit all ihren charakteristischen Merkmalen. Bis dahin hatte man an solch einem Instrument gebastelt, gespielt und irgendwann auch wieder das Interesse daran verloren. Als aber südkalifornische Surfer das Skateboarding als eine Art Ersatz für ihre Primär-Sportart[3] erkannten, von diesem Augenblick an war Skateboarding nicht mehr aufzuhalten.
Es gibt eine ganze Menge Beton auf dieser Welt, und im Gegensatz zu Brandung und Wellen ist er überall anzutreffen. Er ist hart und bewegt sich nicht – aber man selbst kann sich darauf bewegen. Surfen auf dem Bürgersteig, das war der erste, logische Schritt, und bald ging es weiter: Für einige wurde es beinahe eine Sucht.
Innerhalb der nächsten drei Jahre breitete Skateboarding sich wie eine Feuersbrunst aus. Jan und Dean machten Lieder darüber, die Medien brachten Reportagen und die Skateboard-Hersteller fingen an, eine Menge Geld daran zu verdienen.
Um 1965 war das ganze Land mit dieser neuen Liebhaberei vertraut. Wettbewerbe wurden mit Unterstützung örtlicher Einrichtungen (Vereine usw.) und Frei-

---

[1] elementar: grundlegend
[2] Faszination: fesselnde Wirkung, Anziehungskraft
[3] Primär-Sportart: gemeint ist die Sportart, die hauptsächlich ausgeübt wird, hier das Surfen

zeitzentren veranstaltet, und die Akteure fanden bald heraus, daß sie eine neue Sportart betrieben, die vorher nur als eine Art Spielerei angesehen wurde.

35 Aber keine Rosen ohne Dornen: Im Jahr 1965 stellten sich schon erste Schwierigkeiten ein. Für viele war es nichts anderes als eine Belästigung. Der Lärm der Räder auf hartem Asphalt und die Furcht, von den Skatebordern zu Boden gerissen zu werden, genügten denjenigen, die kein sportliches oder finanzielles Interesse an dieser Sportart hatten.

40 Und dann kam der große „Schlag": Die medizinische Gesellschaft in Kalifornien gab bekannt, daß Unfälle mit Skateboards die der Radfahrer inzwischen weit überträfen und als Hauptunfallursache für Kinder zu betrachten seien.

Das war natürlich Wasser auf die Mühlen der Opposition[4], die sich auf das Skateboarding eingeschossen hatte.

45 Von San Diego in Kalifornien bis nach Providence auf Rhode Island[5] wurden Verordnungen erlassen, die das Skateboarding auf öffentlichen Straßen verboten. In anderen Städten wurden die bestehenden Verkehrsregeln auf Skateboarder ausgeweitet, um „die Bedrohung" einzuschränken. Wieder andere Städte versuchten es, schafften es jedoch nicht – aber die negative Einstellung war nun einmal da.

50 Ganz plötzlich verlor man das Interesse und fing an, das Skateboarding hart zu tadeln. Und ebenso plötzlich war der Sport praktisch wieder von der Bildfläche verschwunden. Warenhäuser waren voll mit nunmehr wertlosen Skateboards und Zubehörteilen. Verschiedene Hersteller gingen pleite.

Die schlechte Werbung, die allgemeine Empörung, die gesetzlichen Maßnahmen
55 spiegeln nicht die ganze Geschichte wider. Sie allein sind keine Erklärung dafür, warum diese Sache, von einem auf den anderen Tag geboren, nun ebenso schnell wieder verworfen wurde. Eine Menge Leute sagen: „So ist das nun einmal mit jedem Steckenpferd: Es kommt und geht wieder."

Obgleich neue Materialien wie Fiberglas[6] und Aluminium bei der Herstellung von
60 Skateboards verwendet werden, gab es bis 1965 keine wirklichen Neuerungen, und elementare Mängel waren immer noch nicht behoben. Das fing an beim Fahrwerk. Es war im Grunde genommen für Rollschuhe konzipiert und benötigte deswegen auch nur ein einziges festes Gummilager als Federung. Das beeinträchtigte die Beweglichkeit ganz erheblich. Noch kritischer stand es um die Räder, weil
65 die Skateboard-Hersteller auch hier die für Rollschuhe geltenden Maßstäbe übernommen hatten; und das waren ausschließlich Räder, die aus einer Ton-Legierung[7] bestanden!

---

[4] Opposition: Gegner
[5] Kalifornien ist der westlichste und Rhode Island der östlichste Bundesstaat der USA
[6] Fiberglas: durch Glasfasern verstärkter Kunststoff
[7] Legierung: Mischung

Hart und dabei doch geschmeidig ermöglichten sie dem Rollschuhläufer ein schnelles Tempo. Dieselbe Qualität – ein Segen also für die Rollschuhläufer – war ein Unglück für die Skateboarder, denn die Räder hatten eine ganz schlechte Bodenhaftung. Bei Rollschuhen existierte dieses Problem nicht, weil sie ja doch für den Gebrauch an beiden Füßen entworfen waren. Nun war die Situation aber anders: Alle Räder waren auf nur einer einzigen Fläche befestigt. Übungen, die über einen simplen, langsam gefahrenen Bogen hinausgingen, konnten ganz leicht in unaufhaltsame Stürze ausarten. Darüber hinaus waren die Räder unzuverlässig – es sei denn, sie wurden auf einer glatten, sauberen Fläche verwendet. Als ob dies nicht alles schon genügte, waren sie auch noch laut, sehr laut sogar.

Auf einen Nenner gebracht: war das Skateboard Mitte der 60er Jahre eigentlich nichts weiter als ein Spielzeug und auf dem besten Wege, durch seine Unzulänglichkeiten zum Aussterben verurteilt zu sein.

Aber der Fortschritt war nicht aufzuhalten. Während der späten 60er Jahre wurde Urethane – ein elastischer, dauerhafter Kunststoff – in die Räder von Rollschuhen verarbeitet. In begrenzter Anzahl wurden sie auf Rollschuhbahnen eingeführt; die Nachfrage blieb jedoch negativ. Die Neuheit Urethane kehrte die Eigenschaften der Rollschuhrollen um: Weil sie weicher, elastischer waren, waren sie zwar auch leiser und hafteten besser, aber auch langsamer. Das Nachlassen der Geschwindigkeit bewirkte die Abneigung der Rollschuhläufer gegenüber dieser Neuheit, weil ihnen die verstärkte Bodenhaftung ungelegen kam.

Das Urethane-Rollschuhrad war ein großer Mißerfolg und blieb es auch bis 1973, als plötzlich etwas geschah, was bis zum heutigen Tag als der größte Fortschritt auf dem Gebiet der Skateboard-Herstellung angesehen wird. In jenem Jahr begann Frank Nasworthy, ein Surfer aus Encinitas in Kalifornien, mit dem Gedanken zu spielen, die Urethane-Räder an einem Skateboard zu verwenden. Skateboarding machte einen neuen Anfang.

Ein weiterer Knüller der Skateboard-Fabrikation hieß Fiberglas-Schichtung. Obwohl dieses Verfahren schon seit einiger Zeit bekannt war und auch schon 1965 auf Skateboards angewendet wurde, mußte erst Bob Bahne kommen, ein Surfbrett-Hersteller ebenfalls aus Encinitas, der die wirklichen Möglichkeiten der Fiberglas-Bretter erkannte. Seine Kenntnis um die Dynamik[8] von Skiern übertrug er auf die Herstellung eines biegsamen, elastischen Bretts, das genau und exakt auf den Läufer eingehen und auch längere Zeit stabil bleiben würde. Zusammen mit seinem Freund Frank Nasworthy sorgte Bahne dafür, den Staub herunterzuwischen, der sich inzwischen auf dem Skateboarding angesammelt hatte, um den Sport in den Rang einer Kunst zu erheben.

In mancher Hinsicht ist das Skateboarding schon ein fester Bestandteil unserer

---

[8] Dynamik: Schwung, Beweglichkeit

Gesellschaft geworden. Skateboard-Unterricht, Skateboard-Zentren, Wettbewerbe – all dies zeugt davon, daß der Sport als solcher akzeptiert worden ist.
Skateboarding wird auch immer sicherer, obwohl es immer mehr Verbreitung findet. Breitere, weichere Räder vermitteln bessere Bodenhaftung. Neue Legierungen (oder Beimischungen) ersetzen das spröde, zerbrechliche Metall, das vorher verwendet wurde. Und die Bretter sind im allgemeinen fester und stabiler geworden. Dazu legen die Skateboard-Organisationen immer mehr Wert auf vorbeugende Sicherheitsübungen und geeignete Ausrüstung. Die Hersteller tragen ihren Anteil dazu bei, indem sie Sturzhelme, Sturzjacken und Polsterung speziell für das Skateboarding entwickeln. Immer mehr wird über den Sport geschrieben, und geeignete Techniken zu seiner Ausübung werden entwickelt und weitervermittelt.
Natürlich gibt es immer noch Probleme. Unfälle kommen häufig vor, oft mit schweren Verletzungen, manchmal sogar mit Todesfolge. Rücksichtslose Läufer bedrohen immer noch Fußgänger (und damit sich selbst) und stören den Straßenverkehr. Einige Städte verschärfen die Bestimmungen was Skateboarding betrifft. Vorladungen zum Verkehrsunterricht, Geldstrafen und Vorlesungen über Verkehrssicherheit erhielten solche Läufer, die entweder das Gesetz und selbstverständliches Verkehrsverhalten ignorierten oder sogar mißachteten. Aber diese Schwierigkeiten können und müssen beseitigt werden, soll das Skateboarding einmal den Status[9] einnehmen, den es verdient.

---

[9] Status: Bedeutung, Rolle

Mein schönstes Gedicht

Mein schönstes Gedicht

von Mascha Kaléko

Mein schönstes Gedicht?
Ich schrieb es nicht.
Aus tiefsten Tiefen stieg es
Ich schwieg es.

*ich schreibe
um zu spüren
daß es mich gibt*

Dorette Müller

Schüler schreiben
Schüler schreiben?
Worüber schreiben Schüler
und
warum schreiben Schüler?
Gibt's für Schüler überhaupt etwas zu schreiben
außer
über Schule
über Schüler
über Ärger
über Eltern
alle diese abgebrauchten
renovierungsbedürftigen Themen

Es schreiben bereits
so viele
daß
alles
Wiederholung
zu sein scheint
Ich
schreibe
keine 10. Wiederaufarbeitung
ich schreibe nicht.

Sabine Hickel

Ein kleines Lied

von Marie von Ebner-Eschenbach

Ein kleines Lied, wie geht's nur an,
Daß man so lieb es haben kann,
Was liegt darin? Erzähle!

Es liegt darin ein wenig Klang,
Ein wenig Wohllaut und Gesang
Und eine ganze Seele.

Das ästhetische Wiesel

von Christian Morgenstern

Ein Wiesel
saß auf einem Kiesel
inmitten Bachgeriesel.

Wißt ihr,
weshalb?

Das Mondkalb
verriet es mir
im stillen:

Das raffinier-
te Tier
tats um des Reimes willen.

poesie

von Kurt Bartsch

die männer im elektrizitätswerk
zünden sich die morgenzigarette an.
sie haben, während ich nachtsüber schrieb,
schwitzend meine arbeitslampe gefüttert.
sie schippten kohlen für ein mondgedicht.

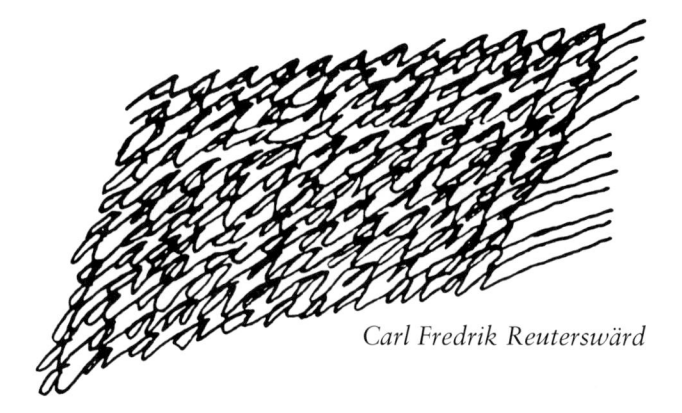

Carl Fredrik Reuterswärd

sonett

von Gerhard Rühm

erste strophe erste zeile
erste strophe zweite zeile
erste strophe dritte zeile
erste strophe vierte zeile

zweite strophe erste zeile
zweite strophe zweite zeile
zweite strophe dritte zeile
zweite strophe vierte zeile

dritte strophe erste zeile
dritte strophe zweite zeile
dritte strophe dritte zeile

vierte strophe erste zeile
vierte strophe zweite zeile
vierte strophe dritte zeile

Rückblick

von Joseph Freiherr von Eichendorff

Ich wollt' im Walde dichten
Ein Heldenlied voll Pracht,
Verwickelte Geschichten,
Recht sinnreich ausgedacht.
Da rauschten Bäume, sprangen
Vom Fels die Bäche drein,
Und tausend Stimmen klangen
Verwirrend aus und ein.
Und manches Jauchzen schallen
Ließ ich aus frischer Brust,
Doch aus den Helden allen
Ward nichts vor tiefer Lust.

Kehr' ich zur Stadt erst wieder
Aus Feld und Wäldern kühl,
Da kommen all die Lieder
Von fern durch's Weltgewühl
Es hallen Lust und Schmerzen
Noch einmal leise nach,
Und bildend wird im Herzen
Die alte Wehmut wach,
Der Winter auch derweile
Im Feld die Blumen bricht –
Dann gibt's vor Langeweile
Ein überlang Gedicht!

Paul Cézanne (1839–1906): Der Wald

Heute hier, morgen dort

von Hannes Wader

1. Heute hier, morgen dort,
   bin kaum da, muß ich fort,
   hab mich niemals deswegen beklagt;
   hab es selbst so gewählt,
   nie die Jahre gezählt,
   nie nach gestern und morgen gefragt.

   Manchmal träume ich schwer,
   und dann denk ich, es wär
   Zeit zu bleiben und nun
   was ganz andres zu tun.
   So vergeht Jahr um Jahr,
   und es ist mir längst klar,
   daß nichts bleibt, daß nichts bleibt,
   wie es war.

2. Daß man mich kaum vermißt,
   schon nach Tagen vergißt,
   wenn ich längst wieder anderswo bin,
   stört und kümmert mich nicht,
   vielleicht bleibt mein Gesicht
   doch dem ein oder andren im Sinn.

   Manchmal träume ich schwer . . .

3. Fragt mich einer, warum
   ich so bin, bleib ich stumm,
   denn die Antwort darauf fällt mir schwer,
   denn was neu ist, wird alt,
   und was gestern noch galt,
   stimmt schon heut oder morgen nicht mehr.

   Manchmal träume ich schwer . . .

Des Sängers Fluch

von Ludwig Uhland

Es stand in alten Zeiten ein Schloß so hoch und hehr,
Weit glänzt' es über die Lande bis an das blaue Meer,
Und rings von duft'gen Gärten ein blütenreicher Kranz,
Drin sprangen frische Brunnen in Regenbogenglanz.

Dort saß ein stolzer König, an Land und Siegen reich,
Er saß auf seinem Throne so finster und so bleich;
Denn was er sinnt, ist Schrecken, und was er blickt, ist Wut,
Und was er spricht, ist Geißel, und was er schreibt, ist Blut.

Einst zog nach diesem Schlosse ein edles Sängerpaar,
Der ein' in goldnen Locken, der andre grau von Haar;
Der Alte mit der Harfe, der saß auf schmuckem Roß,
Es schritt ihm frisch zur Seite der blühende Genoß.

Der Alte sprach zum Jungen: „Nun sei bereit, mein Sohn!
Denk' unsrer tiefsten Lieder, stimm' an den vollsten Ton!
Nimm alle Kraft zusammen, die Lust und auch den Schmerz!
Es gilt uns heut', zu rühren des Königs steinern Herz."

Schon stehn die beiden Sänger im hohen Säulensaal,
Und auf dem Throne sitzen der König und sein Gemahl;
Der König furchtbar prächtig wie blut'ger Nordlichtschein,
Die Königin süß und milde, als blickte Vollmond drein.

Da schlug der Greis die Saiten, er schlug sie wundervoll,
Daß reicher, immer reicher der Klang zum Ohre schwoll,
Dann strömte himmlisch helle des Jünglings Stimme vor,
Des Alten Sang dazwischen wie dumpfer Geisterchor.

Sie singen von Lenz und Liebe, von sel'ger, goldner Zeit,
Von Freiheit, Männerwürde, von Treu' und Heiligkeit;
Sie singen von allem Süßen, was Menschenbrust durchbebt,
Sie singen von allem Hohen, was Menschenherz erhebt.

Die Höflingsschar im Kreise verlernet jeden Spott,
Des Königs trotz'ge Krieger, sie beugen sich vor Gott,
Die Königin, zerflossen in Wehmut und in Lust,
Sie wirft den Sängern nieder die Rose von ihrer Brust.

„Ihr habt mein Volk verführt, verlockt ihr nun mein Weib?"
Der König schreit es wütend, er bebt am ganzen Leib.
Er wirft sein Schwert, das blitzend des Jünglings Brust durchdringt,
Draus statt der goldnen Lieder ein Blutstrahl hochauf springt.

Und wie vom Sturm zerstoben ist all der Hörer Schwarm,
Der Jüngling hat verröchelt in seines Meisters Arm,
Der schlägt um ihn den Mantel und setzt ihn auf das Roß,
Er bind't ihn aufrecht feste, verläßt mit ihm das Schloß.

Doch vor dem hohen Tore, da hält der Sängergreis,
Da faßt er seine Harfe, sie, aller Harfen Preis,
An einer Marmorsäule, da hat er sie zerschellt,
Dann ruft er, daß es schaurig durch Schloß und Gärten gellt:

„Weh' euch, ihr stolzen Hallen! Nie töne süßer Klang
Durch eure Räume wieder, nie Saite noch Gesang,
Nein! Seufzer nur und Stöhnen und scheuer Sklavenschritt,
Bis euch zu Schutt und Moder der Rachegeist zertritt!

Weh' euch, ihr duft'gen Gärten im holden Maienlicht!
Euch zeig' ich dieses Toten entstelltes Angesicht,
Daß ihr darob verdorret, daß jeder Quell versiegt,
Daß ihr in künft'gen Tagen versteint, verödet liegt.

Weh' dir, verruchter Mörder, du Fluch des Sängertums!
Umsonst sei all dein Ringen nach Kränzen blut'gen Ruhms,
Dein Name sei vergessen, in ew'ge Nacht getaucht,
Sei, wie ein letztes Röcheln, in leere Luft verhaucht!"

Der Alte hat's gerufen, der Himmel hat's gehört,
Die Mauern liegen nieder, die Hallen sind zerstört,
Noch *eine* hohe Säule zeugt von verschwund'ner Pracht:
Auch diese, schon geborsten, kann stürzen über Nacht.

Und rings statt duft'ger Gärten ein ödes Heideland,
Kein Baum verstreuet Schatten, kein Quell durchdringt den Sand,
Des Königs Namen meldet kein Lied, kein Heldenbuch;
Versunken und vergessen! Das ist des Sängers Fluch.

Wohin mit dem Müll?

Müll in früheren Zeiten *nach Volker Petzoldt*

Die Postkarten-Romantik alter Stadtbilder verschleiert, wie schmutzig es damals dort zuging. In den verwinkelten Gassen stank es nach Kot und Abfällen. Müll und Abwässer gelangten in den nächsten Bach oder einfach vor die Haustür. Die Gassen der alten Städte waren ein Paradies für Hühner und Schweine, doch auch
5 für Ratten und Ungeziefer. Die Folgen blieben nicht aus:
Seuchen und Krankheiten grassierten[1]. Eine Epidemie[2] folgte auf die andere. War die Pest glücklich überstanden, drohte bereits die Cholera. Das Leben des einzelnen Menschen war eine Art Wettlauf mit dem Seuchentod – vor allem in oder unmittelbar nach Kriegen. Mitunter wurden die Einwohner ganzer Städte und Land-
10 striche durch Seuchen hinweggerafft.

Dieser Stich aus dem Jahre 1609 zeigt, wie damals in Hamburg Müll abgefahren wurde. Die Abfallwagen wurden von Sträflingen gezogen. Man nannte sie „Karrenbuben". Ihr Aufseher hieß Michael Schott. Nach ihm hießen die Wagen „Schottsche Karren".

---

[1] grassieren: sich ausbreiten   [2] Epidemie: ansteckende Massenerkrankung, Seuche

Erst am Ende des Mittelalters, als die Wissenschaften aufblühten, erkannte man allmählich, daß nur Reinlichkeit wirksam und dauerhaft helfen konnte. Die Stadtreinigung entstand. Welche Stadt als erste eine geordnete Müllabfuhr einrichtete, läßt sich heute nicht mehr mit Bestimmtheit sagen. Mit Sicherheit waren es jedoch nicht die damaligen Großstädte Europas, wie Paris, Wien oder London. Vieles spricht dafür, daß Berlin, damals die Hauptstadt des noch verhältnismäßig bedeutungslosen Kurfürstentums Brandenburg, zu den ersten Orten mit einem öffentlichen Straßenreinigungsdienst gehörte. Dieser war eine Art Zwangsarbeit für Dirnen. Die Begründung für diese eigenartige Strafe lautete kurz und bündig: „Dirnen benutzen die Straßen mehr als ehrsame Bürger, also sollen sie sie fortan auch sauber halten."

Außerdem wurde ein Gassenmeister von der Stadt angestellt. Nach einer Verordnung aus dem Jahre 1660 hatte er das Recht, Abfälle, die er vor den Häusern von Bürgern fand, durch die Fenster in die Wohnung zurückschaufeln zu lassen.

Wohin mit dem Müll?

Unbekannter Verfasser

Bis zum Beginn der 70er Jahre gab es in der Bundesrepublik keine geordnete Abfallwirtschaft. Es entstanden zum größten Teil „wilde" Müllkippen, deren Zahl auf über 50 000 geschätzt wird. Viele dieser Deponien, oft überhaupt nicht gegen giftige Sickerwässer abgedichtet, genügen heutigen Sicherheitsstandards nicht mehr. Zwischen 1970 und 1980 hat sich der Müllberg fast verdoppelt. Der Deponieraum ist weitgehend erschöpft. Kein Politiker kann es sich mehr leisten, für weitere Deponien einzutreten. Keine Gemeinde möchte einen neuen Abfallberg mitsamt der dazugehörigen Verkehrsbelastung aufnehmen. Immer heftiger werden die Proteste gegen das Verbrennen von Müll, bei dem hochgiftige Dioxine frei werden. Die Nordsee als „Müllkippe" scheidet ebenfalls aus, da Robbensterben und Algenpest bereits ihren biologischen Tod signalisieren.

„Müll-Lawine", „Müll-Notstand" und „Müll-Katastrophe" sind gängige Schlagworte, mit denen die hier genannten Probleme auf den Nenner gebracht werden. Die ökologischen Folgen wachsender Müllberge untergraben zunehmend unsere natürlichen Lebensgrundlagen.

Ein Zehntel des Mülls ist überflüssig

Vieles, was heute produziert wird und später als Abfall die Müllkippen füllt, ist überflüssig. Dazu gehören die allzu aufwendigen Verpackungen ebenso wie die modernen Wegwerfprodukte. Solcher Abfall ist zu vermeiden, indem das überflüssige Produkt (oder die Verpackung) gar nicht erst hergestellt wird.

Dazu ist einerseits der Staat aufgerufen, der entsprechende Produktionsverbote erlassen muß; andererseits ist ein bewußtes Handeln der Verbraucher nötig.

Wie notwendig Abfallvermeidung ist, zeigen diese Zahlen:

• Etwa ein Drittel des Hausmülls besteht aus Verpackung.
• Zehn Millionen Tonnen Verpackungsmaterial werden in der Bundesrepublik jährlich hergestellt.
• Deren Beseitigung kostet zweieinhalb Milliarden Mark.
• Eine Einwegflasche zu beseitigen kostet im Mittel 3,8 Pfennig, während die Beseitigung einer Mehrwegflasche nur einen Zehntel Pfennig kostet.

Nicht in Geld auszudrücken ist die Umweltbelastung durch Rohstoff- und Energieverbrauch und durch Herstellungs- und Beseitigungsverfahren.

Was zu tun ist:

1. Auf überflüssige und aufwendige Verpackungsanteile muß verzichtet werden.
2. Auf Einwegverpackungen und Wegwerf-Erzeugnisse kann verzichtet werden.
3. Mischmaterialien müssen vermieden werden (etwa Milchtüten aus Aluminium, Kunststoff und Pappe).

Bei der Ausarbeitung konkreter Maßnahmen zur Abfallvermeidung lassen wir uns von diesem Grundsatz leiten:
- Man beschränke sich auf die rein funktionelle[1] Bedeutung von Verpackungen.

Denn Verpackungen haben diese (und nur diese!) sinnvollen Funktionen: Sie
- schützen den Inhalt,
- umgeben Produkte transport- und lagerfähig,
- informieren über den Inhalt,
- bieten hygienischen Schutz.

Ferner müssen sie
- billig, ökologisch vertretbar, wiederverwendbar und wiederverwertbar sein.

Die Privathaushalte müssen durch ihr Kaufverhalten unmittelbaren wirtschaftlichen Zwang ausüben. Ab sofort kaufen sie
- keine folienverpackten Nahrungsmittel (etwa Fleisch, Wurst, Obst, Gemüse),
- keine mehrfach verpackten Produkte (etwa Zahnpasten, Dosen oder Flaschen, die in einem Karton stecken),
- keine Mogelpackungen, etwa Flaschen mit hochgezogenen Böden,
- keine Plastiktüten,
- keine Einwegflaschen oder Getränkedosen,
- keine Wegwerf-Erzeugnisse wie Ex-und-hopp-Feuerzeuge oder ebensolche Kugelschreiber.

Nicht immer werden heute schon Alternativprodukte[2] angeboten. Dann muß man die sinnlose Verpackung mitkaufen. Man muß sie aber nicht mit nach Hause nehmen. Wenn viele Kunden die Waren sofort auspacken und den Verpackungsmüll im Laden liegenlassen, hat das eine heilsame Wirkung für Handel und Industrie.

Merke: Was vermieden wird, braucht nicht beseitigt zu werden

Der Schwerpunkt dieses Abfallvermeidungskonzepts ist die Steigerung des Problembewußtseins bei Käufern und Staat. Die Maßnahmen wirken entweder direkt (Gesetze) oder indirekt (Besteuerung und Kennzeichnungspflicht für unerwünschte Produkte, Käuferboykott[3]).

Wichtig ist die Erkenntnis: Man muß überall mit Abfallvermeidungskonzepten anfangen statt (wie bisher) nur Abfallbeseitigungspläne zu entwickeln.

Bei konsequenter Durchsetzung dieses Konzeptes wird der gesamte „Siedlungsmüll" um zehn Prozent reduziert.

natur 9/84

---

[1] funktionell: auf die eigentliche Aufgabe bezogen
[2] Alternativprodukt: ein gleiches Produkt, das aber anders hergestellt oder verpackt wurde.
[3] Käuferboykott: Käufer kaufen eine bestimmte Ware nicht mehr.

Müllgebirge unerwünscht

von Hans Otto Wiebus

30 Millionen Tonnen Abfall werden Jahr für Jahr von den Müllautos abtransportiert, auf Deponien gelagert oder verbrannt. Dabei ist der Abfall, den wir täglich hinterlassen, eigentlich voll von wertvollen Stoffen, die man weiterverwenden könnte. Werfen wir mal einen Blick in eine Durchschnitts-Mülltonne. Darin finden wir:

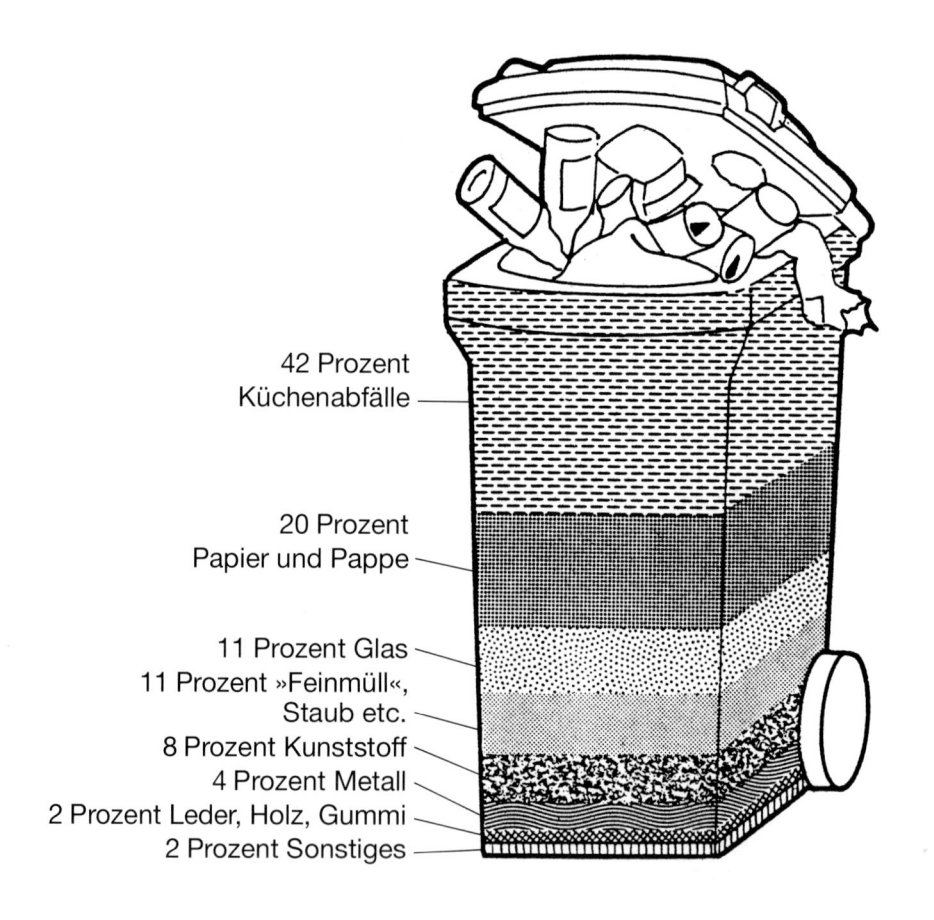

42 Prozent Küchenabfälle

20 Prozent Papier und Pappe

11 Prozent Glas
11 Prozent »Feinmüll«, Staub etc.
8 Prozent Kunststoff
4 Prozent Metall
2 Prozent Leder, Holz, Gummi
2 Prozent Sonstiges

Was soll an Kartoffelschalen, leeren Konservendosen, Joghurtbechern, ausgekochten Teeblättern, zerknüllten Zeitungen, Kaffeesatz, Zigarettenkippen oder kaputten Flaschen schon wertvoll sein? Wenn man genau hinschaut: sehr vieles. Und wenn schon nicht richtig wertvoll, dann doch wiederverwertbar. Im einzelnen: Die Küchenabfälle kann jeder, der einen eigenen Garten hat, auf die Kompostmiete bringen, die dort, richtig aufgesetzt, zu Humus verrotten. Fast die

Hälfte des Mülleimers bleibt leer, wenn die organischen Abfälle planmäßig zu fruchtbarer Erde verkompostiert würden. Wer keinen Garten hat, tut sich da schwer.

Immerhin gibt es bereits Überlegungen und praktische Versuche, die Küchenabfälle von Nichtgartenbesitzern, den sogenannten Naßmüll, in zentralen Anlagen zu Humus zu verarbeiten. Solche Initiativen wurden auch schon von Jugendgruppen ergriffen. Sie können bei Gemeinderäten bewirken, daß hier nach ökologisch sinnvollen Lösungen gesucht wird. Mehr Komposterde für unsere Hausgärten würde es überflüssig machen, industriell hergestellten Handelsdünger in Privatgärten einzusetzen. Auch das wäre ein Fortschritt für die Umwelt. Papier und Pappe, die im Durchschnitt ein Fünftel des Abfalls ausmachen, kann und sollte man zur Altpapiersammlung geben. In vielen Städten und Gemeinden wird das Altpapier regelmäßig an der Haustür abgeholt. Glas sollte immer in den Altglasbehälter wandern: Die Scherben werden eingeschmolzen und zu neuen Flaschen oder Glasprodukten verarbeitet. Noch sinnvoller ist es, statt Wegwerf- lieber Pfandflaschen zu kaufen. Die können bis zu 25mal wieder aufgefüllt werden, bis sie eingeschmolzen werden müssen. Auch Kunststoff läßt sich wiederverwerten. Er wird geschmolzen oder zerschnitzelt und Baustoffen beigemengt oder in seine chemischen Bestandteile zerlegt. Das ist sinnvoller, als die unendlich vielen Joghurtbecher, Plastikflaschen und Verpackungsschälchen (pro Jahr etwa 1,3 Millionen Tonnen) auf Müllplätzen zu lagern, wo sie auch nach Jahrzehnten noch nicht verrottet sein werden. In Müllverbrennungsanlagen entstehen durch Kunststoffe giftige Abgase, die in einem sehr aufwendigen Verfahren wieder herausgefiltert werden müssen.

Daß Metalle wiederverwertet werden können, versteht sich von selbst. Hier gab es – zumindest bei den wertvolleren Metallen wie Kupfer und Messing – immer schon ein Recycling (Wiederverwertung). Neu ist, daß es sich auch lohnen würde, Blech wiederzuverwerten. Nicht deshalb, weil das ein seltener Rohstoff wäre, sondern weil der Blechbüchsenberg täglich wächst. Immer häufiger verpacken Brauereien und Getränkehersteller Bier, Limo und selbst Mineralwasser in Blechbehälter. Die muß man – bis auf wenige Ausnahmen – in den Müll werfen, weil man sie nicht zurückgeben kann.

Vorraussetzung für alle Wiederverwertung ist, daß der Müll getrennt gesammelt und getrennt abgeholt wird. Denn Blechbüchsen, vermischt mit Küchenabfällen und Zigarettenkippen, kann man nicht verwerten. In manchen Gemeinden wird jetzt versucht, durch die Einführung der „grünen Tonne" oder Wertmülltonne den Küchenabfall und die wiederverwertbaren Müllbestandteile getrennt zu sammeln.

Diese zukunftsweisenden Bemühungen führen auf Dauer aber nur zum Erfolg, wenn die Bürger, das heißt wir alle, mitspielen. Gleichgültigkeit der Verbraucher ließ schon viele gute Ansätze ins Leere laufen.

Brief einer Bürgerinitiative

Unbekannte Verfasser

Liebe Eltern,
Proteste gegen Sondermüllverbrennungsanlagen und Diskussionen um neue Mülldeponien zeigen: Wir erzeugen zuviel Müll. Protest allein genügt nicht, wir müssen alle selbst etwas aktiv gegen den Müllberg tun. Auch in der Schule fällt täglich viel Müll an, der durch umweltbewußtes Verhalten stark eingeschränkt werden könnte.
Wir möchten Ihnen einige Tips und Anregungen geben, die Sie möglichst beim Einkauf für das neue Schuljahr berücksichtigen sollten:

- Kaufen Sie Hefte und Blöcke nur aus Umweltpapier. Damit helfen Sie mit, Holz, Wasser und Energie einzusparen. Außerdem sichern Sie den Absatz des gesammelten Altpapiers.
- Kaufen Sie keine Plastik- und Folienumschläge für Hefte und Bücher. Auch hierfür gibt es Einbindepapier und Papierumschläge.
- Kaufen Sie keine Plastikordner. Umweltfreundlicher sind Ordner aus kartonierter Pappe.
- Kaufen Sie keine Filzstifte. Sie enthalten oft giftige Stoffe und sind von kurzer Lebensdauer. Besser sind umweltfreundliche Holzbuntstifte.
- Kaufen Sie wieder Kolbenfüller. Patronen sind Teil des Müllberges. Jeder Patronenfüller kann in einen Kolbenfüller umgewandelt werden.
- Kaufen Sie keine Tintenkiller. Sie enthalten oft giftige Chemikalien.
- Kaufen Sie Mäppchen und Schulranzen aus Leder oder Stoff.
- Kaufen Sie nur Kleber ohne giftige Lösungsmittel.

Wir haben Ihnen einige Vorschläge gemacht. Falls Sie weitere Ideen zum Einkauf von umweltfreundlichen schulischen Artikeln haben, teilen Sie uns diese bitte mit.

aus zufall

von Eugen Gomringer

aus zufall
einfall

aus einfall
überfall

aus überfall
unfall

aus unfall
wegfall

aus wegfall
abfall

aus zufall
abfall.

Von grünen Teichen und Forellen

Gefunden

von Johann Wolfgang von Goethe

Ich ging im Walde
so für mich hin,
und nichts zu suchen,
das war mein Sinn.

Im Schatten sah ich
ein Blümchen stehn,
wie Sterne leuchtend,
wie Äuglein schön.

Ich wollt es brechen,
da sagt es fein:
Soll ich zum Welken
gebrochen sein?

Ich grubs mit allen
den Würzlein aus,
zum Garten trug ichs
am hübschen Haus.

Und pflanzt es wieder
am stillen Ort;
nun zweigt es immer
und blüht so fort.

Die Wälder schweigen

von Erich Kästner

Die Jahreszeiten wandern durch die Wälder.
Man sieht es nicht. Man liest es nur im Blatt.
Die Jahreszeiten strolchen durch die Felder.
Man zählt die Tage. Und man zählt die Gelder.
Man sehnt sich fort aus dem Geschrei der Stadt.
Das Dächermeer schlägt ziegelrote Wellen.
Die Luft ist dick und wie aus grauem Tuch.
Man träumt von Äckern und von Pferdeställen.
Man träumt von grünen Teichen und Forellen.
Und möchte in die Stille zu Besuch.
Die Seele wird vom Pflastertreten krumm.
Mit Bäumen kann man wie mit Brüdern reden
und tauscht bei ihnen seine Seele um.
Die Wälder schweigen. Doch sie sind nicht stumm.
Und wer auch kommen mag, sie trösten jeden.
Man flieht aus den Büros und den Fabriken.
Wohin, ist gleich! Die Erde ist ja rund!
Dort, wo die Gräser wie Bekannte nicken
und wo die Spinnen seidne Strümpfe stricken,
wird man gesund.

Hörst du wie die Brunnen rauschen?

von Clemens Brentano

Hörst du, wie die Brunnen rauschen?
Hörst du, wie die Grille zirpt?
Stille, stille, laß uns lauschen,
selig, wer in Träumen stirbt!
Selig, wen die Wolken wiegen,
wenn der Mond ein Schlaflied singt!

O wie selig kann der fliegen,
dem der Traum die Flügel schwingt,
daß an blauer Himmelsdecke
Sterne er wie Blumen pflückt:
schlafe, träume, flieg – ich wecke
bald dich auf und bin beglückt!

Die Forelle

von Christian Friedrich Daniel Schubart

In einem Bächlein helle,
da schoß in froher Eil
die launische Forelle
vorüber wie ein Pfeil.
Ich stand an dem Gestade[1]
und sah in süßer Ruh
des muntern Fischleins Bade
im klaren Bächlein zu.

Lebensfreude

von Bettina Sander (Schülerin)

Wenn aus dem Nichts plötzlich ein Zipfel Grün hervorkommt,
Wenn die Sonne mit ihren Strahlen den Boden erwärmt,
Wenn sich ein Igel herausgräbt und sich im Lichte sonnt,
Dann bin ich glücklich und froh,
Daß das Leben nicht nur aus Sorgen und Leid besteht,
Nein, das Leben ist nicht immer so.

---

[1] Gestade: Ufer

Der Pflaumenbaum

von Bertolt Brecht

Im Hofe steht ein Pflaumenbaum,
der ist klein, man glaubt es kaum.
Er hat ein Gitter drum,
so tritt ihn keiner um.

Der Kleine kann nicht größer wer'n.
Ja, größer wer'n, das möcht er gern.
's ist keine Red davon,
er hat zu wenig Sonn.

Den Pflaumenbaum glaubt man ihm kaum,
weil er nie eine Pflaume hat.
Doch er ist ein Pflaumenbaum.
Man kennt es an dem Blatt.

Wenn jeder eine Blume pflanzte

von Peter Härtling

Wenn jeder eine Blume pflanzte,
jeder Mensch auf dieser Welt,
und, anstatt zu schießen, tanzte
und mit Lächeln zahlte statt mit Geld –
wenn ein jeder einen andern wärmte,
keiner mehr von seiner Stärke schwärmte,
keiner mehr den andern schlüge,
keiner sich verstrickte in der Lüge,
wenn die Alten wie die Kinder würden,
sie sich teilten in den Bürden,
wenn dies WENN sich leben ließ,
wär's noch lang kein Paradies –
bloß die Menschenzeit hätt' angefangen,
die in Streit und Krieg uns beinah ist vergangen.

Jimmys gelbe Blume

von Nanna Reiter

Jimmy wohnt in der Darkness Street, und das paßt ihm nicht. Doch was will er machen?
Darkness Street heißt auf deutsch Dunkelheitsstraße. Die Häuser sind grau, und sie stehen so eng beieinander, daß die Sonne nicht in die Fenster scheinen kann.
Wenn aber die Sonne nicht zu einem kommt, wird man mißmutig, und es ergeht einem wie den Leuten in der Darkness Street: Sie haben das Lachen verlernt. Oder wie dem Trompeter, der nur noch traurige Lieder blasen kann.
Sobald er anfängt, auf seiner Trompete zu spielen, schließen die Leute ihre Fenster, denn sie können die traurige Musik nicht mehr ertragen. Aber wenn der Trompeter ein Spiegelei brät oder sonst was, atmen sie auf, weil er dann für ein paar Minuten aufhört zu blasen.
Eines Tages stand Jimmy an seinem Fenster. Er sah auf den Wald von Schornsteinen und Fernsehantennen und dachte: „Unglücklichsein ist, wenn einer ein Lied bläst und niemand hört zu."
Dann schloß er das Fenster und ging in sein Gärtchen.
Das Gärtchen ist klein. Einen Schritt lang und einen Schritt breit. Das Stück Himmel über dem Gärtchen ist auch nicht größer. Nicht mal ein paar Blue Jeans könnte man aus diesem Stückchen Blau machen.
Als Jimmy in seinem Gärtchen stand, dachte er weiter: „Unglücklichsein ist aber auch, wenn einer sein Fenster verriegelt, nur weil er ein Lied hört von irgendwoher."
Allmählich wurde es Jimmy zu dumm, das Unglück in der Darkness Street. Und er beschloß, etwas dagegen zu tun.
Nachdenklich kaute er ein paar Erdnüsse. Als er aber die letzten aus seiner Tasche fischte, stieß er plötzlich auf etwas Hartes. Es war ein Geldstück, und zwar ein ziemlich großes. Jimmy hatte keine Ahnung, wie es in seine Tasche gekommen war. Aber das war ihm egal, und er ging los und kaufte sich etwas dafür. Einige Holzpflöcke, ein bißchen Draht, und dann das Wichtigste.
„Was hämmerst du, Jimmy?" rief der Trompeter. Und die Leute öffneten ihre Fenster und riefen ebenfalls: „Jimmy, was hämmerst du?"
Als die Glocken läuteten und das Stück Himmel über dem Gärtchen rosa wurde, war Jimmy fertig. Er war sehr zufrieden mit seiner Arbeit.
„Warum hat Jimmy wohl sein Gärtchen eingezäunt?" fragte sich der Trompeter.
Jimmy steckte die Hände in die Hosentaschen, und weil gerade der erste Stern zu sehen war, wünschte er sich was.
„Ich wünsche mir, daß die kleine Pflanze, die ich in mein Gärtchen gesetzt habe, groß wird und den Leuten das Lachen wiederbringt."

Und was man sich für andere wünscht – für einen Trompeter beispielsweise oder für die Darkness-Street-Leute – geht eigentlich immer in Erfüllung.

Dann malte Jimmy noch ein Schild: „Betreten verboten, auch für Spatzen!" Vorsichtshalber setzte er noch in Klammern dazu: „Und andere Vögel." Das war natürlich überflüssig. Denn außer Spatzen gab es hier nichts. Aber man kann ja nie wissen. Und als Jimmy auch damit fertig war, konnte er endlich beruhigt zusehen, wie seine kleine Pflanze wuchs.

In der Nacht wuchs sie wenig. Wenn die Lichter verlöschten, hörte sie auf damit und ruhte sich aus. Auch Jimmy konnte sich getrost ein bißchen hinlegen. Sobald aber die Straßenkehrer lärmten, der Trompeter anfing zu blasen und die Leute zu schimpfen, sagte Jimmy: „Guten Morgen, mein Fräulein! Gut geschlafen?"

„Jetzt redet er schon mit seiner Pflanze!" spotteten die Leute. „Er spinnt, der arme Jimmy."

Nicht mal der Trompeter verstand, daß man sich mit allem, was man liebgewonnen hat, unterhalten kann.

Jimmy aber kümmerte sich nicht um das Geschwätz.

„Tempo, Tempo!" sagte er, und die kleine Pflanze beeilte sich großzuwerden.

Und eines Tages war sie Jimmy über den Kopf gewachsen. Worauf Jimmy meinte, daß es nun genug sei. Nun müsse sie aber allmählich anfangen zu blühen, denn schließlich sei sie ja nicht irgendeine Pflanze, sondern – sie wisse ja schon, was. Das sah die Pflanze ein, und sie wartete ungeduldig auf die Nacht. Denn in dieser Nacht wollte sie eine Blume werden.

Jimmy hatte sich eine Flasche Ingwerbier geholt, zur Beruhigung. Und als die Glocken läuteten, nahm er den ersten Schluck, weil er so aufgeregt war.

Dann kam endlich der Mond.

Die Aschentonnen schimmerten, als wenn sie aus Silber wären. Und die Pflanze öffnete ihre Blütenblätter und wurde eine Blume. Und der Mond verweilte noch, weil er sie so schön fand.

Am nächsten Morgen, noch ehe die Bäckerjungen frische Brötchen vor die Türen legten, erwachte der Trompeter.

„Die Sonne!" rief er.

„Die Sonne scheint in die Darkness Street!"

Dabei war es nur Jimmys Blume.

Sie war gelb und leuchtete sehr.

Die Leute der Darkness Street

öffneten ihre Fenster,

denn der Trompeter blies

zum erstenmal ein heiteres Lied.

Sie lächelten.

Und das ist schöner als lachen.

Unser Garten

von Mira Lobe

Unser Garten ist keiner. Wir wollten auch gar keinen haben – jedenfalls keinen so richtigen, wo die Tulpen in Reih und Glied stehen und die Rosen ein Schild haben, damit man weiß, wie sie auf lateinisch heißen.
Damals, als wir das Geld zusammengespart hatten und ein Stück Grund kauften, war das noch lange kein Grund für uns, Gärtner zu werden, Blumenbeete anzulegen und Ziersträucher zu setzen.
Rund um unser Haus wuchsen Farnkraut und Wiese auf buckligem Boden. Eine mittelgroße Fichte war da, eine Lärche und zwei Laubbäume. Das gefiel uns, und wir beschlossen, es sollte so bleiben. Unsere Nachbarn waren anderer Meinung. Während wir auf unserer Wiese saßen, sägten sie emsig ihre Bäume um, ebneten den Boden, säten Rasen. Englischen Rasen – versteht sich. Der ist vornehm. Man muß ihn kurz halten, jede Woche scheren, dann sieht er nicht mehr wie Gras aus, sondern wie ein grüner Pelz. Außerdem pflanzten die Nachbarn Blumen. Wunderschöne Blumen, die wir im Vorübergehen bewunderten.
„Das könntet ihr auch haben!" sagten die Nachbarn vorwurfsvoll. „Ihr mit eurer Wildnis! Bei euch wächst ja rein gar nichts!" Das stimmte nicht. Bei uns wuchsen Margeriten und Glockenblumen, lila Disteln und roter Klee. Und Löwenzahn. Der vor allem. Unsere Wiese war gelb von Löwenzahn.
„Unkraut!" sagten die Nachbarn. „Das müßt ihr ausstechen. Wie kommen denn wir dazu, daß der Samen von dem Teufelszeug in unsere Gärten fliegt und unsern Rasen versaut!"
Das stimmte – wenn wir auch das Wort „versaut" nicht gelten ließen. Unser Löwenzahn verblühte zu kugelrunden, luftigen Ballons, und der Wind trug die zarten Schirmchen überall hin. Auch auf den kostbaren englischen Rasen.
Die Nachbarn schimpften. Wir seien faul, sagten sie. Unser Grundstück sei eine Schande für die Siedlung, sagten sie. Wir hätten kein Herz für einen Garten mit richtigen Blumen, sagten sie.
Wieso ist Löwenzahn nicht richtig?
Sie drehten uns den Rücken und gingen in ihre Gärten hinter ihre Zäune zurück, spritzten ihre Rosen mit irgendeinem Giftzeug gegen Blattläuse und ihren Rasen mit irgendeinem Giftzeug gegen Moos und Unkraut. Dann stellten sie ihre ungeheuer lauten Rasenmäher an und rasierten den Englischen mit Getöse zu einer grünen Stoppelglatze ab. Kein Hälmchen durfte herausstehen. Die Siedlung am Waldrand, die zur Erholung für unsere Stadtnerven gedacht war, hallte wider vom Motorenlärm.

Wir ließen unsere Wiese wachsen. Manchmal verirrten sich ein paar Kühe zu uns, und jeden Morgen kam ein Hase vom Wald herübergehoppelt, versteckte sich im hohen Gras und fraß Löwenzahnblattsalat zum Frühstück.

Die Nachbarn sprachen nicht mehr mit uns.

Dabei waren wir eigentlich quitt: Wir schickten ihnen unseren Löwenzahn, und sie schickten uns ihre Maulwürfe. Die vertrugen nämlich den Rasenmäher-Krach nicht und kamen alle zu uns. Da war es ruhig. Täglich fanden wir frischaufgeworfene Hügel in der Wiese. Von Zeit zu Zeit bewegte sich ein Hügel, und lockere braune Erde kollerte herab.

Wir verteilten die Hügel mit dem Rechen und traten die Erde fest. Immer neue braune Flecke verbreiteten sich auf unserer Wiese. Das sah nicht besonders schön aus.

Wir steckten Steine in die Löcher und hofften, daß die Maulwürfe sich andere Ausgänge graben würden. Vielleicht zum Wald hinüber. Sie warfen die Steine heraus, wühlten weiter und blieben uns treu.

Die Maulwurfshügel vermehrten sich. Der Löwenzahn vermehrte sich. Die Nachbarn waren böse. Allmählich wurde es uns zuviel. Wir bewaffneten uns mit Hacke und Stechmesser. Von sechs Löwenzahnpflanzen ließen wir eine stehen. Die Wurzeln waren stark, rotbraune Pfähle, innen weiß. Sie reichten tief hinunter und klammerten sich in der Erde fest.

Als die Nachbarn uns bei der Löwenzahn-Zerstörungs-Arbeit sahen, sprachen sie wieder mit uns. „Na also!" sagten sie. „Na endlich! Und was macht ihr mit den Maulwürfen? Was die da herausschaufeln, ist zwar beste Erde – aber die Viecher müßt ihr loswerden."

„Wie denn?" fragten wir.

„Mit Gas. Das einzige, was hilft. Man steckt Gaspatronen in die Maulwurfsgänge."

„Gas?" fragten wir entsetzt.

Das kam nicht in Frage. Lieber sollte unser Garten einen Hügel neben dem anderen haben. „Euch ist nicht zu helfen", sagten die Nachbarn.

Nein, uns ist nicht zu helfen. Auch der Löwenzahn wächst schon wieder nach.

Die Spazierfahrt

von Hellmut Holthaus

Früher spazierte oder kutschierte man zu dem Gehöft oder der Mühle vor der Stadt, wo es ein Glas Milch oder ein Viertele Wein zu trinken gab. Später wurden aus den Mühlen und Gehöften Ausflugslokale, aber sonst blieb alles beim alten. Keine große Leistung, alles in allem vielleicht zehn Kilometer.

Heute haben wir es viel schöner. Das Auto steht vor der Tür, und wir spazieren ins Auto.

Schon das Einsteigen ist schön. Zwei nehmen vorne Platz, drei hinten, der Kleine kommt auf den Schoß, Justus zwischen die Knie, und da können wir nun gemütlich sitzen bleiben, alles andere macht das Auto.

Und das Auto fährt ab mit Musik. Neben dem Kilometerzähler ist das Radio, und wir vernehmen das Lied „Der liebeskranke Mann". Das ist schön.

Auf der Straße sind noch mehr Autos, eine ganze Menge. Sie fahren alle spazieren – ziemlich schnell, denn wenn man spazierenfährt, muß man sehen, daß man weiterkommt. Die Landschaft wird immer sehenswerter, aber der Mann am Steuer muß auf die Straße achten. Das sollte etwas geben, wenn er nach rechts und links sehen wollte! Übrigens helfen ihm die anderen Insassen beim Achtgeben. Ihre Gesichter sind gespannte Aufmerksamkeit. Es ist sehr schön, auf die Straße zu achten.

Nur einer, es ist Angelo, hat woanders hingeschaut und etwas auf einem Kirchendach entdeckt. „Ein Storch, ein Storch!" ruft er. Aber die Kirche samt Storch ist längst vorbei.

Nunmehr gelangen wir auf eine schnurgerade Straße. „Ewald", sagt die Tante, die etwas ängstlich ist, „du fährst ja neunzig Kilometer!" Ewald lacht. „Das ist noch gar nichts, auf so einer Straße kann man hundertsechzig fahren!" Mit diesen Worten gibt er ein wenig mehr Gas. Der Zähler zeigt 100, 110, 120, 130. Es ist schön, hundertdreißig zu fahren.

Aber leider ist die gerade Straße schon zu Ende, und wir gehen wieder auf achtzig herunter. Jedenfalls hat Ewald mal schnell zeigen können, was in dem Wagen steckt. Es war ihm wirklich ein Kinderspiel.

Wir passieren jetzt ein Dorf von verkehrsfeindlicher Bauweise. An einer Ecke taucht plötzlich ein Auto vor unserem Kühler auf, wie aus dem Nichts! Alle erschrecken, aber eigentlich ist es zum Erschrecken schon zu spät, denn die Gefahr ist bereits vorüber. Ewald hat die Lage geistesgegenwärtig gemeistert. Überstandene Gefahr ist etwas Schönes.

Jetzt befinden wir uns in einem Hochtal. Seitwärts tut sich eine einsame Parklandschaft auf, durchflossen von einem Bach. Ein wunderschöner Ort! Man könnte vielleicht aussteigen und etwas am Bach spazierengehen?

Das hängt davon ab, ob wir die berühmte Höhenstraße noch mitnehmen können. In diesem Fall haben wir Landschaft in Massen vom Auto aus und brauchen nicht auszusteigen. Wir befragen die Karte, und es stellt sich heraus, daß wir sitzen bleiben können. Wir schaffen die Höhenstraße noch! Es ist schön, sitzen zu bleiben. Auf kurvenreicher Strecke geht es zu ihr hinan. Elegant nimmt der Wagen die Kurven, ohne daß Ewald abstoppen oder schalten muß. Das ist sehr befriedigend und schön.

Ringsum ist prachtvoller Wald. Am Straßenrand wachsen hohe Fingerhüte und blühen Vergißmeinnicht in blauen Teppichen, und daneben stürzt ein Quell über Felsbrocken herab. Nun ist nicht gesagt, daß Spazierfahrer solches nicht beachten. Denn es kann immer mal vorkommen, daß einem von ihnen übel wird.

Justus kann die Kurven nicht vertragen. Er wird blaß, ihm ist ganz elend, es will etwas aus ihm heraus, und wir müssen anhalten.

Das ist sehr ärgerlich, und der Mann am Steuer sieht nach der Uhr. Man bedenke den Zeitverlust! Ohne diesen wären die Fingerhüte, blauen Blümchen und dergleichen in diesen Bericht nicht hineingekommen.

Endlich hat Justus wieder etwas Farbe, es kann weitergehen! Fatalerweise sind jedoch während unseres Aufenthaltes drei langsame Autobusse an uns vorübergefahren. Nun haben wir sie ständig vor uns, und die Straße ist fast zu schmal zum Überholen. Ewald aber wagt es. „Nein!" ruft seine Frau, „du kommst nicht vorbei!" „Doch", sagt Ewald, und schon ist er vorbei. Es ging ganz knapp und war aufregend, aber jedenfalls halten sie uns jetzt nicht mehr auf. Es ist schön, keine Zeit zu verlieren.

Wir haben nunmehr die Höhenstraße erreicht und genießen die Fernsicht. Tatsächlich ist sie sehr bedeutend. Ein äußerst günstiges Angebot in Naturschönheit. Mit einem einzigen Blick kann man mehr Landschaft konsumieren als sonst in einem Jahr! Selbst der Mann am Steuer kann manchmal kurz zur Seite sehen, denn hier oben ist nicht viel Verkehr. Sehr effektvoll sorgt unser Radio für musikalische Untermalung des Naturerlebnisses, indem es ein oberbayerisches Jodellied spielt. Das ist sehr schön.

Im Nu haben wir die Höhenstraße hinter uns. Langsam beginnt es zu dunkeln, und wir eilen heimwärts.

Das war ein schöner Tag. Zweihundertzwanzig Kilometer! Auf diese Weise haben wir etwas vom Leben. Mit einem Auto sieht man etwas von der Welt.

Wir steigen aus. Es ist sehr schön, auszusteigen. Kinder, ist das Aussteigen schön!

Sommergesang

von Paul Gerhardt

Geh aus / mein hertz / und suche freud /
in dieser lieben sommerzeit
An deines Gottes gaben:
Schau an der schönen gärten zier
Und siehe / wie sie mir und dir
Sich außgeschmücket haben.

Die bäume stehen voller laub /
Das erdreich decket seinen staub
Mit einem grünen kleide
Narcissus und die Tulipan /
Die ziehen sich viel schöner an /
Als Salomonis seyde.

Die lerche schwingt sich in die luft /
Das täublein fleugt aus seiner kluft /
Und macht sich in die wälder.
Die hochbegabte nachtigal
Ergötzt und füllt mit ihrem schall /
Berg / hügel / thal und felder.

Die glucke führt ihr völcklein aus /
Der storch baut und bewohnt sein haus /
Das schwälblein speist die jungen /
Der schnelle hirsch / das leichte reh
Ist froh und kömmt aus seiner höh
Ins tiefe graß gesprungen.

Ich selbsten kan und mag nicht ruhn
Des grossen Gottes grosses thun
Erweckt mir alle sinnen /
Ich singe mit / wenn alles singt /
Und lasse / was dem Höchsten klingt
Aus meinem hertzen rinnen.

Wald vor dem Tage

von Günter Eich

Schräg und halb und blasser
Der Mond der Frühe hängt,
Mit in das kristallene Wasser
Des Morgens gemengt.

Der Nadelwald. Die Zapfen
Liegen geöffnet im Moos.
Wegseitwärts führen Stapfen,
Vergangen und körperlos.

Der Wald haucht aus die Kühle.
Wem bin ich auf der Spur?
Der Atem, den ich fühle,
Ist meiner nur.

Die dünnen Zweige schrammen
Im Dickicht mein Gesicht.

Juni

von Marie Luise Kaschnitz

Schön wie niemals sah ich jüngst die Erde.
Einer Insel gleich trieb sie im Winde.
Prangend trug sie durch den reinen Himmel
Ihrer Jugend wunderbaren Glanz.

Funkelnd lagen ihre blauen Seen,
Ihre Ströme zwischen Wiesenufern.
Rauschen ging durch ihre lichten Wälder,
Große Vögel folgten ihrem Flug.

Voll von jungen Tieren war die Erde.
Fohlen jagten auf den grellen Weiden,
Vögel reckten schreiend sich im Neste,
Gurrend rührte sich im Schilf die Brut.

Bei den roten Häusern im Holunder
Trieben Kinder lärmend ihre Kreisel;
Singend flochten sie auf gelben Wiesen
Ketten sich aus Halm und Löwenzahn.

Unaufhörlich neigten sich die grünen
Jungen Felder in des Windes Atem,
Drehten sich der Mühlen schwere Flügel,
Neigten sich die Segel auf dem Haff.

Unaufhörlich trieb die junge Erde
Durch das siebenfache Licht des Himmels;
Flüchtig nur wie einer Wolke Schatten
Lag auf ihrem Angesicht die Nacht.

Auf einer Wanderung

von Eduard Mörike

In ein freundliches Städtchen tret ich ein,
In den Straßen liegt roter Abendschein.
Aus einem offenen Fenster eben
Über den reichsten Blumenflor
Hinweg hört man Goldglockentöne schweben,
Und eine Stimme scheint ein Nachtigallenchor,
Daß die Blüten beben,
Daß die Lüfte leben,
Daß in höherem Rot die Rosen leuchten vor.

Lang hielt ich staunend, lustbeklommen.
Wie ich hinaus vors Tor gekommen,
Ich weiß es wahrlich selber nicht.
Ach hier, wie liegt die Welt so licht!
Der Himmel wogt in purpurnem Gewühle,
Rückwärts die Stadt in goldnem Rauch;
Wie rauscht der Erlenbach, wie rauscht im Grund die Mühle!
Ich bin wie trunken irregeführt:
O Muse, du hast mein Herz berührt
Mit einem Liebeshauch!

Ein grünes Blatt

von Theodor Storm

Verlassen trauert nun der Garten,
Der uns so oft vereinigt hat;
Da weht der Wind zu euern Füßen
Vielleicht sein letztes grünes Blatt.

September

von Hermann Hesse

Der Garten trauert,
Kühl sinkt in die Blumen der Regen.
Der Sommer schauert
Still seinem Ende entgegen.

Golden tropft Blatt um Blatt
Nieder vom hohen Akazienbaum.
Sommer lächelt erstaunt und matt
In den sterbenden Gartentraum.

Lange noch bei den Rosen
Bleibt er stehen, sehnt sich nach Ruh.
Langsam tut er die großen,
Müdgewordenen Augen zu.

Im Winter *von Georg Trakl*

Der Acker leuchtet weiß und kalt.
Der Himmel ist einsam und ungeheuer.
Dohlen kreisen über dem Weiher
Und Jäger steigen nieder vom Wald.

Ein Schweigen in schwarzen Wipfeln wohnt.
Ein Feuerschein huscht aus den Hütten.
Bisweilen schellt sehr fern ein Schlitten
Und langsam steigt der graue Mond.

Ein Wild verblutet sanft am Rain
Und Raben plätschern in blutigen Gossen.
Das Rohr bebt gelb und aufgeschossen.
Frost, Rauch, ein Schritt im leeren Hain.

Pieter Bruegel (1520–1569): Winterlandschaft

Erlkönig

von Johann Wolfgang Goethe

Wer reitet so spät durch Nacht und Wind?
Es ist der Vater mit seinem Kind;
Er hat den Knaben wohl in dem Arm,
Er faßt ihn sicher, er hält ihn warm. –

5 Mein Sohn, was birgst du so bang dein Gesicht? –
Siehst, Vater, du den Erlkönig nicht?
Den Erlenkönig mit Kron' und Schweif? –
Mein Sohn, es ist ein Nebelstreif. –

„Du liebes Kind, komm, geh mit mir!
10 Gar schöne Spiele spiel' ich mit dir;
Manch' bunte Blumen sind an dem Strand;
Meine Mutter hat manch' gülden Gewand."

Mein Vater, mein Vater, und hörest du nicht,
Was Erlenkönig mir leise verspricht? –
15 Sei ruhig, bleibe ruhig, mein Kind!
In dürren Blättern säuselt der Wind. –

„Willst, feiner Knabe, du mit mir gehn?
Meine Töchter sollen dich warten schön;
Meine Töchter führen den nächtlichen Reihn
20 Und wiegen und tanzen und singen dich ein."

Mein Vater, mein Vater, und siehst du nicht dort
Erlkönigs Töchter am düstern Ort? –
Mein Sohn, mein Sohn, ich seh' es genau;
Es scheinen die alten Weiden so grau. –

25 „Ich liebe dich, mich reizt deine schöne Gestalt;
Und bist du nicht willig, so brauch' ich Gewalt." –
Mein Vater, mein Vater, jetzt faßt er mich an!
Erlkönig hat mir ein Leids getan! –

Dem Vater grauset's, er reitet geschwind,
30 Er hält in Armen das ächzende Kind,
Erreicht den Hof mit Mühe und Not;
In seinen Armen das Kind war tot.

Der Knabe im Moor

von Annette von Droste-Hülshoff

O schaurig ist's, übers Moor zu gehn,
Wenn es wimmelt vom Heiderauche,
Sich wie Phantome[1] die Dünste drehn
Und die Ranke häkelt am Strauche,
5 Unter jedem Tritte ein Quellchen springt,
Wenn aus der Spalte es zischt und singt –
O schaurig ist's übers Moor zu gehn,
Wenn das Röhricht[2] knistert im Hauche!

Fest hält die Fibel das zitternde Kind
10 Und rennt, als ob man es jage;
Hohl über die Fläche sauset der Wind –
Was raschelt drüben am Hage?[3]
Das ist der gespenstige Gräberknecht,
Der dem Meister die besten Torfe verzecht;
15 Hu, hu, es bricht wie ein irres Rind!
Hinducket das Knäblein zage.

Vom Ufer starret Gestumpf[4] hervor,
Unheimlich nicket die Föhre,
Der Knabe rennt, gespannt das Ohr,
20 Durch Riesenhalme wie Speere.
Und wie es rieselt und knittert drin!
Das ist die unselige Spinnerin,
Das ist die gebannte Spinnlenor,
Die den Haspel[5] dreht im Geröhre!

---

[1] Phantom: gespenstische Erscheinung, Trugbild
[2] Röhricht: Schilfrohrdickicht
[3] Hag: Hecke, durch Hecken eingezäuntes Stück Land
[4] Gestumpf: Baumstümpfe
[5] Haspel: Spule beim Spinnrad

25 Voran, voran, nur immer im Lauf,
Voran, als woll es ihn holen!
Vor seinem Fuße brodelt es auf,
Es pfeift ihm unter den Sohlen
Wie eine gespenstige Melodei;
30 Das ist der Geigenmann ungetreu,
Das ist der diebische Fiedler Knauf,
Der den Hochzeitheller gestohlen!

Da birst das Moor, ein Seufzer geht
Hervor aus der klaffenden Höhle;
35 Weh, weh, da ruft die verdammte Margret:
„Ho, ho, meine arme Seele!"
Der Knabe springt wie ein wundes Reh;
Wär nicht Schutzengel in seiner Näh,
Seine bleichen Knöchelchen fände spät
40 Ein Gräber im Moorgeschwele.

Da mählich gründet der Boden sich,
Und drüben, neben der Weide,
Die Lampe flimmert so heimatlich,
Der Knabe steht an der Scheide.
45 Tief atmet er auf, zum Moore zurück
Noch immer wirft er den scheuen Blick:
Ja, im Geröhre war's fürchterlich,
O, schaurig war's in der Heide!

Biografien ausgewählter Autorinnen und Autoren

Aichinger, Ilse, geboren 1921 in Wien, lebt in der Nähe von Salzburg, verfaßt vor allem Erzählungen, Hörspiele und Gedichte.

Baumann, Hans, geboren 1914 in Augsburg, gestorben 1988 in Murnau, ausgebildeter Lehrer, veröffentlichte als freier Schriftsteller zahlreiche Abenteuer- und Sachbücher für Kinder und Jugendliche.

Brecht, Bertolt, geboren 1898 in Augsburg, gestorben 1956 in Berlin (Ost), schrieb schon als Jugendlicher erste Gedichte und Erzählungen, wurde 1933 aus Deutschland vertrieben und lebte im europäischen Ausland und in den USA, 1948 Rückkehr nach Berlin (Ost); Brecht schrieb Theaterstücke, Gedichte, Romane und Erzählungen und gehört zu den bedeutendsten Autoren des 20. Jahrhunderts.

Brentano, Clemens, geboren 1778 in der Nähe von Koblenz, gestorben 1842 in Aschaffenburg, war ein bedeutender Dichter der Romantik, gab zwischen 1806–1808 zusammen mit seinem Freund Achim von Arnim die Volksliedsammlung „Des Knaben Wunderhorn" heraus, verfaßte Märchen und phantasiereiche Erzählungen.

Busch, Wilhelm, geboren 1832 in Wiedensahl bei Hannover, gestorben 1908 in Mechtshausen, Landkreis Hildesheim, war ein Dichter, der meisterhaft zeichnen und malen konnte. Sein bekanntestes Werk, mit dem er auch zu Weltruhm kam, sind die Geschichten von Max und Moritz.

Chamisso, Adelbert von, geboren 1781 in Boncourt/Frankreich, gestorben 1838 in Berlin, stammte aus einer Adelsfamilie in Lothringen, erlernte erst sehr spät die deutsche Sprache, die er als Erzähler und Dichter jedoch meisterhaft zu gestalten verstand.

Doyle, Sir Arthur Conan, geboren 1859 in Edinburgh, gestorben 1930 in Crowborough, schrieb die weltberühmten Detektivgeschichten und -romane, in deren Mittelpunkt der Meisterdetektiv Sherlock Holmes und sein Freund, Dr. Watson, stehen; bekannt sind z. B. „Das gefleckte Band", „Der Hund von Baskerville".

Droste-Hülshoff, Annette von, geboren 1797 bei Münster, gestorben 1848 in Meersburg am Bodensee, schrieb lyrische Gedichte, Balladen, Erzählungen und gilt als bedeutendste deutsche Dichterin des 19. Jahrhunderts. Ihren Gedichten ist oft eine düstere, geheimnisvolle Stimmung zu eigen.

Eichendorff, Joseph von, geboren 1788 in Ratibor/Schlesien, gestorben 1857 in Neisse, gehört zu den bedeutendsten Dichtern der Romantik, schrieb vor allem Gedichte und Erzählungen. Kennzeichnend für seine Werke sind oft Naturnähe, Sehnsucht und Heimweh.

George, Jean Craighead, geboren 1919 in Washington. Sie arbeitet heute als Journalistin im Staat New York und schreibt und illustriert Kinder- und Jugendbücher, meist mit Themen aus Umwelt und Natur.

Gerhardt, Paul, geboren 1607 in Gräfenhainichen/Sachsen, gestorben 1676 in

Lübben. Er war Pfarrer und gilt als bedeutendster evangelischer Liederdichter des 17. Jahrhunderts.

Goethe, Johann Wolfgang von, geboren 1749 in Frankfurt am Main, gestorben 1832 in Weimar, ist sicher der berühmteste deutsche Dichter. Er war eigentlich Jurist und wirkte u. a. in Weimar als Minister für Finanzen, Theater und Bildungswesen. Sein umfangreiches Werk umfaßt lyrische Gedichte, Balladen, Romane, Theaterstücke und Schriften zu naturwissenschaftlichen Problemen. Seine Werke werden in aller Welt gelesen bzw. aufgeführt.

Gomringer, Eugen, geboren 1925 in Cachuela Esperanza/Bolivien, lebt heute in der Schweiz. Ein Schwerpunkt seines Schaffens ist die konkrete Poesie.

Gotthelf, Jeremias, geboren 1797 in Murten/Schweiz, gestorben 1854 in Emmental, war Pfarrer und gründete u. a. eine Erziehungsanstalt für arme Knaben. Erst spät begann er schriftstellerisch tätig zu werden, er schrieb vor allem Romane und Erzählungen.

Haar, Jaap ter, geboren 1922 in Hilversum, niederländischer Kinder- und Jugendbuchautor. Er erhielt mehrere Buchpreise.

Hacks, Peter, geboren 1928 in Breslau, lebt heute in Berlin. Er ist Verfasser von Hörspielen, Gedichten, Theaterstücken und Kinderbüchern. Kennzeichnend für letztere ist die phantasieanregende, oft heitere Darstellungsweise.

Härtling, Peter, geboren 1933 in Chemnitz, lebt heute in Walldorf bei Frankfurt/Main. Er ist Journalist und Autor von Gedichten, Erzählungen, Romanen und Kinder- und Jugendbüchern. Er erhielt mehrere Buchpreise, u. a. den Hölderlinpreis 1980.

Hebel, Johann Peter, geboren 1760 in Basel, gestorben 1826 in Schwetzingen, wirkte u. a. als Lehrer in Basel. Hebel verfaßte zahlreiche Gedichte in alemannischer Mundart. Er wurde vor allem berühmt durch seine volkstümlichen Kalendergeschichten und Anekdoten, die in seinem „Rheinländischen Hausfreund" zwischen 1808 und 1811 veröffentlicht wurden.

Heine, Heinrich, geboren 1797 in Düsseldorf, gestorben 1856 in Paris, trat nach Abschluß seines Jurastudiums im Jahre 1825 vom jüdischen Glauben zum Christentum über und ging 1831 als Korrespondent einer Augsburger Zeitung nach Paris. Heine ist besonders durch seine lyrischen Gedichte und Balladen bekannt geworden. Manche von ihnen wurden vertont und sind auf diese Weise Volksgut geworden.

Hesse, Hermann, geboren 1877 in Calw, gestorben 1962 in Montagnola/Schweiz, arbeitete seit 1904 als freier Schriftsteller, schrieb Gedichte, Erzählungen und Romane. Hesse zählt zu den meistgelesenen europäischen Autoren des 20. Jahrhunderts. Seine Werke sind in viele Sprachen übersetzt worden.

Hoffmann, Heinrich, geboren 1809 in Frankfurt am Main und 1894 dort gestorben, war Arzt und wurde durch seine selbstillustrierten Kinderbücher, die heute in viele Sprachen übersetzt sind, bekannt. Weltberühmt geworden ist der „Struwwelpeter", der 1845 erschien.

Kaléko, Mascha, geboren 1907 in Chranzow in Polen, gestorben 1975 in Zürich, lebte von 1918 bis 1938 in Berlin und emigrierte dann in die USA, weil sie Jüdin war. Berühmt wurde sie durch ihre Gedichte.

Kaschnitz, Marie-Luise, geboren 1901 in Karlsruhe, gestorben 1974 in Rom, war zunächst Buchhändlerin, schrieb vor allem Gedichte, Erzählungen, Romane und Hörspiele. Sie zählt zu den bedeutenden deutschen Schriftstellerinnen des 20. Jahrhunderts.

Kästner, Erich, geboren 1899 in Dresden, gestorben 1974 in München, arbeitete seit 1927 als freier Schriftsteller in Berlin. 1933 wurden seine Bücher von den Nationalsozialisten verbrannt und verboten. In Kästners Kinder- und Jugendbüchern (z. B. „Emil und die Detektive") geht es häufig um Kinder, die in schwierigen Situationen Mut beweisen. 1957 erhielt Kästner den bedeutendsten Literaturpreis der Bundesrepublik Deutschland, den Georg-Büchner-Preis.

Kerr, Judith, geboren 1923 in Berlin, lebt heute in London. Sie ist Verfasserin von Kinder-, Jugend- und Bilderbüchern und erhielt 1976 den Deutschen Jugendbuchpreis.

Kilian, Susanne, geboren 1940 in Berlin, arbeitete als Lehrerin und Buchhändlerin, bevor sie Kinderbuchautorin wurde. Sie lebt heute in Eltville/Frankreich. In ihren Büchern mit überwiegend kritischen Anliegen greift sie Alltagsprobleme von Kindern in einer realitätsnahen Umgangssprache auf. Die Wirklichkeit wird dabei als durchweg problematisch und schwierig geschildert.

Lobe, Mira, geboren 1913 in Görlitz, lebt heute in Wien. Sie ist Verfasserin von Versen, Geschichten, Kinder-, Jugend- und Bilderbüchern.

Mey, Reinhard, geboren 1942 in Berlin, wo er heute noch lebt. Komponist und Textdichter zahlreicher Songs.

Meyer, Conrad Ferdinand, geboren 1825 in Zürich, gestorben 1898 in Kilchberg bei Zürich, berühmt vor allem wegen seiner Balladen, in denen er häufig historische Stoffe aufgriff.

Morgenstern, Christian, geboren 1871 in München, gestorben 1914 in Meran/Italien, arbeitete seit 1894 als freier Schriftsteller. Er schrieb vor allem Gedichte – oft mit Nonsensinhalten – und Texte für das Kabarett.

Mörike, Eduard, geboren 1804 in Ludwigsburg, gestorben 1874 in Stuttgart, war zunächst Pfarrer, später Lehrer, schrieb lyrische Gedichte, Balladen, Erzählungen und Romane. Er gilt als einer der bedeutendsten Dichter des 19. Jahrhunderts. Viele seiner Gedichte wurden vertont und sind so zu Volksgut geworden.

Noack, Hans Georg, geboren 1926 in Magdeburg, arbeitete nach dem zweiten Weltkrieg in der internationalen Jugendarbeit in Brüssel und später als freier Schriftsteller und Verlagsleiter in Deutschland. Noack gehört zu den bekanntesten deutschen Jugendbuchautoren.

Pausewang, Gudrun, geboren 1928 in Wichstadt/Böhmen, lebt heute in Schlitz/Hessen. Bevor sie als Schriftstellerin tätig wurde, arbeitete sie als Grundschullehrerin, auch mehrere Jahre im Ausland. In ihren Büchern für jugendliche Leser greift sie vorwiegend soziale und umweltpolitische Themen auf, die sie auf spannende Art und Weise verarbeitet.

Pressler, Mirjam, geboren 1940 in Darmstadt, lebt heute als freie Autorin und Übersetzerin in München. Sie ist Verfasserin zahlreicher Kinder- und Jugendbücher. Für ihren Roman „Bitterschokolade" erhielt sie 1980 den Oldenburger Jugendbuchpreis.

Prévert, Jacques, geboren 1900 in Neuilly-sur-Seine, gestorben 1977 in Omonville-la-Petite, schrieb vor allem spöttisch-satirische Chansons und Gedichte, aber auch Drehbücher. Prévert gehört in Frankreich zu den populärsten Lyrikern der Gegenwart.

Richter, Hans Peter, geboren 1926 in Köln, schreibt neben Kinder- und Jugendbüchern auch Romane und Hör- bzw. Fernsehspiele. In seinen Jugendbüchern setzt er sich vor allem mit der Zeit des Nationalsozialismus auseinander. 1961 erhielt er den Jugendbuchpreis.

Sachs, Hans, geboren 1494 in Nürnberg und dort 1576 gestorben, war zwischen 1511 und 1516 als Schuhmachergeselle auf Wanderschaft in Deutschland, ab 1520 Schuhmachermeister in Nürnberg. Er verfaßte neben Spruchgedichten zahlreiche Fastnachtsspiele, Komödien und Tragödien.

Schubart, Christian Friedrich Daniel, geboren 1739 in der Nähe von Schwäbisch Hall, gestorben 1791 in Stuttgart, war als Musiker, Journalist und Schriftsteller tätig. Seine Gedichte haben volkstümlichen, volksliedhaften Charakter.

Storm, Theodor, geboren 1817 in Husum, gestorben 1888 in Hademarschen in Holstein, war Jurist und lange Zeit als Richter tätig. Seine Dichtung – vor allem Gedichte und Novellen – lebt in vielen Fällen von der Atmosphäre der Landschaft an der Nordsee.

Theobaldy, Jürgen, geboren 1944 in Straßburg, studierte nach einer Kaufmannslehre Literaturwissenschaft. Er ist Verfasser zahlreicher Gedichte und gab mehrere Gedichtbände heraus.

Trakl, Georg, geboren 1887 in Salzburg, gestorben 1914 in Krakau, war Militärapotheker, verfaßte Gedichte, in denen Trauer, Schwermut, Resignation und Untergangsstimmung vorherrschen.

Uhland, Ludwig, geboren 1787 in Tübingen und dort 1862 gestorben, war studierter Jurist und ab 1819 als Rechtsanwalt in Stuttgart tätig, verfaßte vor allem Balladen und volkstümliche Liebes- und Naturgedichte, aber auch Theaterstücke. Bedeutend sind seine Nacherzählungen der Sagen des klassischen Altertums.

Vázquez-Figueroa, Alberto, geboren 1936 in Teneriffa, lebt heute in Spanien. Er ist Journalist und Verfasser mehrerer Romane und Sachbücher.

Wader, Hannes, geboren 1942 bei Bielefeld, schreibt seit den sechziger Jahren eigene Lieder, die er zur Gitarre singt. Seine Lieder haben überwiegend sozialkritischen Inhalt.

Wassermann, Jakob, geboren 1873 in Fürth, gestorben 1934 in Altaussee, schrieb spannende Romane und Erzählungen, in denen das Motiv der Gerechtigkeit häufig eine Rolle spielt. Seine Werke wurden von den Nationalsozialisten verboten.

Wegner, Bettina, geboren 1947 in Berlin (Ost), lebte dort lange Zeit als Liedermacherin, bevor sie 1981 aus der DDR in die Bundesrepublik Deutschland kam. In ihren Liedern und Chansons geht es vor allem um Themen wie Kriegsängste, Frieden, Probleme von Frauen und Kindern.

Textartenverzeichnis

Gedicht

Autor	Titel	Seite
Nurten	Traum von einem Traumland	8
Winkler, Olaf	Über den Wolken	9
Geyhalter, Ute	Phantasie	9
Mey, Reinhard	Über den Wolken	10
Wegner, Bettina	Ich will	11
Prévert, Jacques	Rechenstunde	12
Hacks, Peter	Nachricht vom Leben der Spazoren	13
Meyer, Conrad Ferdinand	Fingerhütchen (Ballade)	23
Hoffmann, Heinrich	Die Geschichte vom Suppenkaspar	42
Sachs, Hans	Ein Tischzucht	58
Theobaldy, Jürgen	Gedicht	96
Domenego, Hans	Die Brücke	96
Unbekannter Verfasser	Nibelungenlied (Auszug)	97
Heine, Heinrich	Schelm von Bergen (Ballade)	112
Chamisso, Adelbert von	Das Riesenspielzeug (Ballade)	114
Mai, Manfred	Aber wie	116
Roth, Eugen	Das Ferngespräch	117
Havel, Vaclav	Barriere	122
Zeller, Michael	Fußball konkret	172
Kaléko, Mascha	Mein schönstes Gedicht	179
Müller, Dorette	ich schreibe	179
Hickel, Sabine	Schüler schreiben?	180
Ebner-Eschenbach, Marie von	Ein kleines Lied	180
Morgenstern, Christian	Das ästhetische Wiesel	180
Bartsch, Kurt	poesie	181
Reuterswärd, Carl Frederik	„Gedicht"	181
Rühm, Gerhard	sonett	181
Eichendorff, Joseph von	Rückblick	182
Wader, Hannes	Heute hier, morgen dort	183
Uhland, Ludwig	Des Sängers Fluch	184
Gomringer, Eugen	aus zufall	193
Goethe, Johann Wolfgang von	Gefunden	194
Kästner, Erich	Die Wälder schweigen	195
Brentano, Clemens	Hörst du wie die Brunnen rauschen?	195
Schubart, Christian Friedrich D.	Die Forelle	196
Sander, Bettina	Lebensfreude	196
Brecht, Bertolt	Der Pflaumenbaum	197
Härtling, Peter	Wenn jeder eine Blume pflanzte	197
Gerhardt, Paul	Sommergesang	204
Eich, Günter	Wald vor dem Tage	204

Kaschnitz, Marie-Luise	Juni	205
Mörike, Eduard	Auf einer Wanderung	206
Storm, Theodor	Ein grünes Blatt	207
Hesse, Hermann	September	207
Trakl, Georg	Im Winter	208
Goethe, Johann Wolfgang von	Erlkönig (Ballade)	209
Droste-Hülshoff, Annette von	Der Knabe im Moor (Ballade)	210

Erzählung

Rettich, Margret	Der Traum von der Schönheit	15
Baumann, Hans	Ein Stier mit dreizehn Hörnern	27
Wassermann, Jakob	Das Gold von Caxamalca (Auszug)	30
Hesse, Hermann	Der Wolf	73
Doyle, Arthur Conan	Mein Freund Sherlock Holmes (Auszug)	87
Manzoni, Carlo	Ein dreister Kunde	121
Bichsel, Peter	Ein Tisch ist ein Tisch	123
Aichinger, Ilse	Das Fenster-Theater	134
Buckley, Peter u. a.	Okolo in Nigeria	153
Degener, Volker W.	Die anderen	169
Reiter, Nanna	Jimmys gelbe Blume	198
Lobe, Mira	Unser Garten	200
Holthaus, Hellmut	Die Spazierfahrt	202

Anekdote, Schwank, Kalendergeschichte

Brecht, Bertolt	Freundschaftsdienste	89
Radecki, Sigismund von	Sprechen Sie noch	117
Hebel, Johann Peter	Der Barbierjunge von Segringen	126
Schäfer, Rudolf	Die Sache mit dem Bauholz	129
Hebel, Johann Peter	Schlechter Lohn	129
Kleist, Heinrich von	Sonderbarer Rechtsfall in England	130
Aurbacher, Ludwig	Von Ärzten	131
Gotthelf, Jeremias	Das Testament	131
Busch, Wilhelm	Eine Nachtgeschichte	133
Schäfer, Rudolf	Der Geburtstag	133
Hebel, Johann Peter	Der Zahnarzt	136

Auszug aus einem Jugendbuch

Pressler, Mirjam	Bitter-Schokolade	45
ter Haar, Jaap	Vier Teller Rübensuppe	50
George, Jean Craighead	Miyax wird in das Wolfsrudel aufgenommen....................	69
Kerr, Judith	Der Rothaarige..................	77
Richter, Hans Peter	Der Ball	82
Noack, Hans-Georg	Axel	90
Pausewang, Gudrun	Der Streik der Dienstmädchen	159

Romanauszug

Vázquez-Figueroa, Alberto	Tuareg	56

Brief

Stephan-Kühn, Freya	Ein Brief von der Burg	103
Unbekannte Verfasser	Vom Denken kamerunischer Kinder...	156
Unbekannte Verfasser	Brief einer Bürgerinitiative	192

Tagebuch

Susanne Kilian	Träumen.......................	14
Unbekannter Verfasser	Aus dem Schiffstagebuch des Christoph Kolumbus...............	25
Frank, Anne	Aus dem Tagebuch der Anne Frank ...	85

Witz, Rätsel

Stephan-Kühn, Freya	Ritterrätsel	108
Flora, Paul	Vergebliche Worte	118

Dialogischer Text

Valentin, Carl	Im Hutladen	118
Schibli, Emil	Die Wunderpillen (nach J.P. Hebel)...	138
Gori, Helen	Ein Mensch vor dem Gericht der Tiere .	146

Sachtext

Autor	Titel	Seite
Messner, Reinhold	Everest	31
Pleticha, Heinrich	Notlandung im ewigen Eis	36
Schmohl, Claudia	Schokoladengeschichten	43
Schlipper, Annette	Gewitter im Bauch	47
Kappeler, Markus	Der Wolf	59
Unbekannter Verfasser	Als Mensch unter Wölfen	61
Zimen, Erik	Das Wolfsgehege im Bayerischen Wald	64
Bimberg, Christiane	Burgen stolz und kühn	98
Stephan-Kühn, Freya	Teure Turniere	107
Goetz, Hans-Werner	Das höfische Leben	108
Aufsess, Hans Max von	Leben und Alltag einer Burgfrau	110
Unbekannter Verfasser	Ein ritterliches Brettspiel	111
Unbekannter Verfasser	Kalendergeschichten	127
Thomson, Ruth u. Neil	Ein Dorf in Thailand	151
Unbekannter Verfasser	Straßenkinder – Treibgut der brasilianischen Gesellschaft	158
Jung, Reinhardt	Nececita Muchacha	159
Bernhauser, Johannes u. a.	Kalaha	165
Brucker, Ossi	Ein Denkmal für einen Postboten	166
Davidson, Ben u. a.	Geschichte und Ursprung des Skateboards	175
Petzoldt, Volker	Müll in früheren Zeiten	186
Unbekannter Verfasser	Wohin mit dem Müll?	188
Hans Otto Wiebus	Müllgebirge unerwünscht	190

Zeitungstext

Autor	Titel	Seite
Unbekannter Verfasser	Angst vor der Isolation haben die Forscherinnen nicht	41
Unbekannter Verfasser	Wölfe rissen in Zentralspanien 55 Schafe	76
Megede, Ekkehard zur	Lilli Henoch, eine Wegbereiterin des Frauensports	168
Unbekannter Verfasser	Die 12-jährige Sandra hat Spaß am Gewichtheben	173
Unbekannter Verfasser	Ein Zehntel des Mülls ist überflüssig	188

Lexikonartikel

Autor	Titel	Seite
Unbekannter Verfasser	Pubertätsmagersucht	49
Unbekannter Verfasser	Gewichtheben	174

Quellenverzeichnis

Aichinger, Ilse: Das Fenster-Theater
aus: Der Gefesselte. Erzählungen. Frankfurt/M: Fischer 1953.

Aufsess, Hans Max von: Leben und Alltag einer Burgfrau
aus: Burgen. München 1976.

Aurbacher, Ludwig: Von Ärzten
aus: Ludwig Aurbacher, Ein Volksbüchlein. 2 Teile. Herausgegeben von Joseph Sarreiter. Leipzig: Reclam o. J.

Bartsch, Kurt: Poesie
aus: Zugluft. Berlin: Aufbau Verlag 1968.

Baumann, Hans: Ein Stier mit dreizehn Hörnern
aus: Der Sohn des Kolumbus. Reutlingen: Ensslin & Laiblin 1951.

Bernhauser, Johannes u. a.: Kalaha
aus: Kinder erleben die dritte Welt. Materialien für Kindergarten und Grundschule Nr. 6. Aachen: Misereor 1991[2].

Bichsel, Peter: Ein Tisch ist ein Tisch
aus: Kindergeschichten. Neuwied/Berlin: Luchterhand 1970.

Bimberg, Christiane: Burgen stolz und kühn
aus: Burgen stolz und kühn. Recklinghausen: Georg Bitter Verlag 1987.

Brecht, Bertolt: Freundschaftsdienste; Der Pflaumenbaum
aus: Gesammelte Werke in 20 Bänden. Band 9: Gedichte. Frankfurt/M: Suhrkamp 1967.

Brentano, Clemens: Hörst du, wie die Brunnen rauschen
aus: W. Frühwald u. a. (Hrsg.): Werke. München 1968

Brucker, Ossi: Ein Denkmal für einen Postboten
aus: Sport spektakulär. Würzburg: Arena 1975.

Buckley, Peter: Okolo in Nigeria
aus: Okolo in Nigeria (Übers.: Ilse Wiegand). Braunschweig: G. Westermann 1966.

Busch, Wilhelm: Eine Nachtgeschichte
aus: Friedrich Bohne (Hrsg.): Gesamtausgabe. Wiesbaden o. J.

Chamisso, Adelbert von: Das Riesenspielzeug
aus: H. Tardel (Hrsg.): Werke. Band 1. Leipzig 1907.

Davidson, Ben / Fritz Klein: Geschichte und Ursprung des Skateboards
aus: Skateboard – Sport und Spaß mit dem Rollerbrett. Hamburg: Oldenburg 1976.

Degener, Volker: Die anderen
aus: Sportgeschichten. Frankfurt/M: Fischer TB 2229.

Domenego, Hans u. a.: Die Brücke
aus: Das Sprachbastelbuch. Wien, München: Jugend & Volk 1975.

Doyle, Arthur Conan: Mein Freund Sherlock Holmes
aus: Sherlock Holmes – sämtliche Romane und Stories mit einem Vorwort von Hanna Bautze, aus dem Englischen übertragen von Beatrice Schott, Tanja Terek und Rudolf Rocholl. Frankfurt am Main u. a.: Ullstein o. J.

Droste-Hülshoff, Annette von: Der Knabe im Moor
aus: C. Heselhaus (Hrsg.): Sämtliche Werke. München: Hanser 1952.

Ebner-Eschenbach, Marie von: Ein kleines Lied
aus: Sämtliche Werke in 12 Bänden. Band 11 u. 12. Leipzig: Schmidt & Günther 1928.

Eich, Günter: Wald vor dem Tage
aus: Gesammelte Werke 1. Frankfurt/M: Suhrkamp 1973.

Eichendorff, Joseph von: Rückblick
aus: Gedichte. Leipzig: F. Amelangs o. J.

Flora, Paul: Vergebliche Worte
aus: Vergebliche Worte: Zürich: Diogenes o. J.

Frank, Anne: Aus dem Tagebuch der Anne Frank
aus: Das Tagebuch der Anne Frank (Übers.: Anneliese Schütz). Heidelberg: Lambert Schneider 1979[11].

George, Jean Craighead: Miyax wird in das Wolfsrudel aufgenommen
aus: Julie von den Wölfen. Aarau: Sauerländer 1974. (7. Auflage 1982)

Gerhardt, Paul: Sommergesang
aus: Chr. Wagenknecht (Hrsg.): Epochen der deutschen Lyrik. München: dtv 2/1976.

Geyhalter, Ute (Schülerin): Phantasie
Quelle unbekannt

Goethe, Johann Wolfgang von: Gefunden; Erlkönig
aus: Goethes Werke. Hamburg: Christian Wegner 1962.

Goetz, Hans Werner: Das höfische Leben
aus: Leben im Mittelalter. München: Beck 1986.

Gomringer, Eugen: Aus Zufall
aus: H. Heißenbüttel (Hrsg.): Worte sind Schatten. Die Konstellation 1951–1968. Reinbek 1969.

Gori, Helen: Ein Mensch vor dem Gericht der Tiere
aus: R. Schneider / P. Schorno (Hrsg.): Theaterwerkstatt für Kinder (Übers.: Thomas Forrer). Basel: Lenos 1979.

Gotthelf, Jeremias: Das Testament
aus: H. Bloesch und R. Hunziker (Hrsg.): J. G., Sämtliche Werke. Zürich: Rentsch 1943.

Hacks, Peter: Nachricht vom Leben der Spazoren
aus: Der Flohmarkt. Gedichte für Kinder. Zürich: Benzinger 1973.

Härtling, Peter: Wenn jeder eine Blume pflanzte
aus: Joachim Fuhrmann (Hrsg.): Poesiekiste. Sprüche fürs Poesiealbum. Reinbek: Rowohlt (rororo Rotfuchs) 1981.

Havel, Vaclav: Barriere
aus: Friedrich Kienecker: Der Mensch in der Literatur des Experiments. Essen: Ludgerus 1974.

Hebel, Johann Peter: Der Barbierjunge von Segringen; Der Zahnarzt; Schlechter Lohn
aus: W. Theiss (Hrsg.): Schatzkästlein des Rheinischen Hausfreunds. Stuttgart: Reclam 1981.

Heine, Heinrich: Schelm von Bergen
aus: K. Briegleb (Hrsg.): Sämtliche Schriften. München: Hanser 1965.

Hesse, Hermann: Der Wolf; September
aus: Gesammelte Werke. Frankfurt/M: Suhrkamp 1970.

Hickel, Sabine: Schüler schreiben?
aus: Zu spüren, daß es mich gibt. Frankfurt: Diesterweg 1984.

Hoffmann, Heinrich: Die Geschichte vom Suppenkasper
aus: Der Struwwelpeter. Frankfurt am Main o. J.

Holthaus, Hellmut: Die Spazierfahrt
aus: Nach Diktat verreist. Herder Nr. 74. o. J.

Jung, Reinhardt: Nececita Muchacha
aus: Gisela Klemt Kozinozski u. a.: Die Frauen von der Plaza de Mago. Baden-Baden: Signal 1984.

Kästner, Erich: Die Wälder schweigen
aus: Dr. Erich Kästners lyrische Hausapotheke. Zürich: Atrium 1936.

Kaléko, Mascha: Mein schönstes Gedicht
aus: In meinen Träumen läutet es Sturm. München: dtv 1979.

Kappeler, Markus: Der Wolf
aus: Das Buch der Tierfamilien: Hunde: Kinderbuchverlag Luzern.

Kaschnitz, Marie Luise: Juni
aus: Überallnie: Hamburg: Claassen 1965.

Kerr, Judith: Der Rothaarige
aus: Als Hitler das rosa Kaninchen stahl. Ravensburg: Otto Maier 1984.

Kilian, Susanne: Träumen
aus: H. J. Gelberg (Hrsg.): Der fliegende Robert. Viertes Jahrbuch der Kinderliteratur. Weinheim/Basel: Beltz 1977.

Kleist, Heinrich von: Sonderbarer Rechtsfall in England
aus: H. Sembdner (Hrsg.): H.v.K., Sämtliche Werke und Briefe. München: Hanser 1961.

Lobe, Mira: Unser Garten
aus: Domenengo, Hans / Hilde Leiter (Hrsg.): Werwiewas. Wien: Jugend & Volk 1980.

Mai, Manfred: Aber wie
aus: H. J. Gelberg (Hrsg.): Das achte Weltwunder. Weinheim/Basel: Beltz 1979.

Manzoni, Carlo: Ein dreister Kunde
aus: 100 × Signor Veneranda. München: Langen-Müller 1966.

Megede, Ekkehard: Lilli Henoch, eine Wegbereiterin des Frauensports
aus: Der Tagesspiegel. Sonntag 31.12. 1989.

Messner, Reinhold: Everest
aus: Everest – Expedition zum Endpunkt. München: BLV Verlagsgesellschaft o. J.

Mey, Reinhard: Über den Wolken
aus: Chanson – Edition Reinhard Mey. Bad Godesberg 1974.

Meyer, Conrad Ferdinand: Fingerhütchen
aus: Sämtliche Werke. Bern: Beuteli 1963.

Mörike, Eduard: Auf einer Wanderung
aus: Erzählungen und Gedichte. München: Droemer/Knaur o. J.

Morgenstern, Christian: Das ästhetische Wiesel
aus: Alle Galgenlieder. Frankfurt/M: Insel 1979.

Müller, Dorette: Ich schreibe
aus: Zu spüren, daß es mich gibt. Frankfurt/M.: Diesterweg 1984.

Noack, Hans Georg: Axel
aus: Rolltreppe abwärts. Ravensburg: Otto Maier 1974.

Nurten: Traum von einem Traumland
aus: Förderzentrum Jugend schreibt e. V. (Hrsg.): Täglich eine Reise von der Türkei nach Deutschland. Fischerhude: Verlag Atelier im Bauernhaus 1980.

Pausewang, Gudrun: Der Streik der Dienstmädchen
aus: Der Streik der Dienstmädchen. Ravensburg: Otto Maier 1987.

Petzoldt, Volker: Müll in früheren Zeiten; Müllverbrennung
aus: Umwelt – Gefahr und Schutz; in der Reihe: Schulfunk – unsere Welt aktuell; Bernd Ehrlich (Hrsg.). Lübeck: Ehrlich & Sohn o. J.

Pleticha, Heinrich: Notlandung im ewigen Eis
aus: Popp, Georg (Hrsg.): Die Großen der Welt. Künstler und Wissenschaftler, die jeder kennen sollte. Würzburg: Arena 1955.

Pressler, Mirjam: Bitter-Schokolade
aus: Bitter-Schokolade. Weinheim/Basel. Beltz 1986.

Prévert, Jacques: Rechenstunde
aus: Jacques Prévert, Gedichte und Chansons

Neudichtungen von Kurt Kusenberg. Reinbek: Rowohlt 1950.

Radecki, Sigismund von: Sprechen Sie noch
aus: Das ABC des Lachens. Hamburg: Rowohlt 1953.

Reiter, Nanna: Jimmys gelbe Blume
aus: Naumann, Margot (Hrsg.): Der rotkarierte Omnibus. Würzburg: Arena 1975.

Rettich, Margret: Der Traum von der Schönheit
aus: Kutsch, Angelika (Hrsg.): Träume brauchen nicht viel Platz: Wunschträume 1918–1948. Hamburg: Cecilie Dressler 1984.

Reuterswärd, Carl Frederik: „Gedicht"
aus: Reuterswärd, C. F./ E. Williams (Hrsg.): Anthology of concrete Poetry. New York: Something Else Press 1967.

Richter, Hans Peter: Der Ball
aus: Damals war es Friedrich. München: dtv junior 22/1986.

Roth, Eugen: Das Ferngespräch
aus: Der Wunderdoktor. München: Carl Hanser 1950.

Rühm, Gerhard: sonett
aus: Gesammelte Gedichte und visuelle Texte. Reinbek: Rowohlt 1970.

Sachs, Hans: Ein Tischzucht
aus: Marker, P./ Buchwald, R. (Hrsg.): Gedichte. Leipzig 1920.

Sander, Bettina (Schülerin): Lebensfreude
aus: Urban, Klaus (Hrsg.): Glück. Stuttgart: Burg 1985.

Schäfer, Rudolf: Der Geburtstag; Die Sache mit dem Bauholz (Eine Quantität Bauholz)
aus: Anekdoten – Arbeitstexte für den Unterricht. Stuttgart: Reclam Bd. 15 004 1988.

Schibli, Emil: Die Wunderpillen
aus: Brunner, Fritz / Vogel, T. (Hrsg.): Schweizer Schulbühne 13. Aarau (CH): Sauerländer o. J.

Schlipper, Anette: Gewitter im Bauch
aus: Gewitter im Bauch. Recklinghausen: Georg Bitter 1989.

Schmohl, Claudia: Von süßer Lust – Schokoladengeschichten
aus: Meine Familie und ich. 11/89 (Zeitschrift).

Schubart, Christian Friedrich Daniel: Die Forelle
aus: Fischer-Dieskau: Texte deutscher Lieder. München: dtv 1975.

Stephan-Kühn, Freya: Ein Brief von der Burg; Ritterrätsel; Teure Turniere
aus: Viel Spaß im Mittelalter. Würzburg: Arena 1984.

Storm, Theodor: Ein grünes Blatt
aus: Sämtliche Werke. Band 1. Berlin/Weimar: Aufbau. 3. Auflage.

Theobaldy, Jürgen: Gedicht
aus: Haus, J. (Hrsg.): Aber besoffen bin ich von dir. Liebesgedichte. Reinbek 1979.

ter Haar, Jaap: Vier Teller Rübensuppe
aus: Oleg oder die belagerte Stadt. Recklinghausen: Georg Bitter 1981.

Thomson, Ruth und Neil: Ein Dorf in Thailand
aus: Guck mal übern Tellerrand. Geschichten und Bilder aus den südlichen Kontinenten (Übers.: Annette Kohl-Beyer). Wuppertal: Hammer 1988.

Trakl, Georg: Im Winter
aus: Schneditz, W. (Hrsg.): Gesammelte Werke. Salzburg 1949/50.

Uhland, Ludwig: Des Sängers Fluch
aus: Fränkel, Ludwig (Hrsg.): Uhlands Werke. Band 1. Leipzig/Wien 1893.

Valentin, Karl: Im Hutladen
aus: Schulte, M. (Hrsg.): Alles von Karl Valentin. München/Zürich: Piper 1978.

Vázquez-Figueroa, Alberto: Tuareg
aus: Tuareg (Deutsche Übersetzung: Hartmut Zahn). München: C. Bertelsmann 1986.

Wader, Hannes: Heute hier, morgen dort
aus: Kröher, Hein u. Oss (Hrsg.): Das sind unsere Lieder. Frankfurt/M.: Büchergilde Gutenberg 1977.

Wassermann, Jakob: Das Gold von Caxamalca
aus: Das Gold von Caxamalca. Leipzig: Reclam 1928.

Wegner, Bettina: Ich will
aus: Wenn meine Lieder nicht mehr stimmen. Reinbek: Rowohlt 1979.

Wiebus, Hans Otto: Müllgebirge unerwünscht
aus: Wir tun was für den täglichen Umweltschutz. München: Franz Schneider 1987.

Winkler, Olaf (Schüler): Über den Wolken
Quelle unbekannt

Zeller, Michael: Fußball konkret
aus: Aus meinen Provinzen. Gedichte. Nürnberg: Plakaterie 1981.

Zimen, Erik: Das Wolfsgehege im Bayerischen Wald
aus: Der Wolf. München: Knesebeck & Schuler 1990.

Unbekannte Verfasser/innen:
Als Mensch unter Wölfen
aus: Werbeheft mit Auszügen aus dem Buch. Werner Freund: Der Wolfsmensch. Melsungen: Neumann & Neudamm 1988.

Angst vor der Isolation haben die Forscherinnen nicht
aus: Der Tagesspiegel 30. 11. 1989 (dpa-Meldung)

Aus dem Nibelungenlied
aus: de Boor, Helmut (Hrsg.): Das Nibelungenlied. Nach der Ausgabe von Karl Bartsch. Wiesbaden: Brockhaus 1963.
Aus dem Schiffstagebuch des Christoph Kolumbus: 14. Oktober 1492.
aus: Das Schiffstagebuch des Christoph Kolumbus. Frankfurt/M.: Röderberg 1981.
Brief einer Bürgerinitiative
aus: Mitteilungen der Regionalgruppe Ilshofen gegen Giftmüllverbrennung in Hohenlohe und anderswo.
Die 12-jährige Sandra hat Spaß am Gewichtheben
aus: Westfalenpost 30. 03. 1989.
Ein ritterliches Brettspiel
aus: Spielen und lernen. Seelze: Velber Februar 1989.
Ein Zehntel des Mülls ist überflüssig
aus: Stern, Horst (Hrsg.): Natur. Der Mensch zwischen Trieb und Technik. Heft 9. München 1984, S. 56/57.
Gewichtheben
aus: Schülerduden: Der Sport. Mannheim: Bibliographisches Institut 1987.
Kalendergeschichten
Quelle unbekannt
Pubertätsmagersucht
aus: Schlipper, Annette: Gewitter im Bauch. Recklinghausen: Georg Bitter 1989.
Straßenkinder – Treibgut der brasilianischen Gesellschaft
aus: Publikation des Vereins „Kinderdorf Rio e. V.". Oberhausen.
Vom Denken kamerunischer Kinder; Spruchweisheiten
aus: Kamerun – Schwarzafrika im Kleinen. Misereor. Aachen.
Wölfe rissen in Zentralspanien 55 Schafe
aus: Frankfurter Allgemeine Zeitung 29. 12. 1990.
Wohin mit dem Müll?
aus: Öko-Mitteilungen Nr. 3/1989.

Es zeichneten:

Gisela Engert, Frankfurt am Main: S. 8, 9, 14, 25, 47, 55, 59, 77, 80, 83, 97, 103–106, 116, 126, 129–132, 134, 135, 151, 166, 179, 184–186, 194, 195, 197, 205, 207
Gisela Häring, Frankfurt am Main: S. 16, 18, 19, 21, 29, 71, 75, 78, 87, 89, 91, 95, 108, 137, 138, 141, 142, 143, 145, 154, 160, 163
Peter Knorr, Nierstein: S. 99, 101, 187
Heidi Reinhardt, Bopfingen: S. 96, 193
Hans-Josef Schmidt, Beckingen-Reimsbach: S. 10, 11, 114

Bildnachweis:

S. 26 Bildarchiv Preuss. Kulturbesitz, Berlin; S. 33, 35 R. Messner, Staben/BZ; S. 37, 40 Ullstein Bilderdienst, Berlin; S. 41 dpa, Frankfurt; S. 43 Stollwerk AG./Schokoladenmuseum, Köln; S. 51 Bildarchiv Preuss. Kulturbesitz, Berlin; S. 57 Bildagentur Mauritius/Schmied, Mittenwald; S. 60 o.: Bildarchiv Okapia/Mc. Hugh, Frankfurt, Mi.: ZEFA/Gross, Düsseldorf, u.: Silvestris Fotoservice/Gross, Kastl/Obb.; S. 61 Bildagentur Acaluso/Jörger, Blumberg/Baden; S. 65, 68 © by Meyster Verlag 1978, in der F. A. Herbig Verlagsbuchhandlung GmbH., München; S. 109 Musée du Louvre, Paris; S. 113 Archiv für Kunst und Geschichte, Berlin; S. 118 Diogenes Verlag AG, Zürich; S. 128 Bildarchiv Preuss. Kulturbesitz, Berlin; S. 157 epd-bild/Weinberg, Frankfurt; S. 168 Ullstein Bilderdienst, Berlin; S. 172 A. Fertsch, Frankfurt; S. 173 Associated Press, Frankfurt; S. 175 Bildagentur Mauritius/Hoffmann, Mittenwald; S. 178 Anthony-Verlag/Weich, Starnberg; S. 201 Anthony-Verlag/Nilson, Starnberg; S. 208 Bildarchiv Preuss. Kulturbesitz, Berlin; S. 211 Anthony-Verlag/Hagemann, Starnberg.

987654321